O PODER 80/20

*Como aplicar as
Leis da Natureza em
sua vida e nos negócios*

RICHARD KOCH

O PODER 80/20

*Como aplicar as
Leis da Natureza em
sua vida e nos negócios*

TRADUÇÃO Cristina Sant'Anna

Copyright © Richard Koch 2000, 2014
Copyright © 2017 Editora Gutenberg

Título original: *The 80/20 Principle and 92 Other Powerful Laws of Nature*

Esta segunda edição de *The 80/20 Principle and 92 Other Powerful Laws of Nature*, de Richard Koch, foi primeiramente publicada pela Nicholas Brealey Publishing, Londres/ Boston, em 2014. A publicação desta tradução foi feita em acordo com o grupo Nicholas Brealey Publishing.

Todos os direitos reservados pela Editora Gutenberg. Nenhuma parte desta publicação poderá ser reproduzida, seja por meios mecânicos, eletrônicos, seja cópia xerográfica, sem autorização prévia da Editora.

EDITORA RESPONSÁVEL
Silvia Tocci Masini

EDITORAS ASSISTENTES
Carol Christo
Nilce Xavier

ASSISTENTE EDITORIAL
Andresa Vidal Vilchenski

PREPARAÇÃO
Nilce Xavier

REVISÃO FINAL
Denis Cesar

CAPA
Diogo Droschi

DIAGRAMAÇÃO
Guilherme Fagundes

Dados Internacionais de Catalogação na Publicação (CIP)
(Câmara Brasileira do Livro, SP, Brasil)

Koch, Richard
  O poder 80/20 : como aplicar as Leis da Natureza em sua vida e nos negócios / Richard Koch ; tradução Cristina Sant'Anna. -- 1. ed. -- Belo Horizonte : Editora Gutenberg, 2017.

  Título original: The 80/20 Principle and 92 Other Powerful Laws of Nature.
  ISBN 978-85-8235-436-0

  1. Desenvolvimento pessoal 2. Sucesso em negócios - Aspectos psicológicos 3. Sucesso profissional I. Título.

17-02552   CDD-658

Índices para catálogo sistemático:
1. Gestão de negócios 658

A **GUTENBERG** É UMA EDITORA DO **GRUPO AUTÊNTICA**

São Paulo
Av. Paulista, 2.073,
Conjunto Nacional, Horsa I
23º andar . Conj. 2301 .
Cerqueira César . 01311-940
São Paulo . SP
Tel.: (55 11) 3034 4468

Belo Horizonte
Rua Carlos Turner, 420
Silveira . 31140-520
Belo Horizonte . MG
Tel.: (55 31) 3465 4500

Rio de Janeiro
Rua Debret, 23, sala 401
Centro . 20030-080
Rio de Janeiro . RJ
Tel.: (55 21) 3179 1975

www.editoragutenberg.com.br

Para Lee

SUMÁRIO

As leis poderosas (por ordem de citação) 9

Prefácio à Nova Edição 15

Abertura: Como apreciar este mundo instável 17

Parte 1 — As leis da biologia
Como a informação econômica direciona o progresso

    Introdução 31

    Capítulo 1 Da evolução pela seleção natural 33

    Capítulo 2 Sobre Mendel, os genes egoístas
        e os genes dos negócios 61

    Capítulo 3 Sobre as Leis de Gause 83

    Capítulo 4 Sobre a psicologia evolucionista 93

    Capítulo 5 Sobre a solução do Dilema do Prisioneiro 123

    Conclusão 147

Parte 2 — As leis da física
De Newton até a física do século XX

    Introdução 153

    Capítulo 6 Das leis de Newton sobre o
        movimento e a gravidade 155

    Capítulo 7 Sobre a relatividade 171

    Capítulo 8 Sobre a mecânica quântica 187

    Conclusão 201

Parte 3 — As leis não lineares
Ciência interdisciplinar

    Introdução 205

    Capítulo 9 Sobre o caos e a complexidade 207

    Capítulo 10 Sobre o Princípio 80/20 239

    Capítulo 11 Sobre o equilíbrio pontuado, o ponto de
              virada e os retornos crescentes 267

    Capítulo 12 Sobre o paradoxo do enriquecimento,
              entropia e consequências não intencionais 295

    Conclusão 311

Parte 4 — E daí?

    Introdução 315

    Final: O Evangelho segundo as leis poderosas 317

Agradecimentos 333

AS LEIS PODEROSAS

Cada um dos 12 capítulos deste livro aborda uma das principais leis poderosas ou um pequeno conjunto delas, totalizando 17 leis.[1] Cada capítulo traz uma mensagem clara que funciona perfeitamente bem para a área de negócios e, com frequência, também para a vida em geral. Se você consultar o Sumário, perceberá que cada capítulo apresenta uma lei poderosa. Durante a leitura dos capítulos, porém, também encontrará descritas outras leis secundárias e suas respectivas ações (e, com certeza, uma explicação detalhada da estratégia de ação necessária relativa à principal lei poderosa). Existe um total de 93 leis poderosas, que estão enumeradas a seguir.

No texto, as ***Principais Leis Poderosas*** estão em itálico e negrito com a letra inicial de cada palavra em maiúscula. Já as ***Leis poderosas secundárias*** também aparecem em itálico e negrito, mas apenas com a primeira palavra em maiúscula.

---

[1] Em minha apresentação das 17 principais leis poderosas, eu contei as três leis de Gause como um conjunto, as três leis do movimento de Newton mais a lei da gravidade como um conjunto e as leis da relatividade de Einstein — as gerais e a especial — como um conjunto. A contagem total, porém, apresenta 93 leis poderosas, considerando cada uma delas individualmente (por exemplo, Gause tem três leis poderosas).

Evolução pela Seleção Natural — Teoria Genética dos Negócios — Leis de Gause — Psicologia Evolucionista — O Dilema do Prisioneiro — Leis de Newton — Relatividade — Mecânica Quântica — Caos — Complexidade — O Princípio 80/20 — Equilíbrio Pontuado — Ponto de Virada — Retornos Crescentes — O Paradoxo do Enriquecimento — Entropia — Consequências Não Intencionais

teorema fundamental de Fisher da seleção natural — curva da experiência — competição baseada no tempo — dilema de Ulam — leis de Mendel sobre hereditariedade — DNA e sua estrutura — memes — linhas de evolução da vida — lei de Hardy-Weinberg — nichos ecológicos e os rouxinóis de MacArthur — proprietários e invasores — efeito doação — jogo da barganha com ultimato — evolução cultural em animais — neuroplasticidade — teoria dos jogos — efeito da rainha de copas — corrida armamentista evolucionária — A teoria de Ridley sobre a virtude social — divisão do trabalho — lei da vantagem comparativa de Ricardo — teoria da coopetição — lei de Linus — princípio de Diamond da fragmentação intermediária — buracos negros — teorema da incompletude de Gödel — o meio é a mensagem — princípio da incerteza de Heisenberg — princípio da complementaridade — gato de Schrödinger — sensível dependência das condições iniciais — efeito borboleta — similaridades fractais — princípio da impotência — falta de controle — vantagem do primeiro a chegar — emergência — sistemas auto-organizados — na fronteira do caos — regra da classificação/tamanho — teoria dos nódulos e das ondas de Simon — lei de Gutenberg-Richter — lei de Parkinson — teoria da inércia organizacional de Cyert e March — paisagens — princípio de Zipf para o menor esforço — regra dos poucos vitais de Juran — teorema de Von Foerster — princípio 50/5 — tabela dos elementos de Mendeleev — teoria do controle — princípio do tempo mínimo de Fermat — lei da tricotomia — teoria da disseminação das epidemias — cruzando o abismo — crescimento exponencial — coelhos de Fibonacci — Big Bang — lei de Say da arbitragem econômica — princípio da realidade de Freud — lei dos retornos decrescentes — lei de Moore — lei de Metcalfe — ponto ideal — lei de Murphy — teoria do segundo melhor — dinâmica dos sistemas

Por ordem de citação

Lei Poderosa   **Página**

Evolução pela Seleção Natural 33
O teorema fundamental de Fisher da seleção natural 51
A curva da experiência 52
Competição baseada no tempo 54
Dilema de Ulam 54
As leis de Mendel sobre hereditariedade 62
O DNA e sua estrutura 63
A teoria dos memes 66
A teoria das linhas de evolução da vida 68
Teoria Genética dos Negócios 69
Lei de Hardy-Weinberg 77
Princípio de Gause da Sobrevivência
pela Diferenciação 83
Princípio de Gause da Exclusão Competitiva 84
Coexistência, Dominância e Biestabilidade 84
Nichos ecológicos e os rouxinóis de MacArthur 84
Psicologia Evolucionista 93
Equilíbrio Pontuado 93
Proprietários e invasores 107
O efeito doação 107
Jogo da barganha com ultimato 109
A teoria da evolução cultural em animais 111
Neuroplasticidade 112
Teoria dos jogos 123
Dilema do Prisioneiro 124
O efeito da rainha de copas 125
Corrida armamentista evolucionária 126
A teoria de Ridley sobre a virtude social 128
Divisão do trabalho 128
A lei de Ricardo da vantagem comparativa 129
Teoria da coopetição 135
Lei de Linus 139
Princípio de Diamond da fragmentação intermediária 140
Primeira Lei do Movimento de Newton 155
Segunda Lei do Movimento de Newton 155

Terceira Lei do Movimento de Newton 155
Lei da Gravidade Universal de Newton 155
Buracos negros 161
Teoria Especial da Relatividade de Einstein 172
Teoria Geral da Relatividade de Einstein 172
Teorema da incompletude de Gödel 180
O meio é a mensagem 183
Mecânica Quântica 187
Princípio da incerteza de Heisenberg 188
Princípio da complementaridade de Bohr 188
O gato de Schrödinger 189
Caos 207
Sensível dependência das condições iniciais 208
O efeito borboleta 209
Similaridades fractais 211
Princípio da impotência 212
A falta de controle na história 213
Vantagem do primeiro a chegar 217
Complexidade 220
Emergência 220
Sistemas auto-organizados 220
Na fronteira do caos 222
A regra da classificação/tamanho de Zipf 223
Teoria dos nódulos e das ondas 224
Lei de Gutenberg-Richter 225
Lei de Parkinson 225
Teoria da inércia organizacional de Cyert e March 226
Paisagens 234
O Princípio 80/20 241
Princípio para o menor esforço de Zipf 243
Regra dos poucos vitais de Juran 243
O princípio de que o vencedor leva tudo (superestrela) 244
Charme 258
Poder dos elos fracos 258
Teorema de Von Foerster 260
O princípio 50/5 260
Tabela dos elementos de Mendeleev 261
Teoria do controle 262
Princípio do tempo mínimo de Fermat 263
Lei da tricotomia 264
Teoria da disseminação das epidemias 269

Ponto de Virada 270
Cruzando o abismo 272
Crescimento exponencial 273
Os coelhos de Fibonacci 276
Big Bang 276
Lei de Say da arbitragem econômica 278
O princípio da realidade de Freud 278
A lei dos retornos decrescentes 280
Lei de Moore 281
A Lei dos Retornos Crescentes 282
A lei de Metcalfe 283
Ponto ideal 286
O Paradoxo do Enriquecimento 296
A Lei da Entropia 299
As leis de Murphy 301
A Lei das Consequências Não Intencionais 302
A teoria do segundo melhor 303
Dinâmica dos sistemas 304

PREFÁCIO À NOVA EDIÇÃO

De vez em quando, alguém me pede para escrever um novo livro sobre o futuro dos negócios. E eu sempre respondo da mesma forma: eu já escrevi esse livro — é este que você tem nas mãos.

O falecido Peter Drucker costumava dizer que o futuro já está aqui, pois suas sementes são evidentes no presente. Eu penso de outro modo: vejo um novo paradigma de negócios lutando para emergir das cinzas do antigo. Usar a palavra "paradigma" talvez possa parecer exagero, mas não há outra melhor para indicar a magnitude da mudança, porque ela é simultaneamente teórica no melhor sentido, e também extremamente prática.

A matéria-prima desse novo paradigma é apresentada neste livro — as ideias mais poderosas derivadas da Ciência. Existem pelo menos 92 leis científicas ou princípios aos quais se aplicam todos os seguintes critérios:

- São observações precisas, hipóteses ou "leis" aplicáveis frequentemente ou sempre.
- Não são óbvias e, em geral, são contraintuitivas.
- São valiosas nos negócios, na carreira e/ou na vida pessoal.
- Não são tão conhecidas quanto deveriam ser, tampouco aplicadas com a devida frequência.
- São profundas e vale a pena explorá-las além de seu valor superficial.

Os elementos-chave dessa nova abordagem são claramente visíveis, embora estejam na contramão das práticas prevalentes:

- Trabalho é uma questão de percepção, não da quantidade de horas investida nas tarefas. A geração de riqueza é fruto de 1% de transpiração e 99% de inspiração. A intuição é mais importante do que a análise racional.
- Os negócios são direcionados por ideias e informações. As melhores ideias geram mais dinheiro. E as melhores ideias são infinitamente recicláveis.

- A chave não está na administração, no financeiro ou em estratégias inteligentes — está no produto. Nada é mais importante do que aperfeiçoar ou reimaginar o produto e desenvolver um novo sistema de negócio para lhe dar suporte.
- Menos é mais. Os negócios passam por rupturas evolutivas quando se subtrai ao máximo, quando tudo é eliminado menos o essencial. Na teoria parece fácil, mas na prática raramente é realizado. Quando é feito, o resultado é um produto que entra para a história e lança as bases do futuro, por exemplo: impressora, bicicleta, o modelo T da Ford, aspirina, Coca-Cola, televisão, McDonald's, Disneylândia, microchip, computador pessoal, internet, smartphone, iPod.
- A inovação e a seleção natural geram a vasta maioria do novo valor em qualquer economia.
- Jardins cercados criam fortunas duradouras; mas as redes abertas geram riqueza eterna.
- Somente o crescimento exponencial cria fortunas e novos mercados interessantes. Geralmente, o crescimento exponencial deriva da simplificação de um produto, mercado ou sistema de negócio com grande sofisticação, mas carente de simplicidade.

De maneira geral, a resposta está no capítulo final, que articula simultaneamente todas as ideias. Se você for uma pessoa impaciente (como eu), daquele tipo que quer as respostas rapidamente, talvez queira ler essa parte antes dos demais capítulos.

Aproveite ao máximo esse banquete de ideias servido para você — crie algo novo, exclusivo e indubitavelmente seu com a ampla e fantástica diversidade oferecida por sua herança intelectual. Nunca mais você vai achar que seu trabalho ou sua vida não têm importância.

Richard Koch
Gibraltar, janeiro de 2014

> ABERTURA

COMO APRECIAR ESTE MUNDO INSTÁVEL

> *Você não vê algo realmente até que consiga a metáfora certa para fazer com que perceba aquilo.*
> — Thomas Kuhn[1]

EM BUSCA DE ALGUNS POUCOS PRINCÍPIOS UNIVERSAIS

O premiado biólogo e autor Edward O. Wilson define ciência como "a iniciativa organizada e sistemática que reúne o conhecimento sobre o mundo e o condensa em leis e princípios testáveis".

A ciência nos apresenta alguns padrões universais de como tudo *realmente* funciona, regras e relações que contêm percepções fabulosas, não somente no que se refere especificamente às disciplinas científicas mas também fora delas, nos negócios e na vida em geral. Existe um número surpreendentemente pequeno de explicações recorrentes e simples para fenômenos complexos e aparentemente não inter-relacionados. "A natureza", já se disse muito bem, "é pródiga nos detalhes, mas parcimoniosa nos princípios". Eu tentei identificar os padrões, as regras e as relações mais importantes e relevantes, que denominei de "leis de força", ou seja, "leis poderosas". Quero deixar claro que estou me referindo à força no sentido coloquial e não como termo técnico, matemático, que expressa uma relação quantitativa em uma equação.

Minhas leis poderosas, portanto, devem obedecer a três critérios para que sejam incluídas aqui:

- Deve ser uma teoria coerente sobre o funcionamento das coisas com ampla aceitação entre os cientistas.
- Deve transcender a disciplina que a originou e ser usada em mais de uma área científica.
- Deve ter aplicabilidade aos negócios.

---

[1] Thomas Kuhn (1922-1996), físico e filósofo norte-americano que se dedicou principalmente à história e à filosofia da ciência. (N.T.)

Eu fiz uma pesquisa ampla e profunda em busca de leis poderosas úteis. A Parte 1 inclui não apenas a teoria de Darwin, genética moderna e teorias neodarwinistas, mas também leis poderosas da psicologia evolucionista, psicologia convencional, arqueologia, paleontologia, antropologia, ecologia, neuroplasticidade e teoria dos jogos. A Parte 2 aborda a física newtoniana e a visão mecânica da ciência, as teorias da relatividade de Einstein e mecânica quântica, além de matemática, lógica e filosofia. A Parte 3 examina a teoria de sistemas, caos, complexidade e economia, apropriando-se pelo caminho de algumas ideias da cibernética, teoria da probabilidade, geologia, sociologia, epidemiologia, história e de outras disciplinas já mencionadas antes (especialmente matemática). Embora eu não tenha ignorado as humanidades, há um forte viés das ciências físicas e naturais.

Evitei as áreas mais exploradas, como a visão da administração de pessoas trazida pela psicologia industrial, e busquei perspectivas inovadoras na literatura de negócios. Também evitei os conceitos administrativos, mesmo quando estes reclamam (em geral, de modo espúrio) alguma validade científica. Ainda tentei — não sei se consegui integralmente — evitar as comparações fáceis. Não há nada pior do que conclusões mal tiradas de ideias científicas compreendidas pela metade.

Um exemplo do que estou dizendo é o abuso que determinados autores da área de administração fazem de conceitos da mecânica quântica, a revolução da física no século XX e provavelmente um dos maiores triunfos científicos desse período. As revelações sobre como as partículas inanimadas e submicroscópicas se comportam tornaram-se a base de todo tipo de teoria sobre como as empresas e a sociedade deveriam se organizar, em muitos casos sem absolutamente nenhuma justificativa embasada na mecânica quântica. Algumas dessas teorias são sensatas, outras são absurdas, mas o vínculo com a ciência, na melhor das hipóteses, é tênue (veja o Capítulo 8).

Outro exemplo de raciocínio vago é o paralelo comumente estabelecido entre a evolução por seleção natural e a natureza da competição entre empresas já consolidadas. Esse paralelo é simplesmente equivocado e demonstra uma profunda falta de compreensão do que foi dito por Darwin, bem como sobre o funcionamento da moderna competição corporativa. Mesmo assim, se lidos com cuidado e atenção, existem nos escritos de Darwin algumas abordagens maravilhosas e inovadoras sobre como os negócios funcionam (veja os Capítulos 1 e 2, além do Final).

Meu pesquisador, Andrej Machacek, e eu analisamos mais de mil teorias e princípios científicos que, à primeira inspeção, pareciam relevantes, antes de apurar a seleção e chegar às 93 leis poderosas. Nós incluímos nessa lista não somente as teorias bem amparadas em dados, mas também aquelas resultantes de fatos observados empiricamente, além de umas poucas não verificáveis, mas cujos conceitos eram consistentes. Também incluímos uma porção de ideias que nos oferecem boas reflexões sem que tenham, porém, nenhuma validade científica: é o caso das leis de Murphy e de Parkinson. A vasta maioria das leis poderosas, no entanto, é respeitada cientificamente e atenção especial foi dedicada aos seus pontos controversos.

Ideias científicas para o sucesso nos negócios

A ciência é uma tentativa de explicar o mundo ao nosso redor. E os negócios são parte desse mundo. Os físicos sabem que o universo é unitário: as mesmas leis se aplicam em todos os lugares o tempo todo. Cientistas que trabalham em diferentes disciplinas são ajudados por teorias desenvolvidas em outras áreas. O que funciona na biologia também funciona na economia, na física, na psicologia e vice-versa. As ciências interdisciplinares, como caos e complexidade, observam os mesmos fenômenos e os mesmos padrões, igualmente relevantes para a meteorologia ou para os mercados financeiros, geologia, física, química ou muitas outras disciplinas e, em geral, existem expressões matemáticas semelhantes perpassando todas essas áreas.

A razão para que as visões e teorias de uma ciência funcionem em outras é que o universo é mais fundamental do que nossa taxonomia científica. Ao tentar estudar e entender o mundo, nós o fragmentamos, mas tudo o que conseguimos é entrever os mesmos princípios verdadeiros e universais por diferentes ângulos. Minha busca foi por leis poderosas que transcendessem as fronteiras científicas e derrubassem as barreiras artificiais erguidas entre "a ciência" e "os negócios".

Para tentar ganhar a contribuição de uma visão científica, primeiro eu procurei compreender adequadamente a ciência em seus próprios termos antes de aplicá-la ao universo empresarial. É exatamente assim que age, por exemplo, um químico, quando tenta entender e aplicar uma ideia da física.

O PROGRESSO DA ORDEM PARA O CAOS

A ciência do século XIX era sólida e confiável. A ciência do século XX tornou-se surreal, frequentemente incompreensível e até mesmo inacreditável. No início do século XXI, a maioria de nós ainda se sente mais familiarizada com a visão científica do final do século XIX e administramos nossa vida de acordo com ela, pois trata-se de uma perspectiva que foi a culminância de três séculos de crescentes e progressivos patamares de compreensão e confiança: as pessoas cultas achavam que entendiam como o mundo funcionava e que, em breve, haveria poucos limites para o domínio da humanidade sobre a natureza. Toda uma nova civilização científica teve início ali.

O século XX nos trouxe um aparente retrocesso. Conforme os cientistas foram aprendendo mais, o universo parecia menos previsível, menos ordenado, mais misterioso e mais assustador. Os mecanismos de defesa foram erguidos. Cientistas brilhantes como Albert Einstein lutaram contra nossas viseiras. O universo não poderia ser assim tão aleatório, sem sentido e fora de sintonia com a razão. E assim teve início uma reação intelectual que ainda está em marcha entre nós. A maioria dos nossos modelos mentais ainda é do século XIX. É mais confortável assim. Pode-se também argumentar que somos mais produtivos com esses modelos.

Vamos ver como o mundo se tornou muito mais fácil de entender entre os séculos XVI e XIX e como ficou muito mais difícil dali em diante.

Em louvor do *"incomparável sr. Newton"*

Talvez o mais importante livro de ciência de todos os tempos — o *Principia Mathematica*, de Sir Isaac Newton — tenha sido publicado em 1687. Newton conseguiu articular todo o conhecimento que vinha sendo produzido há séculos e estava entrando em ebulição: desde os gregos antigos, passando por Roger Bacon (acadêmico de Oxford do século XIII), Leonardo da Vinci, Galileu, Kepler, pelo filósofo francês René Descartes e muitas outras fontes. Newton foi o pai da moderna ciência empírica e o codificador da mais poderosa estrutura intelectual que o mundo já conheceu — o mecanicismo.

O mundo newtoniano era simples e facilmente compreensível. Todos os elementos podiam ser relacionados a tudo o mais que existia entre a terra e os céus. A realidade abrangia as máquinas e as partes das máquinas, tudo se comportando de acordo com algumas leis básicas, universais e confiáveis. A ciência como um sistema integral fazia sentido. Então, Deus pôde ser relegado ao papel de sábio relojoeiro, o cara que criou o relógio — o universo — e depois o deixou funcionar por conta própria, de acordo com determinados padrões e processos operacionais.

A teoria do mecanicismo do universo está manifesta no trabalho de Adam Smith e de todos os economistas clássicos; no pensamento de Thomas Robert Malthus sobre o crescimento populacional e a sustentabilidade; nas ideias do iluminismo francês sobre a "perfectibilidade do homem"[2]; uma ideia incorporada pelo historiador britânico Edward Gibbon que, em 1776, escreveu que "não podemos ter certeza a que altura a espécie humana pode aspirar em seu avanço na direção da perfeição"; na teoria da evolução pela seleção natural de Charles Darwin; no modelo mecânico de Sigmund Freud para a mente e a consciência; e em todos os escritores políticos e sociais de Thomas Hobbes a Karl Marx, John Stuart Mill, Auguste Comte, Vilfredo Pareto e Max Weber. Embora muitos desses pensadores tenham acrescentado uma perspectiva teleológica ou dialética — em desacordo com um mundo mecânico, simples e estático —, a visão deles ainda é totalmente mecanicista e racional. Tudo é uma máquina, tudo obedece a leis simples, tudo se encaixa, tudo pode ser compreendido e tudo pode ser analisado e reduzido a seus elementos básicos. Tudo funciona e tem um propósito. As pessoas podem ter a aspiração de controlar o mundo, a sociedade e sua própria natureza porque tudo é mecânico e a inteligência pode controlar tudo que é mecânico.

A ideologia newtoniana deu às pessoas tamanha confiança de que poderiam compreender e controlar o mundo que foi isso que elas fizeram. A explosão da ciência, indústria, tecnologia e da riqueza que se seguiu nos 300 anos seguintes foi muito além de qualquer precedente histórico e nos conduziu à fronteira da utopia material: nada disso seria possível sem a fé na mecânica do universo.

Por isso, é até difícil conseguir exagerar o impacto de Newton no mundo dos negócios. Uma via de influência está diretamente relacionada à engenharia, à maquinaria e às revoluções da produtividade desde 1750 até 2000. A outra vertente de influência são os modelos mecânicos aplicados na economia e na maneira pela qual as organizações — uma palavra moderna com um conceito muito newtoniano — estão

---

[2] Perfectibilidade, em filosofia, é a capacidade do ser humano de, sendo imperfeito, escolher o contínuo aperfeiçoamento. (N.T.)

estruturadas. A terceira influência é o poder da análise: a contribuição dos números, sistemas contábeis, calculadoras e computadores, todos dependentes dos métodos newtonianos.

Quase todos os executivos e autores de livros da área de administração habitam o mundo de Newton e com uma boa razão para isso. Mesmo assim, a ciência seguiu em frente.

A estranha e maravilhosa ciência do século XX

O físico dinamarquês Niels Bohr (1885-1962) foi um dos melhores cérebros do século XX e talvez o mais importante desenvolvedor da física quântica, que deve ser classificada como a mais sublime e contraintuitiva teoria científica de todos os tempos. Bohr costumava contar a história de um estudante judeu de teologia que assistiu a três palestras de um famoso rabino. A primeira palestra foi esplêndida e o rapaz entendeu tudo. A segunda foi ainda melhor; claramente, o rabino compreendia cada palavra do que dizia, mas o conteúdo era tão profundo e sutil que o estudante não conseguiu acompanhar tudo. Já a terceira palestra fechou com chave de ouro; o conteúdo era tão brilhante que nem mesmo o rabino conseguia compreendê-lo. Bohr dizia que a teoria quântica era "estranha": ela o fazia sentir-se como o rabino na terceira palestra.

A teoria quântica é tão subversiva que até mesmo Albert Einstein continuou tentando provar que ela estava errada. Como veremos no Capítulo 8, o microcosmo dos átomos "escolhe" para qual estado saltar inteiramente ao acaso; as posições precisas ou as velocidades dos elétrons não podem ser medidas; a luz é simultaneamente uma onda e uma partícula — nada é real, nada é previsível, tudo é incerto e tudo está relacionado, misteriosamente, a tudo mais.

As duas primeiras décadas do século XX também nos deram as teorias da relatividade de Einstein, que são extraordinariamente difíceis de entender; ele próprio afirmou que só existiam 12 pessoas no mundo que poderiam compreender sua teoria geral. Como resultado da relatividade, sabemos que o espaço é curvo; a gravidade é a torção do espaço-tempo pela massa física. O tempo e o espaço não são duas dimensões, mas uma estrutura de referência vinculada: o tempo é parte do universo físico.

A questão científica de que não existe realidade objetiva foi reforçada em 1931 pelo brilhante cientista austríaco Kurt Gödel, que era quase louco de tão excêntrico. Todavia, seu teorema da incompletude provou acima de qualquer dúvida que, mesmo dentro de um sistema simples e formal como a matemática, ainda é possível fazer afirmações que nunca serão comprovadas nem desmentidas dentro dos termos daquele sistema. A realidade é uma invenção, não é algo que nos seja dado. Portanto, adeus verdade absoluta!

Os sistemas de pensamento e os desenvolvimentos sobre o caos e a complexidade no último terço do século XX nos levaram ainda mais longe na trajetória de volta para o futuro. Revelou-se que a maior parte dos elementos do mundo e, com certeza, alguns dos mais importantes — incluindo o clima, o cérebro, as cidades, a economia, a história e as pessoas — são sistemas não lineares, o que quer dizer que não se comportam daquela maneira simples e direta assumida por todos os cientistas desde Isaac Newton até aqueles do final do século XIX.

Os sistemas não lineares não têm simplesmente causas e efeitos; não se comportam como objetos mecânicos; tudo está inter-relacionado; o equilíbrio é ilusório e fugidio; causas pequenas e até triviais podem ter efeitos massivos; o controle é impossível; as previsões são arriscadas; sistemas simples podem demonstrar comportamentos incrivelmente complexos e, por sua vez, sistemas complexos podem originar comportamentos bastante simples. Nesse mundo estranho e instável, a inteligência, o bom senso e as boas intenções não são garantia de bons resultados; em vez disso, as consequências indesejadas e não intencionais são endêmicas.

Esse é um mundo de pernas para o ar no qual a lógica newtoniana de causa e efeito pode fazer você se meter em encrencas. Mesmo assim, os cientistas conseguiram descobrir leis e padrões notavelmente consistentes, capazes de descrever os comportamentos "caóticos". Embora gostem de nos confundir, realmente existem beleza, ordem e método dentro da aparente desordem e loucura.

UMA NOVA *GESTALT* PARA OS NEGÓCIOS?

Não tenha medo, a ajuda está ao alcance de suas mãos. Se formos capazes de compreender a ciência moderna, deixaremos de ser escravos daqueles defuntos da física, filosofia, economia e também dos genes disfuncionais.

Vamos entender, por exemplo, por que os indivíduos não são exatamente programados para trabalhar com eficácia nas grandes organizações; e por que — para o bem e para o mal — as organizações têm vontade própria.

Uma mudança suave, mas crucial, de perspectiva demonstrará que a unidade fundamental de valor nos negócios é a informação econômica; e que o mercado de informação econômica é altamente imperfeito, o que nos possibilita a apropriação de uma grande quantidade de valor; que a tecnologia direciona o crescimento; e que os empreendedores, e não os cientistas, são os condutores da tecnologia.

Veremos que a luta pela existência está no coração dos negócios, mas que essa batalha ocorre primariamente no campo das ideias e não entre as corporações; essa competição empresarial é marginal às nossas economias e ao nosso sucesso pessoal; e os negócios não são nem um pouco como uma guerra.

As leis poderosas nos dizem que a inovação é mandatória, mas também previsível, seguindo um processo de variação sem rupturas com fracassos frequentes e sucessos raros e, em seguida, mais variação — um processo assustadoramente semelhante à seleção natural. A maioria dos experimentos tem que falhar e, ainda assim, a experimentação é essencial; só que, em geral, os negócios não são estruturados para a experimentação, preferindo equivocadamente a arquitetura de uma catedral em vez daquela de um bazar.

A nova *gestalt*[3] sustenta que não é difícil encontrar o crescimento, mas que é extremamente difícil perpetuá-lo em um único veículo; que menos é mais; que a influência geralmente é superior ao controle; e que estamos avançando para uma era em que o Retorno sobre o esforço de administração (ROME — *Return on Management Effort*) é mais importante do que o do capital empregado (ROCE — *Return on Capital Employed*) e onde a propriedade na estrutura societária da empresa mais diminui do que aumenta.

Essa nova ciência explica que a maioria dos negócios é não linear e imprevisível, embora cada diferente setor empresarial siga padrões distintos e discerníveis; que sempre existem algumas poucas leis poderosas das quais podemos tirar vantagem ou que atrapalharão nossos planos; e que o sucesso geralmente surge quando estamos olhando em outra direção, mas que esses resultados positivos inesperados, se ao menos nos dignarmos a identificá-los, poderão ser deliberadamente cultivados e transformados em explosiva prosperidade.

Veremos que os negócios frequentemente oferecem retornos decrescentes para nossos esforços e investimentos extras, embora o fenômeno econômico mais importante do início do século XXI sejam os retornos

---

[3] *Gestalt* é uma palavra de origem alemã, aplicada a diversas áreas do conhecimento e das artes, cujo significado mais genérico é "configuração, forma(s) organizada(s) em uma totalidade, articulada e indivisível. (N.T.)

crescentes, quando o controle e o investimento adicionais em propriedade intelectual alavancam exponencialmente o aumento de caixa.

Vamos aprender que o pensamento do tipo "e/ou" é uma armadilha, que os conflitos de escolha (*tradeoffs*) podem ser evitados. E, além disso, vamos entender que a mentalidade do tipo "ambos/e" é a serva da criatividade; que existem infinitas formas de se fracassar, mas que também há múltiplas rotas para chegar ao sucesso; e que o oposto de uma grande verdade sobre os negócios é... outra grande verdade sobre os negócios.

Finalmente, as leis poderosas revelam que os negócios são um livro de apostas e que apenas os jogadores mais habilidosos conseguem ser consistentemente vencedores; ainda assim, um empreendimento é também um conjunto de transações inter-relacionadas, reunidas pela cooperação, lealdade, redes sociais, reciprocidade contínua e reputação; e que os melhores resultados e a satisfação de nossos objetivos egoístas exigem a renúncia aos nossos próprios interesses de curto prazo para conseguirmos colaborar com aqueles que mais cooperam. Não serão os mais dóceis nem os agressivos que herdarão a terra, mas aqueles que conseguirem ser cooperativos.

Não se trata de opiniões aleatórias ou tentativas de interpretar a ciência, tampouco extrapolações toscas. São inferências bem fundamentadas na teoria científica e baseadas na observação dos negócios dentro da nova moldura trazida pelas leis poderosas. Essa perspectiva é superior porque combina as abordagens científicas dominantes e a realidade corporativa e, além disso, prescreve um conjunto de ações que funcionam, isto é, que levam ao sucesso. Por fim, outra vantagem central dessa abordagem é que ela também consegue acomodar a visão mecânica "tradicional" das ciências e dos negócios, que já provou ser válida.

O ANTIGO REGIME TEM O SEU LUGAR

É importante adotar uma perspectiva equilibrada do avanço da ciência no século XX e da resposta apropriada dos negócios a essas mudanças.

Se, por algum truque impossível, tivéssemos somente a ciência do século XX e nada da herança newtoniana, seríamos incomparavelmente mais simplórios na profundidade e no poder do nosso pensamento e geraríamos muito menos riqueza. A ciência de Newton teria sido suficiente para enviar e trazer de volta o homem da Lua e, para a maior parte de nossos propósitos práticos, a falta de acurácia da física newtoniana poderia ser ignorada com segurança. É verdade que aquelas pequenas e inanimadas partículas não se comportam de maneira previsível, mas isso não nos impede de continuar construindo pontes como sempre fizemos muito antes da teoria quântica. A lógica pode nos dizer que a verdade é sempre ilusória e subjetiva, mas nós não nos comportamos em nossa vida cotidiana — e nem devemos — como se não houvesse diferença entre verdades e mentiras. Um mundo no qual a ciência estivesse restrita à relatividade, à teoria quântica, à genética moderna, à teoria de sistemas e à teoria do caos e da complexidade seria um lugar estranho e inóspito. A Terra pareceria o terrível planeta criado por Douglas Adams[4] no qual todas as pessoas altamente remuneradas, como consultores de gestão, lobistas e políticos, seriam colocadas onde não pudessem realmente fazer nada.

Nós precisamos dos "conceitos antigos" da ciência. Necessitamos de engenheiros e químicos e também físicos e médicos à moda antiga. Precisamos do pensamento mecanicista, da análise e da fé na razão.

E precisamos disso tudo também nos negócios. Necessitamos de nossos balancetes e orçamentos, dos nossos objetivos antiquados de administração, do nosso planejamento e monitoramento e também da nossa fé — ilusória, ou não — na capacidade de controlar nosso próprio destino.

A nova visão científica tem o mérito de oferecer grande precisão e ampla compreensão sobre o funcionamento do universo. Se, apesar disso, ela parecer menos atraente, não é razão para nos comportarmos como avestruzes. Há, porém, um desdobramento que temos de entender: ela pode ser paralisante, pode nos fazer desistir antes mesmo de começar. A grande qualidade da ciência newtoniana é que ela era ativa e otimista: dava — e dá — direcionamento a um enorme número de pessoas comuns para que cheguem a resultados extraordinários. Controle era a palavra de ordem: o universo podia ser compreendido e, portanto, poderia ser controlado.

Agora nós sabemos, porém, que o controle não é possível; o universo tem a sua própria mente e é capaz de derrotar nossas tentativas de ordená-lo e submetê-lo. Mesmo assim, é importante continuar tentando! O fatalismo ou o excesso de *laissez-faire*[5] não nos conduzirá até onde queremos. Uma sofisticada filosofia antinewtoniana seria muito menos útil do que a original primitiva.

---

[4] Douglas Adams (1952-2001), escritor e comediante britânico, que ficou célebre por escrever roteiros para o grupo Monty Python e pelos livros da série O Mochileiro das Galáxias. (N.T.)

[5] O *laissez-faire*, defendido pelos economistas liberais, é o princípio da intervenção mínima do Estado na atividade econômica, permitindo que o mercado use seus próprios mecanismos para se regular. (N.T.)

Deixe-me ilustrar essa questão adiantando-me até um dos conceitos surgidos da teoria da complexidade, que é o da *auto-organização*. Essa abordagem revela uma surpreendente e irrefutável tendência dos sistemas complexos, como cidades, economias ou até mesmo o corpo humano, de se organizarem a partir de um conjunto de partes mais simples e de estágios iniciais. E fazem isso de acordo com determinados padrões típicos, que são repetidos continuamente com baixa variabilidade.

É inegável que uma empresa é uma entidade semelhante: trata-se de um sistema auto-organizado. Uma prescrição moderna e simples, portanto, poderia ser deixar que as companhias se auto-organizem. E é uma diretriz muito boa. Qualquer pessoa que já tenha tentado organizar uma equipe baseando-se em um plano de regras pré-estabelecidas para cada integrante do grupo conhece as limitações dessa abordagem. É muito melhor dizer à equipe o que se pretende alcançar e deixar que os próprios integrantes estabeleçam seus papéis e as regras do trabalho em conjunto.

Apesar disso, a extrapolação dessa abordagem liberal para a organização como um todo — partindo do princípio de que, se é assim que a natureza organiza tudo, é assim que devemos agir também — é um enorme equívoco. Se for deixada sozinha, a empresa de fato se auto-organizará eficazmente — para seus próprios objetivos. Não realizará aquilo que seus acionistas ou líderes querem. Tampouco será funcional do ponto de vista da sociedade. A empresa que se auto-organiza será muito maior e mais inchada que o necessário para atingir determinados objetivos econômicos. Essa crítica, de fato, deriva de uma visão de mundo mecanicista, newtoniana e antiquada: é parte de uma ideologia de controle e racionalidade dos objetivos. Mas, se for acusado de acolher essa ideologia, vou me declarar alegremente culpado. A ideologia do controle e dos objetivos é um dos preços pagos pelo progresso.

ESCAPANDO DOS MODELOS MENTAIS OBSOLETOS

Os cientistas que trabalham com a teoria da relatividade, teoria quântica, matemática moderna, teoria de sistemas ou do caos e complexidade estão no topo de seus campos de estudo. Eles podem não chegar a uma verdade absoluta, mas estão mais próximos de compreender o que acontece e, em grande parte, como e por quê. Mas o que dizer do restante de nós, que estamos tentando pilotar na estrada da vida ou cuidar de nossos negócios em particular? Nós somos alvos fáceis. Estamos condenados a mal interpretar o que acontece, a ver a maior parte de nossos esforços desperdiçada, a apertar alavancas que não funcionam e a agir de modo a gerar precisamente os resultados que queremos evitar. Trabalhamos no século XXI usando modelos mentais do XIX e, provavelmente, sendo governados por genes que essencialmente não mudaram desde a Idade da Pedra.[6]

Apesar disso, existe uma escapatória. Se compreendermos um conjunto de leis poderosas e *se agirmos de modo a tirar o melhor delas*, podemos multiplicar nossa eficácia.

As leis poderosas do universo são como o vento. Se você está velejando, tem que usar o vento porque não há outra fonte de força para o iate. Mas o bom navegador não permite que os ventos virem o barco, é claro. Mesmo contra o vento, a embarcação avança. Existe um mapa e um objetivo que são diferentes daqueles do vento. O iate desvia e se agita, seguindo seu curso em zigue-zague, mas, por mais tortuoso e lento que seja, chegará ao porto em segurança.

Nós não temos outras fontes de poder que não sejam aquelas oferecidas pelo universo, incluindo aí nosso cérebro e os instintos. Temos que compreender essas leis poderosas, seja para controlar pequenas partículas, grandes planetas ou nosso próprio comportamento. E, então, não dizemos apenas: "Maravilha, cara!". Nós respeitamos as leis. Reconhecemos que elas podem desfazer nossos planos. Aproveitamos a força delas de maneira criativa. Mas não lhes obedecemos servilmente e nem as cultuamos. Temos nossa própria luz interior que orienta nossos passos vacilantes até mesmo quando compreendemos como é difícil superar nossa programação mental.

Nós precisamos de uma boa dose da mecânica newtoniana, da fé cartesiana na razão, da fé gibboniana na perfectibilidade do homem, da fé darwiniana na evolução, da fé marxista em nossa capacidade de rearranjar a sociedade e da crença freudiana em nossa habilidade de controlar nossas emoções — de todas essas fés que são intelectualmente insustentáveis, pelo menos, em suas formas mais extremas — enquanto, ao mesmo tempo, compreendemos e utilizamos as conquistas mais estranhas e sutis do conhecimento científico mais recente.

Vamos em frente com o show!

---

[6] A nova ciência da psicologia evolucionista sugere que nós ainda estamos "sintonizados" com a vida nas savanas e que nossas respostas emocionais estão mais bem adequadas à realidade de 200 mil anos atrás, estando, portanto, em desacordo com as que seriam necessárias atualmente. Apesar disso, também existem evidências de que somos capazes de mexer em nossa própria "sintonia"; veja o Capítulo 4.

Parte 1

AS LEIS DA BIOLOGIA
COMO A INFORMAÇÃO ECONÔMICA DIRECIONA O PROGRESSO

INTRODUÇÃO

A Parte 1 aborda as perspectivas da biologia e das disciplinas relacionadas: como a vida se originou, como está estruturada, como se desenvolve e se adapta às condições ao seu redor. O foco aqui é na evolução da vida, com particular atenção à vida humana e à relação existente entre a evolução do homem e dos negócios.

O Capítulo 1 examina a teoria de Darwin da **Evolução pela Seleção Natural**, que vamos tomar como certa, mas que é a maneira mais fantástica, surpreendente e contraintuitiva que se poderia imaginar para gerar vida com mais e mais beleza e complexidade.

O Capítulo 2 constrói a **Teoria Genética dos Negócios**, na qual a informação econômica evolui por seleção e os replicadores — os genes de negócios — buscam veículos para sua sobrevivência e proliferação.

O Capítulo 3 analisa os nichos ecológicos e os experimentos em pequenos organismos realizados pelo cientista soviético G. F. Gause na década de 1930. As **Leis de Gause** reforçam a importância da diferenciação para os genes de negócios e seus veículos.

O Capítulo 4 abrange a **Psicologia Evolucionista** e o desencontro entre nossos genes primitivos e as exigências feitas pelos negócios modernos. O **Equilíbrio Pontuado**, discutido em profundidade no Capítulo 11, também é introduzido aqui.

O Capítulo 5 desenvolve uma teoria sobre a cooperação e a competição humanas com base em abordagens do **Dilema do Prisioneiro**, outros conceitos da teoria dos jogos e ainda da biologia, economia e antropologia. Constata-se que os objetivos egoístas somente podem ser alcançados com alto grau de cooperação e interdependência.

CAPÍTULO 1
DA EVOLUÇÃO PELA SELEÇÃO NATURAL

> Se eu pudesse dar um prêmio à melhor ideia de todos os tempos, eu o daria a Darwin porque, de uma vez só, ele juntou dois mundos até então completamente separados, reunindo de um lado as ciências mecânicas, astronomia, física e química e, de outro, o mundo dos significados, cultura, arte e biologia.
> — Daniel Dennett[1]

O UNIVERSO É ADMINISTRADO PELA SELEÇÃO

No mundo material, nada é mais importante do que a **Evolução pela Seleção Natural**. Sem ela, nossas espécies não poderiam existir. Se a seleção não se aplicasse às ideias, tecnologias, mercados, empresas, equipes e produtos precisamente como ocorre com as espécies, nós ainda estaríamos trabalhando na terra, lutando contra a desnutrição e a fome. A seleção direciona todo o progresso material.

AS ORIGENS DO DARWINISMO

Eu amo a história de como o conceito da seleção natural veio à luz quase tanto quanto amo a ideia em si mesma. Na década de 1830, durante sua longa viagem ao redor do mundo e, inclusive, já de volta à Inglaterra, Darwin observou o comportamento dos animais que favoreciam a sobrevivência de si próprios e de seus filhotes. Por exemplo, quando esteve no arquipélago de Galápagos no Pacífico Sul, em 1835, ele notou que determinado pássaro se mantinha calmamente sentado enquanto uma de suas crias matava a outra. Por que o pássaro não intervinha — ou, se a mãe queria apenas um filhote, por que dar-se ao trabalho de botar mais de um ovo? Repetidas observações trouxeram a resposta a Darwin: ele determinou que um único ovo tinha uma taxa de sobrevivência de 50% (sobrevivência definida aqui como a de pelo menos um filhote); que dois ovos elevavam a taxa de sobrevivência para 70%; mas

---

[1] Daniel Dennett (1942-), filósofo norte-americano cujos estudos buscam reunir conceitos da filosofia e da biologia. (N.T.)

que a existência de três ovos trazia a taxa de sobrevivência para baixo de 50%. Além disso, quando havia dois filhotes vivos, a probabilidade de um deles sobreviver era mais baixa do que se houvesse apenas um. Sendo assim, o comportamento aparentemente perverso da mãe era, na verdade, o condutor da sobrevivência de sua família.

Darwin combinou reflexões de seu campo de pesquisa com duas ideias que circulavam há décadas em diferentes campos acadêmicos e as fundiu obtendo um efeito explosivo. As duas ideias eram competição e evolução. A primeira vez que ele pensou em seleção natural foi em 1838, enquanto lia *Ensaio sobre o Princípio da População,* de Thomas Robert Malthus, uma profecia calamitosa sobre os efeitos da competição por comida entre os indivíduos. Malthus, por sua vez, havia sido influenciado pelas teorias econômicas de Adam Smith sobre competição, que foram publicadas no livro *A Riqueza das Nações* (cujo primeiro volume saiu em 1776). Já o pensamento de Smith fora influenciado por um escritor do século anterior ou pouco antes, o filósofo político Thomas Hobbes, que em 1651 descreveu a sociedade como "a guerra de todos contra todos". Portanto, a ideia da competição já era moeda corrente entre os intelectuais uns 200 anos antes de Darwin publicar *A Origem das Espécies pela Seleção Natural; ou a Preservação das Raças Favorecidas na Luta pela Vida.*

A ideia de evolução também era amplamente debatida no início do século XIX. Os fósseis mostravam que os animais contemporâneos tinham evoluído de espécies anteriores mais primitivas. O cientista K. E. von Baer (1792-1876) incorporou uma perspectiva central, quando afirmou: "as características menos genéricas desenvolvem-se das mais genéricas até que surjam as mais especializadas"; os evolucionistas falam da "heterogeneidade que emerge da homogeneidade".[2] O que ninguém havia explicado satisfatoriamente antes de Darwin era como a evolução funcionava.

SELEÇÃO NATURAL: UMA TEORIA SIMPLES, MAS SUTIL

A teoria da seleção natural de Darwin é elegante e extremamente econômica, apoiando-se em três observações simples.

Primeira: as criaturas exageram sistematicamente na produção de filhotes. "Não há exceção para essa regra", afirma Darwin, "de que todo

---

[2] Ver Stephen Jay Gould no livro *Ontogeny and Philogeny*, editora Belknap/Harvard, Cambridge.

ser vivo se reproduz a uma taxa tão alta que, se não forem destruídos, a Terra logo estaria coberta pela progênie de um único par." Ele observa que o bacalhau produz milhões de ovos. Se todos sobrevivessem, os oceanos estariam coalhados de bacalhau em seis meses. Os elefantes são os reprodutores mais lentos entre todos os animais conhecidos e, mesmo assim, dentro de um período de cinco séculos, se a reprodução não for controlada, "haverá 15 milhões de elefantes vivos como descendentes do primeiro casal". A sobrevivência é um jogo de números, com as chances jogando contra a maioria das criaturas. "Uma luta pela existência", Darwin conclui, "decorrente inevitavelmente da alta taxa de crescimento da população de todos os seres vivos".

Segunda: todas as criaturas variam. Todos nós somos indivíduos únicos.

Terceira: a soma dessa variação é herdada. Somos mais parecidos com nossos pais do que com os pais de outras pessoas.

Darwin juntou esses três fatos óbvios para derivar daí os rudimentos da seleção natural. A competição entre irmãos significa que somente alguns podem sobreviver. Como Darwin escreveu emocionado em *A Origem das Espécies*:

> *{Todos os seres vivos estão expostos a uma competição severa...} Nada mais fácil do que admitir a verdade da luta universal pela existência; por outro lado, nada mais difícil — pelo menos, para mim — do que trazer em mente o tempo todo esta conclusão. Contudo, se assim não se fizer, ou seja, se não se cogitar tanto dessa ideia até que ela fique, por assim dizer, arraigada em nossa mente, estou convencido de que nos parecerão obscuros ou serão inteiramente mal interpretados todos os fatos relacionados com a economia da natureza, com a distribuição, com a raridade, a abundância, a extinção e a variação.*[3]

Que plantas e animais sobreviverão individualmente? Sem dúvida, aqueles que aproveitam ou se adequam melhor ao que Darwin chama de "condições de vida". Na Introdução de *A Origem das Espécies*, ele apresenta sua tese e dá o devido crédito a Malthus. Darwin comenta que começará observando as variações das espécies simultaneamente em animais domesticados e na natureza:

---

[3] Charles Darwin em *A Origem das Espécies*, publicado por Villa Rica Editoras Reunidas, Belo Horizonte, 1994, p. 76. Tradução de Eugênio Amado.

> ... trataremos da luta pela sobrevivência que se trava entre todos os seres vivos espalhados pelo mundo, a qual resulta inevitavelmente de sua alta taxa de crescimento, que se verifica em progressão geométrica. Trata-se da doutrina de Malthus aplicada a todo o reino animal e vegetal. Como de cada espécie nascem muito mais indivíduos do que o número capaz de sobreviver e como, por consequência, ocorre uma frequente retomada da luta pela existência, segue-se daí que qualquer ser que sofra uma variação, mínima que seja, capaz de lhe conferir alguma vantagem sobre os demais, dentro das complexas e eventualmente variáveis condições de vida, terá maior condição de sobreviver, tirando proveito da seleção natural. E, em virtude do poderoso princípio de hereditariedade, qualquer variedade que tenha sido selecionada tenderá a propagar sua nova forma modificada.

Darwin cunhou a expressão "seleção natural" e a explica de uma maneira muito simples:

> Essa preservação das variações favoráveis e a rejeição daquelas nocivas, eu chamo de Seleção Natural.

As plantas e os animais naturalmente selecionados serão os que tiveram pais mais bem-sucedidos — aqueles que conseguiram sobreviver e vêm de uma longa linhagem de sobreviventes — e, por sua vez, terão mais descendentes do que os outros organismos de sua espécie. Portanto, a cada geração há melhorias, direcionadas pela seleção natural dos sobreviventes e pelo relativo sucesso de reprodução dessa geração de sobreviventes:

> A mais ligeira vantagem de um ser vivo... sobre aqueles com os quais está em competição ou uma melhor adaptação, por menor que seja em relação às condições físicas ao redor, irá modificar o equilíbrio.

Darwin continua insistindo em seu ponto de que a seleção natural depende da variação. No que se refere às "condições de vida", como o clima e a mudança, ele afirma:

> Isso será manifestamente favorável à seleção natural, aumentando as chances de que ocorram variações proveitosas; e, a menos que as variações proveitosas realmente ocorram, a seleção natural não pode fazer nada.

Para a maioria dos contemporâneos de Darwin, o aspecto realmente controverso de A Origem das Espécies não é o cerne da ideia — a seleção natural —, mas o apoio que ele deu ao conceito geral de evolução e especialmente à ideia de descendência dos seres humanos de espécies animais. Mas a grande sacada de Darwin foi a seleção natural. Embora tenha coletado dados (ainda inconclusivos) entre 1838 e 1859, sua principal contribuição foi o flash de compreensão que ele teve em 1838: havia competição entre os indivíduos e esses traços eram conservados durante sua adaptabilidade relativa às condições de vida.

Seleção natural: a chave da vida

O processo é muito simples: variação, em seguida seleção, então mais variação. E a seguir mais variação, mais seleção e mais variação. E assim por diante desde o início da vida até a eternidade. É assim que as espécies evoluem.

A variação leva à "melhor adaptação"

A variação, portanto, é intrínseca ao aprimoramento da congruência em relação às condições de vida. Se não houvesse diferenças entre os pais, não haveria diferenças entre os descendentes. Não havendo diferenças, mesmo entre os descendentes dos mesmos pais, não haveria base para o sucesso diferencial. E o sucesso é a adequação às "condições de vida". Haverá, assim, um processo contínuo de melhoria ou de melhor adaptação ao ambiente (embora, claro, o ambiente possa mudar e produzir diferentes vencedores e perdedores).

A variação e as melhorias ocorrem continuamente dentro das espécies, mas, de vez em quando, um indivíduo apresenta uma nova característica e ocorre uma mutação. Essa mutação pode aumentar ou reduzir as chances de sobrevivência. Na segunda hipótese, a mutação se extinguirá. Na primeira, o indivíduo mutante prosperará e deixará grande descendência, que herdará a transmitirá a vantagem.

Dessa forma, ao longo do tempo, a maioria das espécies evoluirá positivamente. E responderá a toda mudança trazida pelo ambiente. Quando as condições mudam, novas características são requeridas — e encorajadas!

Durante 80 anos, os cientistas estudaram intensamente um lote de terra no deserto ao sudoeste dos Estados Unidos, fotografando as mudanças em resposta ao clima. Eles descobriram que a variação é a chave do crescimento, como explica o ecologista Tony Burgess:

> *Se as condições são variáveis, a mistura de espécies aumenta em duas ou três ordens de magnitude (ou seja, 20 a 30 vezes). Se há um padrão constante, a bela ecologia do deserto quase entra em colapso, tornando-se mais simples.*

A diversidade leva ao uso eficiente dos recursos

Darwin sugeriu que quanto mais espécies ocupassem uma região, mais eficiente seria o uso da terra. Um número significativo de estudos recentes confirmou essa hipótese. Por exemplo, uma pesquisa relatada em 1984 em 147 lotes dos campos de Minnesota demonstrou que quanto maior o número de espécies em uma área, mais biomassa era gerada e assim o solo também produzia mais nitrogênio; com menos espécies, o nitrogênio era lixiviado* da terra e desperdiçado.[4]

Se uma espécie é diversificada, pode sobreviver e prosperar. Se uma espécie é homogênea, fica vulnerável.

Tome como exemplo uma incubadora de salmões. No Oceano Pacífico a noroeste dos Estados Unidos, onde os salmões selvagens estavam desaparecendo, cientistas desenvolveram um grande número de incubadoras e as implantaram dentro dos rios. No entanto, essas incubadoras contavam com pouca diversidade e estavam sujeitas a ligeiras mudanças no ecossistema. Além disso, muitas árvores das margens haviam sido cortadas para fazer lenha. Resultado inicial: menos sombra e, consequentemente, uma pequena elevação da temperatura da água dos rios. Resultado intermediário: aumento de determinadas doenças que não prosperavam em águas mais frias. Resultado final: nas incubadoras, quase todos os salmões morreram dessas doenças. Assim, os cientistas perceberam que a falta de diversidade estava na raiz do problema e promoveram gradualmente a miscigenação, possibilitando que houvesse combinação de acasalamentos e a ocorrência de mutações: uma população mais diversificada de salmões adultos conteria alguns resistentes àquelas novas doenças.

O mesmo se aplica aos computadores. Atualmente, nove entre dez computadores, como o que eu estou usando agora, têm sistema operacional Windows. Essas máquinas todas têm os mesmos componentes internos. E todo computador que usa software da Microsoft está vulnerável aos mesmos vírus.

E não me espanta ver que o mesmo processo ocorre em nossas cidades. Por exemplo, na década de 1950, o governo britânico construiu casas para as pessoas mais pobres. Os conselhos municipais ergueram enormes conjuntos de prédios, todos com a mesma aparência e o mesmo

---

* Lixiviação, em geologia, é a infiltração da água através do solo e das rochas, o que provoca a remoção dos sais minerais e de outros materiais solúveis. (N.T.)

[4] Ver *Tropical Nature*, de Adrian Forsyth e Ken Miyata (1984). Macmillan, Nova York.

padrão (baixos, grandes e indiferenciados) e com unidades "individuais" exatamente idênticas. Resultado: miséria, alienação, criminalidade. Algo bastante semelhante, embora tenha sido produzido pela iniciativa privada nos subúrbios das grandes cidades norte-americanas, foi criticado na canção *Little Boxes*, composta por Malvina Reynolds e cantada por Pete Seeger na década de 1960. De acordo com a letra, todas as casas "são feitas do mesmo material barato e todas parecem iguais". Em seu fascinante livro *The Death and Life of Great American Cities* [A morte e a vida das grandes cidades norte-americanas], Jane Jacobs mostra que quando a extensão das ruas, a forma dos prédios, o tamanho, a idade das edificações e as áreas são mais diversificados, as cidades são apenas mais bonitas e também mais cheias de saúde e energia.

A diversidade funciona. Ela sempre traz mais diversidade e crescimento sustentável. Se quisermos resumir em duas palavras a teoria da evolução pela seleção natural, sempre muito importantes para todas as sociedades e empreendimentos, devemos simplesmente dizer: *diversidade funciona*.

A evolução implica progresso?

De acordo com Darwin, a competição e o acaso direcionam o aprimoramento. A luta pela vida é, no fundo, uma loteria, embora seja uma luta que deva ter propósito. Darwin acaba sendo um pouco ambivalente nesse ponto, mas ele comenta sobre a dinâmica em sua "teoria do descendente com modificação pela seleção natural":

> *Os habitantes de cada período sucessivo da história do mundo derrotaram seus predecessores na corrida pela existência: ipso facto, colocam-se nos degraus superiores da escala da natureza, o que pode explicar o sentimento vago e indefinido de tantos paleontologistas de que os organismos teriam progredido no seu conjunto (...) sendo as formas antigas suplantadas pelas formas novas e aperfeiçoadas, produzidas pelas leis de variação que ainda atuam hoje em dia e preservadas pela Seleção Natural.*[5]

Darwin encerra seu livro com um floreio pouco usual, arquitetado para fazer a pouco palatável noção de seleção natural parecer mais aceitável aos olhos do Criador:

---

[5] Charles Darwin em *A Origem das Espécies*, publicado por Villa Rica Editoras Reunidas, Belo Horizonte, 1994, p. 260. Tradução de Eugênio Amado.

> *(...) como a seleção natural trabalha exclusivamente em prol e função de cada ser, tudo o que cada qual adquiriu, seja no que se refere ao corpo, seja no que se refere à mente, tenderá a evoluir no sentido de alcançar a perfeição. (...) produzida por leis que prosseguem atuando neste nosso mundo. E essas leis, de maneira geral, são as que se seguem: a do Crescimento, que caminha ao lado da de Reprodução; a da Hereditariedade, quase sempre englobada na precedente; a da Variabilidade, decorrente da ação direta e indireta das condições externas de vida e do uso e desuso; a da Multiplicação dos Indivíduos, tão acelerada que acaba por acarretar a da Luta pela Existência e, consequentemente, a da Seleção Natural, atrás da qual seguem a da Divergência dos Caracteres e a da Extinção das Formas menos aptas. Assim, é da batalha natural, é da fome e da morte que advém o mais elevado objetivo que somos capazes de conceber: a produção dos animais superiores. Existe efetiva grandiosidade nesse modo de encarar a Vida que, juntamente com todas as suas diversas capacidades, teria sido insuflada numas poucas formas ou talvez numa única e que, enquanto esse planeta continuar a girar, obedecendo à imutável Lei da Gravidade, as formas mais belas, mais maravilhosas, evoluíram a partir de um início tão simples e ainda prosseguem hoje em dia neste desenvolvimento.[6]*

Os biólogos modernos, em geral, são extremamente cuidadosos e enfatizam que não há um processo evolucionário implícito, conduzindo naturalmente a aperfeiçoamentos. Para os cientistas, a evolução não implica qualquer propósito ou progresso histórico. Os organismos se adaptam às condições de vida, mas o fato de os "mais bem adaptados" prosperarem à custa dos "menos adaptados" não é um juízo de valor: significa que estão "mais adaptados" e não que são superiores.

É nossa escolha individual acreditar em uma das duas opções: (1) que a evolução pela seleção natural, bem como o desenvolvimento paralelo de uma civilização humana interdependente, na qual a riqueza, a complexidade, a especialização e a cooperação aumentaram ao longo do tempo, são felizes acidentes provocados por forças aleatórias ou indiferentes; ou (2) imputar alguma intenção consciente ou algum propósito a esses acontecimentos. Os cientistas estão certos ao não se pronunciarem sobre esse assunto. No entanto, mesmo que a evolução pareça ser apenas um feliz acidente — o que no futuro, é claro, pode se tornar um acidente menos feliz —, nós, humanos, talvez não estejamos errados em acreditar no progresso. Nós podemos atribuir valor ao puro acaso; podemos encarar como nosso dever levar adiante o avanço da evolução, mesmo que não acreditemos que originalmente houvesse um propósito por trás dela.

---

[6] Ibid., p. 352.

SEIS PRINCÍPIOS UNIVERSAIS IMPLICADOS NA EVOLUÇÃO PELA SELEÇÃO NATURAL

Em resumo, quais são os padrões essenciais revelados pela seleção natural? Jane Jacobs[7] enumera três temas que são comuns a todos os "evolucionistas" do século XIX:

A diferenciação surgida da generalidade.

Uma espécie original conduz a todas as outras. Novas espécies são formadas a partir das existentes. Trata-se de um princípio universal: assim como no conhecimento uma ramificação dá origem a uma ou mais ramificações novas pela especialização, na economia, o mesmo ocorre quando uma indústria dá origem a outros negócios mais especializados, ou quando uma companhia se divide em outras que desenvolvem suas variações específicas. A variação é a chave para o desenvolvimento.

A diferenciação se torna generalidade e daí surgem novas diferenciações.

Cada diferenciação se torna uma nova generalidade, que pode, então, dar início a novas diferenciações. A complexidade e a diversidade aumentam. Como afirma Jane Jacobs: "um processo básico e simples, quando repetido e repetido e repetido, produz uma diversidade impressionante". A variação jamais para.

O desenvolvimento depende do codesenvolvimento.

O desenvolvimento de uma espécie requer o desenvolvimento paralelo de outras. "Todas as formas de vida", disse Darwin, "formam em conjunto um grande sistema". Um dos personagens de Jane Jacobs, em *The Nature of Economies* [A natureza das economias], elabora a questão da seguinte maneira:

> Um cavalo requer mais do que seus ancestrais. Um cavalo demanda grama. Grama demanda solo fértil. Solo fértil demanda a quebra das rochas, o desenvolvimento de líquens, vermes, besouros, decomposição bacteriana, excrementos animais — intermináveis outras evoluções e linhagens além daquela do cavalo.

---

[7] Confira *The Nature of Economies*, de Jane Jacobs, Random House, Nova York. Trata-se de um breve e ótimo estudo, apresentado como um diálogo didático, no qual eu me baseei para abordar diversos assuntos.

Darwin estava atento à rede natural de interdependência das espécies. A moderna economia global demonstra o mesmo padrão intrincado de codesenvolvimento e interdependência.

Além desses três temas evolucionários, a teoria da seleção natural de Darwin contém três outros pontos de virada cruciais:

As chances de sobrevivência são baixas, o que leva à luta pela vida.

Na natureza, nas ideias e na economia, o volume de produção é tão alto que apenas uma pequena fração pode sobreviver. O fracasso é a condição normal. Isso implica que somente os organismos produtores de uma grande descendência e geradores de ampla gama de variação podem ter a esperança de derrotar as probabilidades.

As condições de vida determinam se as espécies e os indivíduos sobrevivem ou não.

Ao contrário do naturalista francês Jean Lamarck (1744-1829), que afirmava que as espécies se adaptavam às exigências do ambiente, Darwin sustentava que o ambiente era o fator determinante. Para Lamarck, as espécies evoluíam para sobreviver; para Darwin, as espécies evoluem naturalmente e o ambiente decide se elas sobreviverão, ou não.

Pode parecer uma diferença sutil, mas é crucial. A perspectiva de Darwin implica que as espécies — e num grau ainda mais alto, os indivíduos — não podem ter a esperança de controlar seu próprio destino. Essa é uma abordagem chave para os negócios e para a vida em geral. Se um empreendimento ou uma carreira está fracassando, só existem dois remédios: mudar o ambiente ou mudar as características do negócio ou da pessoa. Geralmente, os mercados evoluem mudando os vencedores (sejam esses "vencedores" as empresas, as tecnologias ou os países), e não mudando o comportamento dos vencedores do momento (leia-se "perdedores principiantes").

Na evolução pela seleção natural, o ambiente é mais poderoso do que as espécies, e as espécies são mais importantes do que os indivíduos. No desenvolvimento econômico, o mercado é mais importante do que qualquer setor em particular e as "espécies" de produtores ou consumidores são mais importantes do que qualquer firma ou consumidor individualmente. Como consequência, quando uma empresa ou um indivíduo não está alcançando o sucesso, é necessária uma mudança radical no ambiente ou no comportamento e, às vezes, nem isso é o suficiente.

O processo de seleção natural contém altas doses de sorte, aleatoriedade e desenvolvimento arbitrário.

A seleção natural é um processo de experimentação no qual a sorte é soberana. Exatamente como nos negócios.

A CARTILHA ECONÔMICA DE DARWIN

Bruce Henderson, fundador do Boston Consulting Group, disse: "Para competir, Darwin é um guia melhor do que os economistas". Trata-se de uma observação importante, embora não seja de fato surpreendente: a ideia de Darwin sobre a seleção natural, como já dissemos, foi em parte uma analogia com as teorias da competição de Thomas Malthus e Adam Smith. Portanto, ao aplicar as lições da seleção natural aos negócios, nós estamos, de certa maneira, "voltando ao lar" de uma herança intelectual em comum. E, para ser justo com os economistas modernos, alguns já incorporaram os aspectos evolucionários em suas teorias.

A diferenciação surgida da generalidade

O desenvolvimento das economias, dos setores produtivos, das corporações individuais e das carreiras individuais seguem a mesma trajetória evolucionária descrita por Darwin e pelos primeiros evolucionistas. A diferenciação surge da generalidade. A especialização significa que aquilo que antes era um único mercado desdobra-se em mais de um. Isso acaba com o conceito de "mercado individualizado", que pode ser atendido economicamente pela adaptação de produtos-padrão à demanda individual.

Com regularidade, um setor se divide em dois: a indústria de computação, por exemplo, dividiu-se no setor de hardware e no de software. Então, a indústria de hardware subdividiu-se na de computadores pessoais (PCs) e no mercado de grandes máquinas. A seguir, a indústria de PCs dividiu-se novamente no segmento de lojas de varejo e no de venda direta (por telefone e internet). A indústria de PCs ainda se desdobrou em um grande número de segmentos individuais de produtos.

A repetição interminável desse processo resulta em um mundo mais rico. As economias mais ricas são as mais diversificadas, com os mais altos patamares de subdivisões e especializações. Porém, o processo de diferenciação a partir da generalidade também traz uma dica para qualquer empreendedor ou pessoa que deseje criar um novo mundo para, quem sabe, "apoderar-se" dele. A dica é a seguinte: criar um novo segmento baseado na mais alta especialização possível. Pegar um mercado ou setor e dividi-lo em dois. Essa oportunidade sempre existe — é assim que os mercados têm que evoluir — e tudo o que você precisa para identificar um novo segmento é a própria imaginação aliada ao seguinte método bastante simples.

Foque em um subgrupo de consumidores que tenha alguma homogeneidade interna (dentro do suposto grupo de consumidores) e alguma diferenciação diante do restante do mercado atual. Descubra a melhor maneira de atender esse grupo, de modo que o valor adicional seja criado para eles sem um aumento proporcional de custo para atendê-los — e, num mundo ideal, até com uma redução de custos. Tipicamente, isso pode ser feito pela eliminação ou redução de alguns elementos do produto ou do serviço, que são relevantes para o mercado como um todo, mas não para o seu grupo-alvo de consumidores.[8] Assim que tiver encontrado seu novo mercado, use o princípio do "codesenvolvimento" tanto quanto possível — identifique técnicas e parceiros de outros mercados e setores que incorporem os mais altos padrões de entrega de valor, pois são as espécies econômicas "altamente evoluídas". A seguir, aproprie-se das ideias deles ou os torne seus parceiros de negócios. Por fim, tenha como objetivo ser — e permanecer — o padrão, o modelo e o líder em seu novo segmento de mercado.

Tudo isso tirado dos princípios evolucionários gerais. Mas podemos ir muito mais longe: a genialidade particular de Darwin foi desenvolver suas ideias com base em teorias evolucionárias ainda iniciais; nenhuma delas era muito específica nem descrevia como funcionava a seleção natural. Podemos agora fazer um paralelo desse processo, refletindo sobre

---

[8] Esse processo, chamado de "inovação de valor", é extremamente útil, mas está além do escopo deste livro. Para uma ótima introdução ao assunto, veja o artigo "Value Innovation: the strategic logic of high growth", de W. Chan Kim e Renée Mauborgne, publicado na *Harvard Business Review* de 03 de janeiro de 1998.

nosso universo de negócios. De um modo tipicamente darwiniano, você está convidado a colaborar, estendendo e aplicando esses pensamentos genéricos ao seu próprio contexto específico e diferenciado e, dessa maneira, elevá-los ao próximo patamar de sua evolução.

ONDE A EVOLUÇÃO PELA SELEÇÃO FUNCIONA NOS NEGÓCIOS?

Funciona muito claramente em relação aos produtos. Dependendo da qualidade da informação econômica incorporada ao produto, de como ele entrega essa informação ao cliente e de quão adaptado está em relação ao seu mercado e diante de seus competidores, o produto vai prosperar ou morrer jovem.

Os produtos vivem em famílias, simultaneamente verticais (ao longo do tempo) e horizontais (ao mesmo tempo). Eles são parte de um jogo geracional, isto é, todos eles vão morrer mais cedo ou mais tarde, mas os mais bem-sucedidos durarão o bastante para gerar, pelo menos, uma descendência, uma próxima geração de produtos ou uma variação dentro da mesma geração. Os produtos mais bem-sucedidos vão se reproduzir dentro de ambas as possibilidades. Para cada produto bem-sucedido, no entanto, haverá muitos que nem saíram das pranchetas, nunca sobreviveram a um teste de mercado, morreram logo após o lançamento e jamais produziram descendentes.

Todos os produtos bem-sucedidos serão capazes de dizer: nenhum de nossos progenitores morreu na infância. Só que progenitores são raros. A maioria dos produtos morre antes de se reproduzir. A cada ano, os países desenvolvidos investem cerca de $160 bilhões em pesquisa e desenvolvimento, mas apenas 5% desse dinheiro consegue gerar um produto ou serviço; e, mesmo entre os poucos produtos recém-nascidos, existe uma alta taxa de mortalidade nos primeiros meses e anos de existência.

Mas, afinal, o que é o sucesso para uma tecnologia, uma unidade de informação econômica ou um produto? Derrotar as chances da seleção. Ter muitos descendentes. Obter divisas: moeda intelectual ou dinheiro.

Mas o que é o sucesso para os detentores de uma tecnologia ou de um produto? Com certeza, angariar os maiores lucros possíveis no longo prazo com a venda da tecnologia ou do produto de uma forma ou de outra. Isso exige tornar o produto ou a tecnologia uma propriedade dos donos — o que tende a gerar mais variação, mais experimentação, mais produtos, mais perdedores e mais vencedores. O reconhecimento dos direitos de propriedade intelectual não restringe a evolução da informação econômica. Ao contrário, tem a tendência de acelerar o processo porque encoraja a variação com o objetivo de justificar ou evitar a propriedade intelectual — e convertê-la em dinheiro.

Quatro lições da seleção econômica para marketing e produtos

Primeira lição: *as ideias de novos produtos serão mais fortes — com mais probabilidades de sobrevivência e reprodução — se tiverem surgido da luta pela vida, de uma competição substancial.* Isso não significa, necessariamente, que você deve lançar uma infinidade de produtos, significa apenas que você deveria considerar e testar um bom número deles, assim aqueles que se mantiverem vivos terão enfrentado uma competição genuína.

Por exemplo, a editora deste livro tem a política de publicar somente 20 obras por ano. É uma postura bastante sensata, pois assegura que cada livro possa ser adequadamente estruturado e editado, comercializado e promovido. Mas não seria muito prudente que o editor aceitasse os primeiros 20 livros que considerasse aceitáveis. Ele deve selecionar cuidadosamente entre 100 e 200 livros potenciais, estabelecendo algum tipo de processo competitivo entre eles, antes de escolher apenas 20. Caso ele selecione os 20 livros errados, alguma outra editora ganhará o apoio do mercado.

Para algumas companhias e mercados, lançar uma porção de produtos e deixar os consumidores decidirem quais sobreviverão é uma estratégia coerente. Quando a Sony lançou o Walkman, inundou o mercado com centenas de variações, deixando que o público escolhesse os poucos modelos que eram os mais adequados. No setor de cartões de crédito, a Capital One é uma empresa bem-sucedida que gera regularmente um grande número de novas ideias, realiza testes de mercado e mata sem dó a maioria que fracassa. A estratégia se baseia largamente em malas diretas para atrair novos clientes: a Capital One coloca no mercado talvez uns 300 "produtos" diferentes, variando a carta, a cor do envelope, a posição do endereço e assim por diante. Em seguida, usa a taxa de resposta desses testes de mercado para decidir qual mala direta será usada como padrão. Atualmente, a empresa está assumindo o risco de um novo e grande projeto: tentar negociar suas competências em marketing direto e *data mining* para a venda de telefones celulares. Se a experiência der certo, ótimo; se não der, será rapidamente eliminada.

Uma das empresas de bens de consumo mais bem-sucedidas do mundo, a Procter & Gamble, deu o passo revolucionário e aparentemente prejudicial — lá por volta da década de 1930 —, permitindo a competição direta entre suas próprias marcas. Isso proporcionou desafios que frequentemente não existiriam em outra parte do mercado. As marcas não podem descansar sobre os louros; o desconforto estimula a melhoria e elimina a complacência. Embora essa fórmula funcione extremamente bem, levou quase 30 anos para que seus rivais a copiassem. Apesar de ser a melhor rota para o sucesso, nós detestamos a competição.

A Procter & Gamble também tem um processo de desenvolvimento de produtos extremamente rigoroso e estruturado, incluindo testes de mercado obrigatórios para verificar se as expectativas com o conceito do produto foram atendidas e se as vendas seriam sustentáveis. Poucos conceitos chegam até a produção. Até mesmo os produtos bem-sucedidos são submetidos à rotina de contínuas pesquisas com consumidores para ajudar no refinamento e na inovação de suas características. A P&G tem uma proporção de produtos potenciais que se tornam reais muito maior do que suas concorrentes e uma propensão ainda mais alta de produzir novas gerações de produtos bem-sucedidos.

Segunda lição: *novas variações de produtos ocorrerão mais cedo ou mais tarde, seja você que as coloque no mercado ou não.* A seleção natural não se importa com quais organismos sofrem mutação ou não, quais vivem e quais morrem. A seleção econômica não se importa com quem é o proprietário do novo produto; apenas quer vê-los ser lançados. O mercado não se importa se a Bic ou a Wilkinson Sword ou a Gillette é a líder em barbeadores descartáveis, mas quer ver novos aparelhos serem lançados. O mercado não se importa se as grandes cervejarias ou os novos especialistas fazem o abastecimento com cerveja light, importada, vinda do México ou de microcervejarias artesanais, mas com certeza quer ver a erupção de novas variações.

Terceira lição: *no entanto, você deve impedir o surgimento de novas espécies ao redor de seu produto principal: preencha o espaço de produtos potenciais para que os arrivistas não possam se movimentar nesses nichos.* Você pode até achar que um novo tipo de produto — cherry cola, por exemplo, ou versões mais saudáveis dos produtos principais de uma linha de alimentos — não tem muita chance de sucesso. Mesmo assim, tente a sorte e deixe o mercado decidir. No final da década de 1970 e início da de 1980, já estava claro que a comida mais "saudável" era uma tendência crescente — apesar disso, os grandes fabricantes de alimentos ficaram na retaguarda. O resultado? Novos especialistas chegaram e ocuparam os nichos. Em alguns casos, como aconteceu com a Wilkinson Sword e a Gillette, a negligência em ocupar um nicho pode, por fim, ameaçar o principal negócio. Preencha todos os nichos ou os nichos potenciais. Reinvente seu produto.

A internet é um ótimo exemplo de como as empresas líderes frequentemente — ou mesmo geralmente — falharam ao preencher os nichos atuais ou potenciais — e, nesse caso, o "nicho" da internet pode envolver a maior parte do mercado. O que quer que seja, a internet é claramente um canal de distribuição que abrange um segmento de mercado à parte. Os líderes dos negócios do "mundo real" demoraram a se tornar os líderes também na oferta *on-line* dos seus serviços: em parte porque não estavam habituados com o mundo "virtual" e, por outro lado, porque temiam que a internet fosse canibalizar a demanda existente, conseguindo isso por um preço mais baixo. Esses medos eram parcialmente justificados, mas não estavam inteiramente em questão. Um novo nicho não necessariamente demanda um novo líder, mas isso acontecerá a menos que o atual líder o domine. Se a Barnes & Noble, a líder entre as livrarias do mundo real, tivesse abraçado a oportunidade da internet quando esta surgiu no cenário, a palavra inglesa Amazon ainda seria usada apenas para nomear um grande rio ou uma nação de mulheres guerreiras. Agora a Barnes & Noble está estagnada, provavelmente para sempre, tendo que repartir seu mercado com os novos concorrentes.

Quarta lição: *as melhorias de produtos e serviços podem — e devem — sempre ser aceleradas.* A seleção competitiva impulsiona a evolução, que avança com novas e melhores gerações dos produtos antigos: não apenas novas variações, mas também novas e melhores versões dos modelos anteriores. Tolere — e até mesmo encoraje — o fracasso; ele é uma parte intrínseca do processo. Planeje a aceitação de seus próprios fracassos. Celebre as diferenças.

A experiência da Procter & Gamble com o Olestra, um substituto da gordura, é um desses casos. A visão original da empresa era desenvolver uma gordura facilmente digerível que ajudaria os bebês prematuros a ganhar peso. O problema foi que o composto semelhante à gordura, formado por uma molécula de gordura unida a uma de açúcar, passava pelas crianças sem ser absorvido. A P&G, então, redirecionou o projeto para desenvolver um produto substituto da gordura. Embora tenham sido necessários vários anos de aperfeiçoamento, o processo resultou no Olean, um produto que tem sabor e frita como gordura, mas não digere da mesma maneira. Atualmente, o Olean é usado nas batatas "fritas" sem gordura da Lay's e da Pringles.

A evolução é lenta ou inexistente a menos que haja competição. Ou seja, a menos que o ciclo de luta pela vida, seleção e aperfeiçoamento ou variação possa funcionar. Mas a evolução também pode ser acelerada: por você ou por algum outro fator.

Promova a evolução de seus produtos pela seleção ou alguém fará isso por você.

A vida sexual dos vencedores

Os poucos vencedores devem se reproduzir prolificamente. Se o mercado anunciar que uma nova iniciativa é um sucesso fantástico, surfe nessa onda o mais rápido e vá o mais longe possível. Isso significa reproduzir-se. Significa lançar novas gerações de versões melhoradas daquilo que é sucesso. Também significa apoiar os vencedores com dinheiro e as melhores competências disponíveis em qualquer lugar.

Muitos vencedores acabam entrando para monastérios ou conventos ou então optam pela vasectomia. Eles se divertem o bastante e passam dias agradáveis, atendendo às necessidades dos clientes como no primeiro momento do lançamento, desfrutando do alto volume de pedidos e das gordas margens. Até que alguém invente algo novo, talvez uma versão melhorada do seu próprio produto ou serviço. Os vencedores que não fazem sexo vão morrer. Os vencedores que têm uma vida sexual meramente normal terão baixo desempenho em relação ao seu potencial. Os vencedores têm o dever evolucionário de ter uma vida sexual superativa para produzir um grande número de descendentes.

O que isso significa nos negócios? Significa expandir geograficamente seu produto ou serviço vencedor tanto quanto possível — desde que continue a ser um vencedor no novo ambiente. Significa adaptar o vencedor aos mercados locais. Significa introduzir novas gerações de produtos mais depressa e mais extensivamente do que aqueles que não fazem tanto sucesso. Significa formar equipes e negócios derivados que podem emprestar o que há de melhor e aplicar em novos produtos, novos consumidores e novas áreas geográficas. Significa extrair até a última partícula de possível expansão daquilo que você já tem. Significa assumir alguns riscos — mas o risco mais preocupante é o risco de não assumir riscos.

Isso é contraintuitivo. Com certeza, não são aqueles com menos sucesso que deveriam se empenhar mais para aprimorar aquilo que já têm? Esse é um raciocínio normal nos negócios. A seleção econômica, porém, implica que, quando temos algo bom e bem-sucedido, isso deve ser aprimorado e disseminado, bem como as novas gerações devem ser aprimoradas e disseminadas da forma mais ampla e rápida possível. A seleção coloca uma enorme pressão sobre o aperfeiçoamento e a reprodução dos organismos que são mais bem-sucedidos desde o início. A seleção também dá aos vencedores os mecanismos embutidos necessários para mantê-los vencendo. Use-os.

As lições da seleção para empresas e divisões

Os mercados progridem via seleção. Isso, porém, requer necessariamente a *desseleção* ou a morte da maior parte do que é testado. Essa ocorrência é clara em termos de produtos e subprodutos. Mas, se existe um mercado livre entre as empresas, então, a desseleção também acontecerá para as corporações — vão falir ou ter o controle assumido por outros.

Na natureza, um organismo falido se torna comida para as criaturas mais bem-sucedidas. O mesmo ocorre nos negócios. Quando uma companhia decreta falência ou tem seu controle assumido por outros, seus recursos são liberados para usos mais produtivos. Do ponto de vista da sociedade, geralmente, esse é um fato positivo.

Dentro de empresas com um amplo leque de negócios, os empreendimentos fracassados podem ser tolerados por muito tempo, especialmente quando estão protegidos da competição interna ou externa. Se um leão criado em um zoológico escapar para a natureza, sua expectativa de vida será baixa — ele não saberia como competir por comida. Se as divisões de uma grande corporação não tiverem que competir no mercado com todos os entrantes — por dinheiro, suprimentos, tecnologias, talentos e clientes — elas rapidamente se transformarão em leões de zoológico. O subsídio prolongado a essas divisões inibe a evolução.

O TEOREMA FUNDAMENTAL DE FISHER DA SELEÇÃO NATURAL

R. A. Fisher publicou seu **Teorema fundamental da seleção natural** em 1958. Já se sabia que a aptidão média de uma população crescia de geração para geração. E Fisher descobriu que quanto maior a variação em aptidão, mais rápido cresce a média da população. Maior variação implica mais melhorias e, assim, resulta em crescimento mais rápido.

As tecnologias, os produtos, as equipes, as empresas e os mercados que experimentam mais e produzem mais variações vão se aperfeiçoar mais depressa, e melhorias mais rápidas levam a um crescimento de mercado mais veloz. Aquilo que se adapta mais depressa às condições de vida (ou, se preferir, "aquilo que melhora", de acordo com a avaliação do ambiente), conquista participação no mercado e recebe margens superiores.

Fisher desenvolveu o modelo matemático para descrever como as pequenas variações podem causar grandes mudanças, maiores do que poderiam ser esperadas. Ele mostrou que se um novo alelo (uma característica alternativa, que será explicada no Capítulo 2), produzido por mutação, proporcionar a um animal somente 1% de vantagem em aptidão, essa característica será transmitida a toda a população dentro de 100 gerações. O mercado biológico opera de forma rápida e eficiente.

Nos negócios, é difícil mensurar algo que os consumidores preferem por uma margem de apenas 1%. Mas imagine que exista uma vantagem de 10% entre o produto de uma empresa e o de outra. Isso vai se traduzir em bem mais do que 10% de diferença em vendas, fatia de mercado e lucros.

Preste muita atenção, no entanto, às preferências dos consumidores que costumam ser chamadas de marginais. Ao longo do tempo, elas farão diferença. No quesito em que o consumidor considerar você um perdedor em comparação ao seu rival mais significativo, mesmo que seja por uma distância bem pequena, pode esperar problemas futuros vindos dali. Se não conseguir persuadir uma amostra adequada de clientes do nicho escolhido por você de que seu produto é comprovadamente melhor, por que está no mercado afinal?

Os negócios são um jogo de geração

Mercados, produtos, marcas, tecnologias e empresas podem ser vistos como integrantes de longas linhagens evolutivas. Eles são parte de uma cadeia de hereditariedade na qual a variação é crescente e testada. O mesmo vale para a carreira de um indivíduo.

Os negócios são um jogo de geração. Cada produto tem antepassados e, se for bem-sucedido, muitas gerações de descendentes. O mesmo vale para mercados, empresas, tecnologias e consumidores. Nenhuma geração atual é uma ilha, mas, sim, parte de um continente com predecessores e sucessores. O truque consiste em encontrar o que está mais adequado ao ambiente e garantir que seja transmitido e aperfeiçoado tanto quanto possível. O aprimoramento é o que direciona a expansão.

O teorema de Fisher previu que mercados, produtos, marcas, tecnologias, companhias e indivíduos que melhorarem mais depressa sua adequação ao ambiente (do que os outros mercados...) vão se expandir mais depressa e serão mais lucrativos.

A CURVA DA EXPERIÊNCIA — EXPLICANDO O APERFEIÇOAMENTO EVOLUCIONÁRIO

A curva de aprendizagem, e a **Curva da experiência** que deriva dela, nos ajuda a explicar por quê. O Boston Consulting Group (BCG) descobriu na década de 1960 que há uma relação regular entre unidade de custo e experiência acumulada, tanto para mercados inteiros quanto para empresas individuais. Conforme a experiência acumulada dobra, os custos caem um índice previsível — vamos dizer, entre 20% e 30%. A experiência acumulada significa o número de unidades de algo que já foi produzido.

Segue-se a isso que em um mercado de crescimento rápido, como o de semicondutores nas décadas de 1960 e 1970 ou o de software em 1990 ou o atual mercado relacionado à internet, a produção acumulada se multiplica enquanto os custos despencam. Conforme os custos caem, novas aplicações são encontradas. Assim, existe uma relação tautológica entre redução de custos e crescimento. A redução de custos é simultaneamente causa e efeito do crescimento.

Somente ao reduzir custos, aprimorar características ou oferecer outra forma de valor adicional é que os mercados conseguem se expandir mais depressa do que os outros. O crescimento acima da média é a recompensa pelo aprimoramento acima da média na entrega de valor.

O que ocorre com mercados inteiros também acontece em relação a empresas individuais. As companhias que crescem mais depressa do que o mercado são capazes de aumentar a produção acumulada mais rapidamente do que as retardatárias e, dessa forma, conseguem cortar custos ou aumentar o valor com mais velocidade. Ao conquistar mais participação, elas estão, de fato, criando o alicerce para defender e construir novas fatias de mercado: estão aperfeiçoando sua posição relativa em custos ou sua posição relativa em valor. Essa é, portanto, uma excelente estratégia — em mercados lucrativos — para conquistar participação de mercado, mesmo à custa dos lucros de curto prazo. Isso se deve ao fato de que, ao ampliar sua fatia de mercado, a empresa aumentará sua habilidade de oferecer aos consumidores um negócio melhor. Esse ponto é particularmente valioso em mercados de grande crescimento, porque a melhoria disponível é muito maior.

Em outras palavras, mercados, empresas, tecnologias, marcas e indivíduos que ganham experiência em taxas acima da média estão realmente acelerando seu processo evolucionário. Estão combinando as características de mais gerações em um período de tempo mais curto. Cada mudança geracional oferece escopo para aperfeiçoamento. A melhoria, no entanto, só ocorre de fato se houver variação adaptativa; isto é, se cada geração ou versão sucessiva (de mercados, empresas, equipes) produzir algo de que os consumidores gostem mais, fazendo algo diferente que possibilite ao mercado ou à companhia a entrega de melhor valor — e entrega de melhorias a uma taxa cada vez mais rápida.

Por si só, o crescimento não representa necessariamente o sucesso: perversamente, muitas empresas escolhem expandir produtos e negócios que o mercado particularmente não aprecia. Em geral, o mercado se vinga garantindo que esse crescimento não seja lucrativo. Outra ressalva é que o crescimento no curto prazo, se não for alicerçado na habilidade de promover real e contínua entrega de valor, pode subverter o crescimento no longo prazo ou até mesmo conduzir ao colapso. Para um fabricante de brinquedos, deter a licença somente das Bonecas Repolhinho ou, para uma editora, contar com um único título de grande sucesso, pode ser perigoso. Existe uma taxa ótima de crescimento no curto prazo, que talvez não seja a maior disponível, que resultará no máximo crescimento de longo prazo — lembre-se daquele pássaro branco que Darwin observou nas ilhas Galápagos, que maximizava a sobrevivência de sua família, permitindo que um filhote matasse o outro. Mas, assegurando-se de que haja inovação, capacidade sustentável de agregar valor sempre crescente, eliminação de fracassos e variações menos bem-sucedidas, além de investimentos que sustentem aquilo que o mercado avalia como melhor, o crescimento é o viabilizador definitivo do sucesso do negócio.

A COMPETIÇÃO BASEADA NO TEMPO

O tempo é o agente da passagem das gerações. Essa ideia está intimamente relacionada à teoria da **Competição baseada no tempo**, que afirma que a vantagem competitiva consiste na redução do tempo necessário para que uma empresa complete as atividades e ofereça bens ou serviços ao mercado e no tempo dedicado ao lançamento desse produto ou serviço. Quanto maior for o tempo exigido, maior será o custo e menor será o grau de satisfação dos consumidores. Portanto, comprimir esse período reduz os custos *e* eleva a participação de mercado. Um bom exemplo é a chamada Guerra H-Y, travada no início da década de 1980, quando a Honda venceu a batalha lançando novas motocicletas muito mais depressa do que a Yamaha. Primeiro, a Honda entrou com 60 novos modelos em um ano e, em seguida, lançou mais 113 em 18 meses!

O ciclo de vida das indústrias está se tornando progressivamente mais curto. As empresas que inovam mais depressa crescem mais rápido: elas conquistam participação de mercado ou capturam uma fatia maior na cadeia de valor do setor. As companhias capazes de inovar mais depressa ganham participação dentro de cada mercado. Os indivíduos que inovam mais depressa tornam-se mais ricos.

O DILEMA DE ULAM — A SELEÇÃO NATURAL É INJUSTA?

O matemático Stanislaw Ulam percebeu que sua área de estudo gerava aproximadamente 2.000 novos teoremas a cada ano, mas bem poucos "sobreviviam" porque financiar a investigação de todos eles é impossível. O **Dilema de Ulam** dizia que ninguém dentro ou fora do universo profissional da matemática estava qualificado para decidir quais poucos novos teoremas sobreviveriam e quais seriam deixados à margem. Isso, segundo ele, era insatisfatório:

> Não há garantia da sobrevivência dos mais adequados, exceto pela percepção tautológica de que, quaisquer que sejam os que, de fato, sobrevivam, terão assim provado sua própria adequação, por definição!

Em outras palavras, as teorias não são vitoriosas por seus méritos objetivos, mas como resultado de uma competição cega.

Os paralelos com os negócios são claros. Os "melhores" produtos (ou companhias ou executivos) não são os que chegam necessariamente ao topo. O teclado-padrão do tipo "qwerty" é bem inferior a outros modelos. Mesmo assim, estou digitando em um deles agora em um computador pessoal novinho em folha. A língua inglesa é menos eficiente do que o esperanto. O Betamax, provavelmente, era uma tecnologia de gravação de vídeo melhor do que o VHS, que o derrotou. O mercado nem sempre é justo e nem sempre está certo.

O mesmo vale para a natureza. De vez em quando, as mutações precoces inadequadas é que vencem. A natureza, às vezes, desperdiça e produz órgãos desnecessários ou permite que alguns permaneçam existindo (como o apêndice humano) depois de se tornarem redundantes há muito tempo. Os genes ruins algumas vezes derrotam os melhores. Ter pura sorte de vez em quando significa que os organismos deficientes se reproduzem, enquanto seus irmãos mais adequados morrem intempestivamente. No curto prazo, pelo menos, a natureza nem sempre tem razão.

E daí? Ao longo do tempo, a seleção tende a produzir aperfeiçoamento. É um sistema estranho, injusto e também imperfeito, mas como um todo funciona extremamente bem. Quase certamente nenhum outro funcionaria tão bem.

As implicações? Não contrarie o mercado, mesmo que tenha certeza de que ele está errado. Caso a resposta a um produto ou serviço seja negativa, descarte-o. Por mais que o mercado de capitais pareça tolo ou bizarro, deixe de lado suas dúvidas e tente adivinhar as mensagens enviadas para traçar sua estratégia. Deixe as avaliações sobre a sanidade do mercado para os investidores. Lembre-se daquele velho mote: o cliente sempre tem razão. Assim como o mercado, mesmo quando é "injusto" ou está "errado".

EVOLUINDO PARA EVITAR O FRACASSO

Na teoria de Darwin, as "condições de vida" determinam se as espécies sobrevivem ou não. O ambiente elimina ou sustenta as espécies; não são elas que determinam o ambiente, muito menos se dão ao luxo de conseguir se adaptar a ele.

Na seleção natural, o fracasso é endêmico. É dominante. O sucesso é a exceção de sorte.

Essa é uma perspectiva muito fatalista e severa para ser útil aos negócios? De certo modo, sim. Existem poucas segundas chances na natureza. Já nos negócios existem múltiplas novas chances.

Em um sentido mais profundo, no entanto, a lição de que o fracasso é endêmico é inestimável. Se conseguirmos ver o fracasso como algo normal, passaremos a encarar um empreendimento como uma experiência na qual o sucesso na primeira tentativa não é o esperado. Paradoxalmente, essa é uma boa notícia. Quaisquer que sejam nossos fracassos e quão danosos possam ter sido, o sucesso espetacular pode estar nos espreitando na esquina — dadas determinadas condições e com muita sorte. Nós nunca teríamos ouvido falar de Henry Ford se sua primeira tentativa de produzir automóveis tivesse sido a última ou se a segunda tivesse satisfeito sua determinação. Sua terceira tentativa deu certo porque ele finalmente chegou à produção em massa como forma de baixar custos e à padronização, o que possibilitou justamente o ganho de escala.

O fracasso corporativo é positivo. As empresas taiwanesas fracassam frequentemente e, mesmo assim, seus empreendedores conseguem recomeçar com facilidade — com resultados superiores aos de outros países asiáticos, nos quais os negócios malsucedidos sobrevivem como "mortos-vivos", já que os baixos desempenhos são tolerados.[9]

A seleção natural nos conta por que o fracasso é frequente e, dessa forma, aprendemos a evitá-lo. O fracasso indica uma falta de adequação entre o ambiente e o negócio. A seleção natural implica que o fracasso é o curso normal dos eventos e que ligeiras modificações não serão suficientes para dar uma virada na situação. Para que uma adequação deficiente seja transformada em eficiente, é preciso que, pelo menos, dois fatores ocorram: 1) o ambiente deve mudar; ou 2) o negócio deve mudar — ou, mais provavelmente, os dois devem mudar.

Esperar que o ambiente preexistente mude é a estratégia dominante adotada pelos negócios fracassados. Por razões que Darwin explica, essa estratégia quase sempre falha. Os negócios têm pouco ou nenhum controle sobre o ambiente, mas o reverso não é verdade. O curso normal dos eventos é o fracasso. Para transformar um fracasso em sucesso, esperar pela mudança do ambiente é geralmente fútil e inútil.

A saída é encontrar um ambiente diferente e mudar as características do fracasso. Quando uma empresa está perdendo em um mercado, é melhor encontrar outro mais afinado com suas capacidades, ou então alterar radicalmente suas características para atender a esse mercado de

---

[9] Veja artigo sobre o assunto na revista *The Economist*, de 3 de janeiro de 1998.

maneira diferente. Já que as capacidades existentes foram desenvolvidas para atender àquele mercado, é extremamente improvável que haja ali outro segmento em que o negócio fracassado seja capaz de servir com excelência. Dessa forma, a variação será exigida provavelmente nas duas dimensões. O ambiente tem que ser diferente — outro segmento de mercado, o que requer pelo menos um dos fatores a seguir: diferentes consumidores, diferentes lugares, diferente atividade empresarial principal, diferentes produtos ou serviços, diferentes concorrentes. As competências da companhia têm que ser diferentes: empregados diferentes, habilidades de desenvolvimento diferentes, modelo de negócio diferente, fornecedores diferentes, parceiros diferentes, padrões diferentes.

Caso essa tentativa falhe, não tema. Está na hora de começar outro empreendimento usando as melhores partes, contatos e competências daquela experiência anterior.

O mesmo princípio se aplica aos indivíduos. Se sua carreira não estiver fazendo um progresso satisfatório, esse é o momento de mudar: saia de seu negócio para um novo. Mas perceba também que o "mercado" — seu ambiente prévio — lhe enviou um feedback valioso. Você precisa garantir que suas características e competências tenham sido aprimoradas para que assim sua adequação ao novo ambiente seja drasticamente melhor do que antes.

RESUMO

A seleção natural produz um mundo ainda mais rico, variado e bem-sucedido com relação às condições prevalentes de vida. Os resultados são fantásticos. O processo é surpreendentemente simples, mas fora do nosso controle e, com frequência, desagradável. Nós precisamos compreender as regras do jogo, porque não podemos mudá-las.

A evolução obedece a três princípios. A diferenciação surge da generalidade. Cada nova diferenciação se transforma, então, em uma generalidade, da qual emerge uma nova diferenciação. E o desenvolvimento depende do codesenvolvimento: as espécies evoluem de modo mais integral quando outras espécies coevoluem e, como disse Darwin, "todas as formas de vida formam juntas um grande sistema".

A principal compreensão corporativa para esses três princípios é a oportunidade de criar novos segmentos de negócios. Essa oportunidade sempre existe. Tudo que você precisa fazer é criar um segmento mais especializado, que atenda parte do ambiente que existe com uma fórmula de negócio renovada e um modo de trabalhar que seja particularmente relevante para o novo segmento. Ao fazer isso, você deve aplicar o princípio do "codesenvolvimento" o máximo possível; ou seja, aplicar as mais recentes evoluções de outros mercados para ajudar a embalar sua oferta, se possível usando novos parceiros que sejam exemplo do mais alto grau de evolução em outros mercados.

Darwin adicionou o princípio da seleção natural, no qual as chances contra a sobrevivência são altas, resultando na luta pela vida; no qual o ambiente determina se as espécies e os indivíduos vão sobreviver, ou não; e no qual existe um grande peso do fator sorte, geralmente da má sorte, que é endêmica ao processo.

Os princípios da seleção natural podem ser observados nos negócios. A única maneira de vencer é ser exposto à competição, perseguir a variação contínua e incansavelmente, aceitar o veredito do ambiente, ser rápido — e ter sorte! Produtos, serviços e tecnologias devem emergir da luta pela vida, de algum processo competitivo formal ou informal. Os novos produtos e serviços surgirão de alguma parte: da sua ou dos seus concorrentes.

Sendo assim, não deixe nenhum nicho desocupado, nenhum espaço potencial exposto à inovação dos seus competidores. Canibalize seus próprios produtos e mercados antes que sejam canibalizados pelos outros. As melhorias em produtos e serviços sempre podem ser aceleradas. Admita que o fracasso faz parte do percurso, então encoraje-o como um fator necessário ao processo de experimentação. E, quando o sucesso chegar, explore-o em todo o seu valor.

Lembre-se dos constantes imperativos da vida: mudança; luta pela vida; seleção; variação; e ainda mais seleção e competição. Não se deixe assustar pelas poucas chances de sucesso. Onde existe vida, há a oportunidade de variação; e onde existe variação, há a esperança de uma descoberta importante.

AÇÕES NECESSÁRIAS

- *Varie, reinvente, multiplique e varie novamente.* Aprimore continuamente tudo em sua vida corporativa — seus produtos e serviços, suas ideias, tecnologias, equipes, empresas, colaboradores e a si mesmo. A evolução requer experimentação, variação, rejeição das variantes inferiores ou menos bem recebidas, esforço crítico para multiplicar as variantes bem-sucedidas e um compromisso com

futuros ciclos de experimentação, variação, seleção e multiplicação daqueles poucos vencedores.
- *Persiga repetidamente os ciclos evolucionários* para que, dessa forma, a busca pela melhoria contínua pela experimentação se transforme numa rotina.
- *Exponha as ideias de produtos e os próprios produtos ao máximo de competição.*
- *Elimine as variantes concorrentes ao redor de seu produto principal.* Preencha todos os potenciais espaços para novos produtos.
- *Direcione aos produtos mais bem-sucedidos o maior esforço e imprima a maior velocidade possível.* Assegure-se de que tenham vidas sexuais muito prolíficas.
- *Sempre aceite o veredito do mercado, mesmo quando considerá-lo injusto.* Não dê o benefício da dúvida a novos projetos ou a negócios e produtos fracassados.
- *Tenha a expectativa de contar apenas com alguns poucos vencedores — mas tire o máximo deles.* Dê boas-vindas aos seus fracassos.
- *Se você estiver enfrentando um negócio ou uma carreira malsucedida, desista!* Encontre um ambiente diferente e mude suas características para se adequar à nova situação melhor do que qualquer rival.
- *Tenha sempre em mente que a diversidade funciona.*

CAPÍTULO 2

SOBRE MENDEL, OS GENES EGOÍSTAS E OS GENES DOS NEGÓCIOS

> *Não é o sucesso que faz os bons genes.*
> *São os bons genes que fazem o sucesso.*
> — Richard Dawkins[1]

> *As pessoas gostam de pensar que os negócios são construídos com números (como nas "demonstrações financeiras") ou forças (como as "forças do mercado") ou coisas ("o produto") ou até mesmo carne e sangue ("nossas pessoas"). Mas isso está errado. Os negócios são feitos de ideias - ideias expressas em palavras.*
> — James Champy[2]

O QUE DARWIN NÃO CONSEGUIU EXPLICAR

Como vimos no Capítulo 1, a explicação de Darwin sobre a evolução pela seleção natural foi brilhante e convincente: pela primeira vez, o mecanismo da evolução ficou integralmente aparente e plausível. Mas houve um fator que Darwin não pôde explicar: se os traços são adquiridos, como isso funciona? E como os traços adquiridos são transmitidos?

Nessa questão, Darwin caminhou em círculos[3]. No livro *A Origem das Espécies*, ele admitiu francamente: "As leis que governam a hereditariedade são bastante desconhecidas". Para ele, o problema residia no pressuposto geral de que os traços de um indivíduo eram uma combinação daqueles exibidos pelos pais. Se fosse assim, Darwin questionava, por que as adaptações individuais não se diluem e desaparecem em algumas poucas gerações?

---

[1] Richard Dawkins (1941-), etólogo, biólogo evolucionista e escritor britânico que publicou o livro *O Gene Egoísta* em 1976. (N.T.)
[2] James Champy (1942-), consultor de negócios norte-americano, reconhecido por seus livros sobre reengenharia e melhoria dos processos de negócios. (N.T.)
[3] Finalmente, Darwin definiu-se pela ideia (errada) de que as células de todo o corpo enviam instruções às células reprodutivas, assim possibilitando que os traços sejam transmitidos para a descendência.

AS LEIS DE MENDEL SOBRE HEREDITARIEDADE

De 1856 a 1863 — que abrange o período em que Darwin publicou sua grande obra — Gregor Mendel (1822-1884), um monge do Império Austro-Húngaro, fazia experiências com a reprodução e o cruzamento de ervilhas e outras plantas com características distintivas. Mendel ficou surpreso ao descobrir que os traços das ervilhas não se misturavam: uma planta alta cruzada com uma anã resultava em uma planta alta, não em uma de porte médio; uma ervilha amarela cruzada com uma verde não gerava uma ervilha meio verde/meio amarela, mas, em vez disso, nascia uma ervilha amarela. Quando ele estudou o resultado da reprodução de plantas híbridas entre si, cruzando uma planta alta com uma anã, embora esse cruzamento tenha gerado somente plantas híbridas altas, um quarto da descendência seguinte era baixa. Mendel concluiu corretamente que os traços alternativos em si mesmos — fosse alto ou baixo ou essa forma ou aquela outra — eram diretamente herdados, aparentemente de modo aleatório.

A "lei da segregação" de Mendel afirma que os traços herdados são transmitidos direta e igualmente por cada pai, mas, em vez de se misturar, as características permanecem separadas. Cada traço é gerado por duas instruções, de modo que a característica "dominante" determina a aparência ao passo que a "recessiva" permanece adormecida, mas sendo ainda capaz de surgir nas gerações subsequentes. Mendel também propôs a "lei da variedade independente" na qual a transmissão de um fator depende de pura sorte, sem que os traços dominantes tenham maior probabilidade de "vencer" na próxima geração do que os recessivos. A lei da variedade independente também define que os traços individuais, e não o conjunto completo de características, são passados pela reprodução. Cada um dos sete traços da Lei de Mendel opera de modo independente.

Ninguém prestou muita atenção a Mendel durante sua vida. Pouco antes de sua morte, quando ele já havia sido retirado das experiências com o cruzamento de ervilhas e encarregado de deveres menos agradáveis como abade de seu monastério, os cromossomos foram descobertos, apesar de, inicialmente, ninguém saber para que eles serviam. O significado das descobertas de Mendel finalmente veio à luz em 1900, quando se especulou que os cromossomos carregavam a informação genética. Os "fatores" de Mendel foram por fim denominados de "genes" e constatou-se que cada par de cromossomos em uma célula carrega uma grande quantidade de dados genéticos.

Entre 1907 e 1915, o biólogo norte-americano Thomas Hunt Morgan (1866-1945) cruzou moscas de frutas e ficou surpreso ao observar que uma tinha olhos brancos em vez de vermelhos, que eram mais usuais. Mas ficou ainda mais surpreso com o fato de os olhos brancos serem transmitidos não para a geração seguinte, mas para a próxima depois desta; um terço das moscas de frutas, todos machos, tinha olhos brancos, exatamente como previam as leis de Mendel. Em 1915, Morgan escreveu *O Mecanismo da Hereditariedade Mendeliana*, demonstrando que os genes eram entidades físicas, localizadas ao longo dos cromossomos e que consistiam nos genes individuais herdados, de acordo com probabilidades matemáticas.

Isso finalmente resolveu o dilema de Darwin. Se os traços herdados não se misturam, eles podem ser transmitidos sem dissolução. A seleção natural opera pelos genes, pela herança genética. Morgan também lançou nova luz sobre como as mutações ocorrem: pequenas variações entram na população como "alelos" — características alternativas — sofrendo a pressão seletiva do ambiente sobre sua adaptabilidade (usando uma linguagem moderna, os alelos são tipos de genes, como olhos azuis e olhos castanhos, que competem pela mesma posição em um cromossomo; sendo assim, a palavra *alelo* também tem sido usada imprecisamente com o significado de rival ou competidor. Falando estritamente, um alelo é "uma das duas posições alternativas que um gene pode ocupar em um cromossomo").

Assim, é possível que haja considerável variação dentro de uma espécie: as mutações não precisam dar grandes saltos. Os traços específicos podem sofrer mutações, bem como produzir novas espécies. Essa é uma conclusão importante para compreender a natureza do progresso nos negócios.

O DNA E SUA ESTRUTURA

O DNA (ácido desoxirribonucleico), uma grande molécula presente no núcleo de cada célula de todo organismo, foi descoberto em 1869, batizado em 1899 e amplamente ignorado até o final da década de 1940, quando alguns cientistas começaram a suspeitar de que ele poderia ser a chave para desvendar como as bactérias se reproduziam. Em 1948, o grande químico Linus Pauling empregou raios X na tentativa de descobrir qual era a forma das proteínas, que se mostraram helicoidais, isto é, com a forma de uma hélice. Em 1953, Francis Crick e James Watson perceberam nos raios X do DNA que aquilo tinha a estrutura de uma dupla hélice, parecida com uma escada de cordas torcida e, num artigo publicado na *Nature*, eles comentaram:

> *o emparelhamento específico que postulamos sugere imediatamente um possível mecanismo de cópia do material genético.*

Nossos genes são feitos de DNA, um polímero que tem uma estrutura uniforme com quatro tipos de grupos que se repetem, as "bases", posicionados em intervalos regulares. A ordem dessas bases — a maneira como as quatro letras da linguagem do DNA são combinadas — consiste na mensagem genética, que pode ser surpreendentemente longa em um organismo complexo. Estima-se que o DNA humano contenha mais de 1 bilhão de letras. Ainda assim, a estrutura é graciosamente simples e um tanto quanto universal. Todas as plantas e os animais compartilham a mesma estrutura básica de DNA. Existem quatro tipos diferentes de blocos genéticos construtores representados pelas letras A, T, C e G. Um bloco A de um humano é absolutamente idêntico ao bloco A de uma borboleta. A diferença entre pessoas e borboletas está no número e na sequência dos blocos construtores. Todo ser humano (exceto gêmeos idênticos) tem um código sequencial de DNA único, apesar de compartilhar a mesma estrutura de DNA de todas as formas de vida.

A descoberta do DNA justifica a intuição de Darwin no livro *A Origem das Espécies*[4], quase um século antes:

> *Todos os seres vivos possuem muita coisa em comum no que se refere à sua composição química, a suas vesículas germinais, à sua estrutura celular, às leis de crescimento e reprodução (...) Por conseguinte, deduzo por analogia que, provavelmente, todos os seres organizados algum dia existentes no mundo descendam de alguma forma primordial na qual a vida tenha sido num determinado instante insuflada pela primeira vez.*

A descoberta de Crick e Watson também ampliou o significado dos genes, levando a teorias "neodarwinistas", inclusive a do "gene egoísta".

O GENE EGOÍSTA

Crick e Watson demonstraram que os genes, até mesmo internamente, são digitais. Dentro do gene, tudo é código digital, como na linguagem do computador — informação pura na forma digital. Também mostraram que a transferência da informação é irreversível: o gene

---

[4] Charles Darwin em *A Origem das Espécies*, publicado por Villa Rica Editoras Reunidas, Belo Horizonte, 1994, p. 348. Tradução de Eugênio Amado.

transmite a informação e ela não pode ser suplementada por nada que aconteça no corpo no qual o gene está situado. Embora o gene possa ser danificado em seu veículo de transmissão (por exemplo, por uma toxina ou radiação), as características adquiridas posteriormente, como a pele bronzeada pela exposição ao sol, não são passadas para nenhuma descendência.

A reflexão sobre esses fatos levou o professor e biólogo de Oxford Richard Dawkins a publicar o livro *O Gene Egoísta*[5] em 1976. Em vez de descrever a seleção natural pelo ângulo individual, Dawkins a vê pelos olhos dos genes. Ele afirma:

> *A unidade fundamental de seleção e, portanto, de interesse próprio, não é a espécie, nem o grupo e tampouco, estritamente, o indivíduo. É o gene, a unidade de hereditariedade.*

Aqui está o evangelho, segundo Dawkins: no início, havia as moléculas. Então, um dia, por acaso, chegou uma molécula notável: a replicadora, que era capaz de fazer cópias de si mesma. Mas quando as cópias são feitas, ocorrem erros: as cópias nem sempre são perfeitas. A sopa primordial, portanto, começou a se encher de diversas variedades de moléculas replicantes descendentes da mesma replicadora. Mas a sopa primordial não era grande o suficiente para conter todas as replicadoras, então elas tiveram de competir entre si: "houve uma luta pela existência entre as variedades replicadoras". As mais hábeis, aquelas que sobreviveram, tiveram a ideia de construir máquinas de vida para que pudessem morar dentro delas. Essas máquinas, criadas pelas replicadoras, tornaram-se maiores, mais variadas e mais complexas. Agora as replicadoras "vivem como enxames em grandes colônias, seguras dentro de robôs gigantes e desajeitados", isto é, dentro de plantas e animais. Essas replicadoras, agora chamadas de genes, "estão em você e em mim; elas nos criaram, corpo e mente, e a preservação delas é a razão final de nossa existência".

A seleção natural implica a sobrevivência diferencial das entidades. Cada gene quer sobreviver, ter uma vida longa, talvez até se tornar imortal. O gene sobrevive fazendo uma cópia idêntica de si mesmo; se for capaz de abrigar cópias em uma longa sucessão de diferentes máquinas de sobrevivência (em animais, isso significa o corpo), pode

---

[5] Richard Dawkins, *O Gene Egoísta*. Companhia das Letras, São Paulo, 2007.

sobreviver por muito tempo. Um gene é potencialmente quase imortal, embora só sobreviva pela colaboração com outros genes dentro da máquina de sobrevivência. Mesmo assim, como nem todos os genes podem sobreviver, estão em competição uns com os outros. O gene é "egoísta" porque foi selecionado somente para avançar em causa própria: ser o sobrevivente no jogo da seleção natural onde há sempre mais perdedores do que ganhadores. Egoisticamente, os genes competem com seus alelos pela sobrevivência. Os genes que sobrevivem são os mais bem adequados ao ambiente, que (num toque sutil e importante do argumento de Dawkins) inclui outros genes. Mencionando um tema que voltaremos a abordar no Capítulo 5, a cooperação se revela a mais alta forma de egoísmo tanto para os genes quanto para os seus veículos mais evoluídos, os humanos.

A TEORIA DOS MEMES

Dawkins afirma que os genes vieram para dominar a Terra; e que o mundo do gene egoísta é o da competição selvagem, da exploração cruel e do engano covarde. Apesar disso, Dawkins *não* diz que nossos genes nos controlam. Com certeza, os genes tentam nos manipular, mas podemos escolher frustrá-los, usando, por exemplo, a contracepção. A taxa de nascimento declina rapidamente quando o nível de educação das mulheres avança em uma sociedade.

Além disso, Dawkins nos oferece a esperança de que podemos nos rebelar contra nossos genes. Nossa espécie é única, ele afirma, ao ser capaz de transmitir conhecimento em forma de cultura: linguagem, costumes, arte, arquitetura, ciência. Os humanos inventaram uma nova forma de replicação, uma nova forma de imortalidade potencial, que são os "memes" — essa é a palavra usada por Dawkins para representar as unidades da transmissão cultural. Um meme pode ser um livro, uma peça de teatro ou uma ideia — como a ideia de Darwin sobre a evolução pela seleção natural. Os memes são aquilo que pode ser passado de uma pessoa para outra ou transmitido de geração para geração por meio do aprendizado ou da imitação. Como Dawkins explica em seu livro *O Gene Egoísta*:

> *Exemplos de memes são músicas, ideias, frases de efeito, as maneiras de fazer potes ou construir arcos. Assim como os genes se propagam na piscina genética pulando de corpo para corpo via esperma ou pelos ovos, os memes se propagam na piscina memética, saltando de cérebro para cérebro (pela) ... imitação.*

Dawkins sugere que um mundo de egoísmo poderia ser eventualmente transformado em algo melhor se os memes com características altruístas mais bem-sucedidos fossem replicados mais depressa que os genes.

A ideia dos memes é controversa. Alguns biólogos não aceitam o paralelo com os genes ou não veem a relevância do assunto. Mas, para mim, isso faz todo sentido: os memes são uma invenção humana e, embora tenham sido criados, têm vida própria semiautônoma; os memes se replicam, variam, adaptam-se e se incorporam em veículos robustos; os memes produzem entidades cada vez mais complexas de uma maneira bastante similar à dos genes.

Falando nisso, devemos notar ainda que surgem cada vez mais evidências de que os humanos não são os únicos animais em que a evolução cultural — refiro-me ao comportamento aprendido e não ao aumento da valorização da ópera — interage e transcende a evolução genética. A pesquisa do dr. Lee Alan Dugatkin, biólogo da Universidade de Louisville, demonstra que até mesmo criaturas com pouca inteligência podem imitar o comportamento de seus pares. Espécimes marinhos simples chamados isópodes, que raramente têm mais de um centímetro de comprimento, encontraram um jeito de copiar a escolha de companheiro um do outro; as peixinhas do Oeste da Índia mudam de ideia sobre com que macho acasalar quando veem outras fêmeas escolherem um par diferente; e o sábio galo-selvagem altera o que considera *sexy*, de acordo com idiossincrasias culturais, que variam de ano em ano.[6]

Um rio que sai do Éden

Em 1995, o livro de Dawkins *O Rio que Saía do Éden*[7] faz uma vívida metáfora sobre a disseminação do DNA. O rio mencionado no título é de DNA e flui pelo tempo geológico, ocasionalmente se dividindo para formar novas espécies. Cada nova espécie do rio contém uma massa de genes e viajam juntas correnteza abaixo como boas companheiras. "É um rio de informação", Dawkins afirma, "que passa por nosso corpo e o afeta,

---

[6] Leia mais nos livros de Lee Alan Dugatkin: *Cheating Monkeys and Citizen Bees: The Nature of Co-operation in Animals and Humans* (1998); *Guppy Love: Genes, Culture and the Science of Mate Choice*; e no artigo "How Females Choose their Mates", publicado na *Scientific America*, de abril de 1998.

[7] *River Out of Eden*. Weidenfeld & Nicholson, London, 1995.

mas que não é afetado por ele ao longo do percurso". Cada rio tem margens altas, impedindo que o DNA de uma espécie invada o rio de outra.

Dawkins chama a atenção para duas características particulares da seleção natural:

- Tem uma "diversidade luxuriante". Existem dez milhões de espécies diferentes. Cada uma tem sua própria maneira de construir a vida com o DNA e um modo diferente de "transmitir a mensagem codificada do DNA para o futuro".
- "Os ancestrais são raros, os descendentes são comuns". A vasta maioria dos organismos morre antes de se reproduzir. Somente alguns poucos daqueles que se reproduzirem terão um descendente vivo depois de mil gerações. Dessa forma, todos os organismos podem olhar para trás e dizer "nenhum de nossos ancestrais morreu na infância", apesar de a morte dos filhotes ser a regra geral. A conclusão disso é que o processo de seleção natural dos genes é extraordinariamente discriminatório:

> *Cada geração é uma peneira: os genes bons tendem a passar pela peneira e chegar à próxima geração; os genes ruins tendem a acabar em corpos que morrem jovens ou sem se reproduzir... após mil gerações, os genes que conseguiram passar por isso são provavelmente os bons.*

A mesma seletividade se aplica às espécies como um todo. Embora haja cerca de 30 milhões de espécies na Terra, isso constitui somente 1% das espécies que já existiram. O portal da evolução para entrar no reino da vida é realmente bastante estreito.

A teoria das linhas de evolução da vida

A teoria do gene egoísta é controversa entre os biólogos. O professor Steven Rose, por exemplo, faz a crítica de que ela é "ultradarwinista" além de um "reducionismo genético".[8] Embora possa parecer injusto, Rose constrói o argumento convincente de que a evolução ocorre em muitos níveis e que as "linhas de vida" — a direção progressiva da vida — incluem a evolução não apenas dos genes, mas também dos organismos e das sociedades. Eu acrescentaria as economias a essa lista; e sem dúvida, se pudesse, Dawkins acrescentaria os memes.

---

[8] Steven Rose. *Lifelines*. Allen Tane/The Penguin Press, Londres 1997.

A TEORIA GENÉTICA DOS NEGÓCIOS

Agora, eu gostaria de construir uma argumentação com base nas descobertas genéticas e na teoria dos memes de Richard Dawkins para chegar ao que eu, não sem razão, chamei de **Teoria Genética dos Negócios**.

O que é o DNA dos negócios, a unidade de valor mais fundamental? Eu acho que é a "informação econômica", e considero que podemos pensar nas unidades de informação econômica útil como os "genes dos negócios". Eles são como um tipo de meme que, como vimos, é a palavra usada por Dawkins para representar a transmissão de uma unidade cultural. Na minha definição, o gene do negócio é simplesmente um meme que é relacionado aos negócios, uma unidade de informação econômica transmitida. Poderiam ser chamados de "memes dos negócios", em vez de "genes dos negócios", mas optei pela segunda forma porque torna mais explícito o paralelo com a genética biológica.

Uma característica dos genes biológicos é que eles tendem a ser transmitidos em pacotes, e a habilidade que eles têm de se "dar bem" com um grande número de outros genes é crucial para o sucesso deles. Há um grande número de genes presente na maioria dos animais. Os biólogos conseguem separar os genes individualmente, mas, quando se trata de memes ou de genes de negócios, não vejo vantagem em tentar especificar se estamos falando de um meme ou de um gene de negócios individualmente ou sobre uma coleção deles. Na prática, a maior parte da informação econômica abrangerá várias vertentes ou unidades diferentes, muitos genes de negócios individuais.

Um exemplo desses genes de negócios ou grupos de genes de negócios são as ideias; o design por trás de uma tecnologia básica como o motor a vapor ou de combustão interna, a telefonia ou a computação; o design do componente de um produto como o roteiro de um filme ou um circuito integrado; o capital intelectual que leva a uma parte de um software ou ao seu núcleo; ou a fórmula, como a da Coca-Cola ou de uma droga ética. Um gene do negócio é algo intangível, composto de informação econômica útil e que pode ser incorporado, sozinho ou com outros genes de negócios, a um produto ou serviço ou a um veículo que, então, dará origem a um produto ou serviço.

Os genes dos negócios são os blocos construtores do know-how, das competências e das tecnologias em seu sentido mais amplo. Compreendem informação econômica que precisa encontrar um veículo comercial antes que possa realizar seu potencial e entregar um produto ou serviço de valor. Os genes dos negócios são a origem da vida econômica. Eles buscam a replicação mais ampla possível, incorporando-se ao que podemos vagamente chamar de veículos comerciais: elementos inanimados como edifícios, máquinas, software, fábricas, escritórios, caminhões e produtos; mas também em seres vivos como pessoas, corporações, serviços e economias.

Os animais e as plantas são os "veículos" dos genes biológicos, as grandes máquinas de sobrevivência às quais os genes se integram. Os veículos fazem todo o trabalho pesado para sobreviver, prosperar e propagar os genes. O mesmo vale para os genes de negócios e seus veículos. Os genes dos negócios são as ideias invisíveis nos empreendimentos, o conhecimento sobre como fazer a riqueza aumentar; e os veículos são todo o aparato visível da atividade econômica: as partes móveis, incluindo as pessoas, as empresas, os ativos físicos, produtos e serviços. Os genes de negócios se protegem com uma textura física com o objetivo de se tornar mais robustos, entregar produtos e serviços e se replicar, assim como os genes biológicos necessitam das "máquinas genéticas" humanas com os mesmos propósitos. Um gene de negócio não consegue sobreviver ou criar valor sem uma casa física; ele precisa estar incorporado a algo tangível. Da mesma maneira, as ideias empresariais precisam de alguma fisicalidade antes de ser vendidas ou doadas: têm que estar registradas no papel ou em arquivos eletrônicos ou ser comunicadas de uma pessoa para outra.

Os veículos tendem a atrair bons genes de negócios na medida em que são os melhores veículos para esses genes; e tendem a ser bem-sucedidos na medida em que incorporam os melhores genes disponíveis. Os veículos são a expressão física do valor econômico e existem para multiplicá-lo. Aqueles mais bem adaptados às condições econômicas prevalentes irão prosperar; e, caso mudem as condições econômicas ou a natureza dos veículos de uma maneira que altere a adequação deles, então, os veículos deixarão de ser prósperos.

Como funciona a genética dos negócios

Os genes dos negócios — unidades de informação econômica bem-sucedida — estão incorporados, criam e manipulam muitas gerações de veículos. Esses genes e seus veículos passam por um processo de evolução por seleção — luta pela sobrevivência, variação, seleção, mais variação que leva à mudança — que, no todo, aprimora os produtos e serviços e leva a uma economia mais rica, mais complexa e mais especializada.

Pense em como a tecnologia se desenvolve: o motor a vapor, por exemplo, ou a energia nuclear, o poder da computação ou algo muito mais simples e primitivo como a roda ou o fogo. Houve muitas versões iniciais dessas tecnologias e elas foram incorporadas a um grande número de novos produtos e serviços. A maioria dessas tecnologias e produtos incipientes ficaram pelo caminho: eles provaram não ser práticos ou ficaram muito caros ou ainda foram suplantados por versões aprimoradas deles mesmos. Qualquer tecnologia bem-sucedida atravessa muitas gerações de experimentação, variação, seleção e melhoria. Além disso, uma tecnologia bem-sucedida tem ancestrais que, por definição, sobreviveram o suficiente para originar uma nova linhagem tecnológica.

Dependendo da teoria do biólogo que você segue, o gene é o mecanismo básico da evolução pela seleção natural ou então o nível mais básico em que a evolução ocorre. É um rio de informação, fluindo não pelo espaço, mas pelo tempo. O gene se incorpora em plantas e animais, isto é, em máquinas que são os veículos para a sobrevivência genética. Embora estejam em competição com outros genes, aqueles bem-sucedidos têm a habilidade de colaborar com seus colegas também bem-sucedidos na operação da máquina de sobrevivência.

Você pode perceber o paralelo existente entre as tecnologias ou unidades de informação econômica ou competências: maneiras de realizar atividades econômicas úteis. As tecnologias (e assim por diante) se incorporam em produtos, que evoluem por causa da competição com outras tecnologias e por causa da competição entre os próprios produtos. Os produtos com os melhores genes de negócios tendem a sobreviver, multiplicar-se e gerar melhores versões de si mesmos, mas o que dirige o processo não é o produto, e, sim, as tecnologias e as habilidades por trás dele. O que sobrevive não é o produto, mas a informação econômica útil e a tecnologia — a maneira de fazer algo útil — que flui entre muitas gerações de produtos. E, apesar de as tecnologias competirem entre si, como fazem os genes biológicos, elas têm que ser capazes de coexistir e colaborar com outras tecnologias bem-sucedidas com o objetivo de se adaptar ao ambiente — assim como os genes biológicos devem colaborar com muitos outros genes.

Os genes de negócio em um filme

O que, por exemplo, seria o equivalente ao código genético em um filme? Por uma perspectiva, pode parecer que é a matriz digital de gravação da qual serão feitas muitas cópias para exibição em cinemas ao redor de todo o mundo. A matriz da gravação também pode ser transformada em vídeo, em CD ou qualquer outra mídia que possa registrá-la. Mas a matriz da gravação é um veículo por si só, não o gene do negócio e nem uma coleção deles. O teste definitivo para identificar o gene do negócio é conferir se aquilo é informação ou algo tangível: a informação *constitui* o gene dos negócios, enquanto os elementos tangíveis como gravações, robôs, produtos ou máquinas são os *veículos* para os genes dos negócios.

Os genes dos negócios são a informação incorporada ao filme e a informação gerada. Isso inclui as habilidades e a reputação dos atores, do diretor, do produtor e assim por diante, de modo que tudo isso compreenda dados econômicos valiosos que poderão ser incorporados a futuros filmes e outros produtos. Mas note que o filme não é o único veículo relevante para a informação econômica. A reputação dos atores é transmitida pelas próprias pessoas, assim como pelo filme. Para os mesmos genes de negócios, existem diversos veículos, de tipos semelhantes (por exemplo, outros filmes) ou diferentes (por exemplo, os atores em oposição aos filmes).

Indo a um patamar ainda mais básico, a informação genética está dentro do roteiro do filme. O que realmente importa não é o roteiro físico — o papel, a fita ou o disco em que ele está registrado, esses são os veículos —, mas as ideias contidas nele. Geralmente, os genes dos negócios são ativos intangíveis que têm valor econômico, como histórias, costumes, ideias, modos de realizar algo e os mais básicos níveis da tecnologia: as ideias por trás da tecnologia, em vez de protótipos ou outros instrumentos.

Para ser classificado como um gene de negócio, três condições precisam ser atendidas. Primeira: o gene de negócio precisa ser valioso, seja por seu apelo intrínseco ou por sua capacidade de ajudar a entregar algo que as pessoas querem ou por sua eficácia em elevar o padrão de qualidade ou usar menos recursos. Segunda: o gene de negócio deve ser capaz de ser replicado. Terceira: deve ser intangível.

Essas três condições são atendidas pelas ideias por trás dos roteiros bem-sucedidos do *Livro do Gênesis* ou *Romeu e Julieta* ou também do

Principia Mathematica. Todas essas obras são valorizadas; e todas foram copiadas, variadas e incorporadas a um enorme número de produtos derivados e outros veículos. O código genético das novelas, por exemplo, são aqueles oito enredos básicos dos quais todas elas derivam.

Pegue como exemplo um vídeo de como vender com mais eficácia, talvez um daqueles feitos na década de 1970, estrelado por John Cleese. Depois de um tempo, o vídeo morrerá — quem hoje em dia quer ver aquelas calças boca de sino e as gravatas berrantes? —, mas se o vídeo tiver sido um sucesso, o conceito por trás formaria um verdadeiro código genético, sobrevivendo e sendo usado novamente com outros estilos e novas mídias.

Os humanos e os genes de negócios

Onde nós, humanos, nos encaixamos nesse esquema? Podemos *ser* genes de negócios ou seremos sempre *veículos* para os genes de negócios?

Eu sugeri três qualificações necessárias para um gene de negócios: ser valioso, ser capaz de replicação e ser intangível. Os humanos conseguem passar nos primeiros dois quesitos, mas não no terceiro. Não podemos ser genes de negócios. Nunca seremos ideias, tecnologias, modos de produção ou costumes econômicos. Nós podemos criar ideias pioneiras e capitalizá-las. Nos dois casos, porém, estamos sendo veículos das ideias e de sua replicação.

Mas, espera aí, você mesmo disse que, se podemos criar ideias e criar genes de negócios, certamente somos seus senhores muito mais do que seus servos: isso não significa que o paralelo com o gene biológico se rompeu? Nós não podemos criar genes biológicos, eles nos criam. Apesar disso, com certeza, podemos criar genes de negócios e eles não conseguem nos criar.

Se você estiver pensando assim, você está correto. Lembre-se de que aquilo que chamei de genes de negócios é, de fato, um subconjunto de memes, o termo que Richard Dawkins criou para indicar os replicadores sociais e intelectuais que os humanos criaram como um método evolucionário adicional ao genético. Os humanos criam os memes; nós criamos os genes dos negócios.

No entanto, os humanos também se mantêm em uma posição interessante em relação aos genes de negócios. Somos simultaneamente seus criadores e seus veículos (o mesmo vale para todos os memes). Usamos os genes de negócios e somos usados por eles. Somos capazes de propagar genes de negócios que não inventamos. De fato, esse é o percurso normal do progresso econômico. Para cada humano inventor de uma ideia, podem existir centenas e até milhões de outras pessoas que a usam e desenvolvem. A maioria das pessoas que enriquecem empreendendo consegue isso com as ideias dos outros, não com as próprias. De um modo geral, elas aprimoram a ideia original de alguma maneira, criando alguns poucos genes de negócios derivados; mas a fonte de sua fortuna continua a ser principalmente aquele poderoso gene de negócios ou uma coleção deles da qual a pessoa se apropriou em outro lugar.

Esse é precisamente o processo evolucionário pelo qual alguns poucos genes de negócios poderosos estão se replicando de modo muito bem-sucedido por um processo de variação e contínua adaptação aprimorada ao ambiente. Nós, humanos, somos criadores ocasionais dos principais genes de negócios; com mais frequência, criamos genes de negócios secundários; mas, na maior parte do tempo, nosso papel é simplesmente orquestrar a replicação dos genes de negócios já existentes.

Existem diferentes tipos de veículos para os genes de negócios?

Existem dois tipos diferentes de veículos para os genes de negócios: os animados e os inanimados. Os primeiros, aqueles que têm vida própria, abrangem os humanos e os sistemas que incorporam o empenho humano, incluindo equipes, organizações, partes das organizações, cidades e economias. Trata-se de sistemas auto-organizados — um termo que vamos reencontrar mais à frente neste livro —, que avançam (pelo menos, em parte) por sua própria vontade e criam algo que é maior do que a soma das partes.

O segundo, os veículos inanimados, incluem máquinas, produtos, materializações físicas das tecnologias, como cabos e linhas telefônicas, prédios, escritórios e caminhões entre outros "veículos" no sentido habitual.

Os sistemas animados e auto-organizados se comportam de modo muito diferente dos objetos inanimados, mas essa é uma história a ser tratada mais adiante, especialmente no Capítulo 9. Para nossos propósitos como estudantes da genética dos negócios, os sistemas "vivos" e os objetos inanimados são ambos veículos para os genes de negócios. A única diferença é que o elemento humano contido nos sistemas auto-organizados pode criar genes de negócios, assim como podem ser seus veículos.

UMA NOVA PERSPECTIVA DOS NEGÓCIOS

Em vez de ter a competição corporativa como foco de estudo, como no antigo paradigma econômico, a genética dos negócios postula que há diversas camadas de criação de valor econômico, que são direcionadas pelos genes dos negócios e por sua luta pela vida e pela reprodução. Os humanos têm múltiplos papéis no processo: são criadores dos genes de negócios; são usuários dos genes de negócios para gerar produtos e serviços melhores; e são consumidores de produtos e serviços e, dessa forma, também são árbitros da sobrevivência, disseminação ou morte deles. Embora existam vários tipos, as corporações são veículos intermediários importantes que derivam seu poder do fato de serem justamente o melhor veículo para os genes de negócios e seus criadores, os empreendedores e os trabalhadores qualificados.

Pequenas empresas vão à falência a toda hora, em grande número. Embora isso seja doloroso, faz parte do progresso econômico. As companhias que estão mais bem adequadas ao ambiente — que em grande parte se resume ao mercado — sobrevivem e se tornam mais fortes porque enfrentaram a competição. Como disse o grande economista Joseph Schumpeter em 1942, o capitalismo progride por um processo de "destruição criativa"[9]: Quando uma empresa é destruída, seus recursos são liberados para que sejam mais bem empregados em outro lugar.

Não existe nada sagrado nas corporações. Como veículos, elas só são úteis se forem a melhor encarnação possível da energia e da informação de negócios. Caso essa energia e essa informação sejam mais bem aplicadas em outro lugar, devemos nos desfazer daquele antigo veículo e criar outro.

As grandes empresas têm menos probabilidade de falir do que as menores. Elas se tornaram grandes porque foram uma daquelas entre a minoria de pequenas empresas que tiveram desempenho muito bem-sucedido; as maiores empresas experimentaram um longo processo de seleção até ter o privilégio de se tornarem grandes. No entanto,

---

[9] Joseph A. Schumpeter, *Capitalism, Socialism and Democracy*. Nova York: Harper & Row, 1942.

usando o próprio tamanho, as grandes empresas podem redefinir as causas da evolução de seus negócios — como muitas fazem — para se isolar da competição. Isso pode funcionar por um período, mas a seleção natural afirma que o isolamento da competição suspende ou diminui a velocidade do aprimoramento dos produtos e serviços (o bom senso e a observação nos dizem o mesmo). A seleção também nos ensina que alguém, em algum lugar, estará experimentando novos produtos ou tecnologias que podem, finalmente, se tornar um desafio para a velha e esclerosada empresa. Essa avaliação pode ser adiada, não evitada, e, quando a companhia por fim encarar a competição, será rapidamente massacrada. Pense no quase colapso vivido pela IBM. Pense no verdadeiro colapso da União Soviética que, em um dado momento, poderia ter sido, entre outras coisas, a maior corporação do mundo.

O processo de eliminação das empresas, que ultrapassam seu próprio prazo de utilidade, será acelerado se adotarmos a perspectiva da genética dos negócios. Os veículos que não estão mais funcionando bem devem ser abandonados em troca de genes de negócios mais saudáveis — e fazer isso mais cedo é melhor do que mais tarde.

Spin-offs

Os negócios derivados do original, ou seja, as *spin-offs*, estão crescendo em popularidade, mas a ideia ainda não é suficientemente aplicada. Eu uso o termo *spin-off* em um sentido bem amplo, não apenas me referindo aos negócios derivados que ainda pertencem aos proprietários da empresa original, mas também àqueles em que os principais *players* vêm de uma "matriz" em comum, trazendo consigo boa parte de seu conhecimento e da base de clientes.

É coincidência o fato de que os setores onde existem mais *spin-offs* também tendem a crescer mais depressa do que os outros — e, além disso, entregam mais depressa incrementos de valor aos consumidores e acionistas? Pense na área de alta tecnologia. O Vale do Silício está repleto de *spin-offs*. Pense no setor de consultoria em gestão. Pense no setor de capital de risco. As *spin-offs* e a ida de funcionários da equipe para a concorrência (*team moves*) — um tipo parcial de derivação de um novo negócio — são endêmicas nesses setores.

Nos setores econômicos conservadores, onde o progresso caminha a passos de caramujo com artrite, as *spin-offs* são raras. Talvez se houvesse mais negócios derivados de outros, essas áreas se tornassem mais interessantes e bem-sucedidas.

A seleção natural prediz o que ocorre com as *spin-offs*. A nova empresa toma para si muito do que havia de bom na antiga companhia — herda os bons genes — e também adiciona algumas melhorias. Se as inovações combinarem com o mercado, a *spin-off* prospera. Os negócios derivados dessas *spin-offs* bem-sucedidas repetirão, então, o processo. Ninguém quer descender de uma companhia malsucedida.

Tipicamente, os proprietários de uma empresa de sucesso não se beneficiam das *spin-offs*. Os filhos seguem seu caminho e os pais não recebem benefícios. Seria muito melhor para os proprietários da companhia bem-sucedida se eles pudessem ter uma participação acionária na *spin-off*. Se isso não ocorre com mais frequência, é por falta de previsão combinada à natural relutância ao risco de criar algo novo, uma unidade independente que não estará sob o controle direto dos antigos donos. Ainda assim, a seleção natural aponta para um modelo diferente. Cada empresa bem-sucedida deve ter muitas *spin-offs*. Os donos que agem em tempo de dar apoio a ideias de *spin-offs* promissoras, se necessário ignorando seus administradores, podem conquistar uma parte do valor criado pelo novo negócio.

Se você quiser dar uma mãozinha à natureza ou ao mercado, faça parte de uma *spin-off*.

Agora, vamos completar a teoria sobre a genética dos negócios, olhando para uma parte final da pesquisa nessa área, que lida com o problema da consanguinidade.

A lei de Hardy-Weinberg

Os estudos genéticos demonstraram por que os tabus sobre o incesto são bem fundamentados. Nós carregamos alelos prejudiciais que não chegam a se expressar porque são "recessivos" e ocorrem em somente uma cópia. As chances de dar algo errado na combinação de dois alelos similares são muito altas, mas a consanguinidade reduz consideravelmente as chances contra esse infortúnio.

Também nos interessa a **Lei de Hardy-Weinberg**, descoberta paralelamente em 1908 pelo matemático britânico G. H. Hardy e pelo médico alemão J. H. Weinberg. A lei afirma que a probabilidade de herdar um determinado alelo de um dos pais é exatamente tão alta quanto a chance de transmiti-la a um filho. A frequência dos alelos não muda.

A consanguinidade e a lei de Hardy-Weinberg são conceitos úteis para refletirmos como a evolução fica restrita em uma tecnologia, produto, empresa, mercado ou nação, quando não há mudança significativa na "piscina genética".

Tome o caso de uma organização. A "piscina genética" não é formada somente pelas competências dos executivos seniores. Ela abrange todos os insumos trazidos para a empresa, incluindo a contribuição dos fornecedores, as tecnologias e os canais de distribuição utilizados, o modo como o relacionamento com os consumidores é usado no aprimoramento da empresa, os investimentos, todas as redes colaborativas (que não estão limitadas a fornecedores — entre os colaboradores importantes das companhias de alta tecnologia, por exemplo, estão indivíduos e equipes internas de universidades, que podem não ter nenhuma relação contratual definida) e ainda todos os funcionários e novos estagiários da organização. A consanguinidade ocorre quando a soma dessa piscina genética não é suficientemente reabastecida, mudada e misturada. As opções de mudança devem ser continuamente avaliadas.

GENÉTICA DOS NEGÓCIOS PARA EXECUTIVOS— SEIS REGRAS PARA COLOCAR EM PRÁTICA

Use os melhores genes de negócios disponíveis.

Existem três maneiras de implementar os genes de negócios. Uma é criá-los do zero: inventar um novo produto ou serviço ou um novo sistema de negócio. Trata-se de um caso raro, pois poucos de nós temos a originalidade necessária para isso. Outra maneira consiste em se apropriar e aplicar os genes de negócios bem-sucedidos. Lembre-se: os genes querem se multiplicar, portanto são amigáveis nas aplicações. Mas para ser bem-sucedido, você tem de estar à frente de outras pessoas que tiverem a mesma ideia. Por exemplo, meu amigo Raymond Ackerman, que criou o hipermercado Pick 'n Pay, na África do Sul, usou a ideia — o gene de negócios — do varejo de autoatendimento que já estava bem estabelecida nos Estados Unidos, mas ainda não havia chegado à África. Uma terceira maneira é pegar um gene de negócios já bem-sucedido e realizar uma ligeira modificação nele: criar uma nova variação do gene de negócios.

Torne-se você mesmo um excelente veículo para genes de negócios bem-sucedidos.

Para usar os genes bem-sucedidos, você deve ampliar o propósito deles e ajudá-los a se multiplicar. Isso requer adaptação da sua parte. A adaptação requer a exposição à competição. Não tente se isolar da competição de carreira interna ou externa; se fizer isso, vai parar de se desenvolver. Continue competindo nos principais mercados, não nos remansos. Tome cuidado ao trabalhar em pirâmides corporativas, pois elas costumam insular os executivos, especialmente os mais experientes.

Use os melhores veículos disponíveis e assuma o volante.

Você é usuário de informação econômica, você é as habilidades que tem, incluindo a capacidade de colaborar com genes de negócios bem-sucedidos e outros veículos que os incorporam: com outros indivíduos, outras equipes e organizações. Você é o valor agregado. Você é a força direcionadora. A equipe ou empresa de que você faz parte e os outros recursos que coordena são seus veículos. Os veículos estão ali para avançar com seu propósito, dar proteção, encarnar sua energia. Lembre-se de que os veículos são apenas isso e a única razão para trabalhar com um deles é se for *o melhor veículo disponível para seus propósitos*. Pergunte-se continuamente: Eu estou dirigindo ou sendo dirigido? Estou dirigindo o veículo certo? Existe outro lugar em que eu poderia agregar mais valor?

Evolução na carreira exige variação.

Uma série de novas funções (troque de empresa, ou não) e novas maneiras de realizar o trabalho existente. Comece um projeto. Assuma uma nova responsabilidade. Mude os móveis. Identifique novos genes de negócios que podem lhe oferecer uma nova direção e para o qual você poderá ser o melhor veículo.

A evolução requer contínua experimentação e melhoria.

Se você não produzir uma nova versão de última geração de você mesmo tão depressa quanto seus competidores de carreira estão conseguindo se renovar, vai ficar para trás. A experimentação e a melhoria exigem combinações inovadoras de novos genes de negócios — novas habilidades, novas ideias, novas maneiras de trabalhar. Lembre-se de que o seu sucesso precisa que você seja o veículo para combinações excelentes de genes de negócios, trabalhando dentro ou em conjunto com outros veículos, para assim experimentar continuamente novas combinações de genes e veículos.

A evolução exige o fracasso.

A maior e mais abundante liberdade que o universo oferece é a liberdade de fracassar. Para a maioria dos organismos, isso significa a morte precoce e é a espécie que se beneficia. Felizmente, quando se trata de carreira, nós sempre temos uma nova chance. Mas a mutação construtiva de suas características e habilidades exige o fracasso, assim como a maturidade de reconhecer e aceitar isso. Não deixe o seu ego negar a realidade do fracasso; isso é outra forma de isolamento competitivo.

Aceitar o fracasso e usar os processos de autodesenvolvimento para se beneficiar dele pode libertá-lo para a competição. É mais fácil aceitar e reverter o fracasso sob a perspectiva da teoria da genética dos negócios. Ele é apenas o resultado da interação entre um bom veículo para um gene de negócios deficiente ou entre um veículo deficiente para um bom gene de negócios. Identifique qual é a sua situação e adote a ação corretiva mais apropriada.

RESUMO

As leis de Mendel, os experimentos de Thomas Hunt Morgan e a descoberta dos genes mostraram como a hereditariedade opera e adicionaram uma microdimensão à evolução. Traços específicos podem sofrer mutação, não apenas novas espécies. Quando Crick e Watson descobriram o DNA e sua estrutura, foi revelado o vínculo comum entre os organismos e o fato de a evolução ser direcionada pela transmissão da informação. A brilhante teoria de Richard Dawkins sobre o gene egoísta trouxe uma nova perspectiva à evolução, na qual os genes são a força motriz e os organismos são meros veículos deles. A teoria dos memes de Dawkins propõe que a humanidade desenvolveu uma nova forma de replicação: unidades de transmissão cultural, informação que pode saltar de cérebro para cérebro e pode suplementar ou até competir com os genes egoístas.

Eu propus uma teoria paralela de genética dos negócios, baseada inteiramente nos conceitos de Mendel, Hunt Morgan, Crick e Watson, e Dawkins. Os genes de negócios são unidades básicas de informação econômica, ideias de valor intangível que podem ser replicadas para gerar ainda mais valor. É o que, em última instância, direciona o aprimoramento. Os genes de negócios são criados e utilizados por indivíduos e equipes; mas, assim que são criados, os genes de negócios adquirem vida própria. Eles procuram se integrar ao maior número de veículos com o objetivo de se disseminar ao máximo. Os veículos se dividem em duas categorias: objetos semelhantes a máquinas e sistemas auto-organizados, incluindo individualmente executivos, equipes e organizações. Os veículos geram produtos e serviços que, assim, também incorporam genes de negócios.

Esse mesmo processo evolutivo opera em todos os níveis — os genes de negócios, os veículos e os produtos. Os melhores genes de negócios sobrevivem e se espalham; o processo origina muitas novas variações e muitas mortes daquilo que for redundante. Os melhores veículos sobrevivem e prosperam justamente porque são os melhores veículos para os melhores genes de negócios; e serão deixados de lado pelos genes de negócios quando isso não for mais verdade. Os produtos e serviços são gerados pelos veículos e incorporam os melhores genes de negócios; os produtos e serviços também enfrentam uma luta pela existência com novas e melhoradas versões que continuamente substituem as anteriores.

Essa visão de negócios move o centro de gravidade das corporações de volta às fontes fundamentais de geração de valor: é o retorno aos genes de negócio, ao código genético corporativo, que se refere à informação econômica útil. O valor fundamental não reside nos produtos e serviços e nem nos veículos que os produzem — corporações e os elementos físicos que possuem — mas nas ideias, fórmulas e tecnologias que dirigem os veículos. Os melhores genes de negócios sempre buscarão os melhores veículos, e, caso surja um veículo melhor, os genes de negócios o adotarão, abandonando o anterior.

Para gerar valor, os indivíduos devem criar novos genes de negócios, embora eles sejam fugidios e impossíveis de controlar — mas também é preciso criar e manter os melhores veículos para os genes ou eles irão para outro lugar. No entanto, também é possível gerar valor — bem mais facilmente — não com a criação de novos genes de negócios, mas identificando aqueles que estão subexplorados porque os veículos apropriados para eles ainda não existem. Os genes necessitam de veículos e conseguem identificar os melhores disponíveis, mas não conseguem, necessariamente, criar seus próprios veículos — e, nos negócios, isso resulta em oportunidades para que as pessoas inventem novos veículos mais apropriados. O valor também pode ser gerado pela combinação de genes de negócios em novas permutações e com a oferta de novos veículos para atender à nova combinação genética.

AÇÕES NECESSÁRIAS

- *Identifique genes de negócios subexplorados e em interação com veículos deficientes.* Desenvolva veículos novos e melhores para esses poderosos genes de negócios preexistentes — com informação econômica valiosa, novas maneiras de executar e tecnologias.
- *Faça novas combinações entre genes de negócios existentes e bem-sucedidos e ofereça veículos apropriados para essas novas combinações.*
- *Torne-se você mesmo o melhor veículo para uma combinação única e vencedora de genes de negócios.*
- Se você participa da administração de uma empresa, *perceba que o valor dela reside em ser um veículo de genes de negócios bem-sucedidos.* Assegure-se de que a companhia seja e continue a ser o melhor veículo para esses genes. Verifique se a piscina genética está sendo continuamente abastecida com novos inputs que já tenham comprovado seu sucesso.
- *Crie e multiplique negócios derivados das organizações já existentes.*

CAPÍTULO 3

SOBRE AS LEIS DE GAUSE

> *Ser diferente faz parte da estratégia competitiva. Isso quer dizer escolher deliberadamente um conjunto diferente de atividades para entregar uma combinação exclusiva de valor.*
> — Michael Porter[1]

PRINCÍPIO DE GAUSE DA SOBREVIVÊNCIA PELA DIFERENCIAÇÃO

O cientista soviético G. F. Gause fez uma série de experimentos muito interessantes com pequenos organismos. Ele colocou dois protozoários da mesma família, mas de espécies diferentes, em um recipiente de vidro com alimentação limitada. As pequenas criaturas se organizaram para cooperar e repartir a comida e as duas espécies sobreviveram.

Em seguida, Gause colocou dois organismos da mesma espécie no tubo de ensaio, mantendo a mesma quantidade de alimentação de antes. Dessa vez, eles lutaram e morreram.

Eu chamo isso de o **Princípio de Gause da Sobrevivência pela Diferenciação**, ou PSD, para encurtar. Mais adiante neste capítulo, vou explicar porque considero o PSD tão importante, mas, por enquanto, acredite em mim. Tente manter em mente esses organismos de Gause porque, se há uma imagem que eu gostaria que você fixasse neste livro inteiro, provavelmente é essa dos protozoários e do PSD.

A propósito, Darwin antecipou os resultados do experimento de Gause no Capítulo 2 do livro *A Origem das Espécies*:

> *Como as espécies do mesmo gênero apresentam usualmente — embora não invariavelmente — alguma similaridade de hábitos e constituição e sejam sempre semelhantes estruturalmente, a luta entre elas será geralmente mais*

---

[1] Michael Porter (1947-), autor de vários livros e professor na Harvard Business School, é considerado o mentor dos especialistas em estratégia de negócios. Para Porter, existem três fontes genéricas de vantagem competitiva: diferenciação, baixo custo e foco em um mercado específico. (N.T.)

renhida do que a que se observa entre espécies de gêneros diferentes. (...) Podemos compreender, se bem que de modo vago, por que seria mais árdua a competição entre formas afins, ocupando praticamente o mesmo lugar dentro da grande comunidade natural.[2]

PRINCÍPIO DE GAUSE DA EXCLUSÃO COMPETITIVA

Os experimentos de Gause também o levaram à conclusão de que duas espécies em competição só conseguirão coexistir se houver mais de um recurso escasso.

Duas populações estão em competição quando uma consegue diminuir a taxa de crescimento da outra. E elas podem fazer isso comendo a refeição da outra, invadindo o espaço alheio ou tocando música tão alto até que a outra população cometa suicídio. Tanto faz.

COEXISTÊNCIA, DOMINÂNCIA E BIESTABILIDADE

Gause chegou a três resultados na guerra dos protozoários:

- Cada espécie invade igualmente o espaço da outra. As fronteiras se rompem; elas terminam *coexistindo* no mesmo espaço.
- Somente uma espécie invade o espaço da outra. Tudo termina em *dominação*. A espécie invadida é eliminada.
- Nenhuma das espécies invade a outra. Como na antiga corrida armamentista, existe um equilíbrio de forças que assegura a paz. A isso os biólogos chamam de *biestabilidade*.

NICHOS ECOLÓGICOS E OS ROUXINÓIS DE MACARTHUR

Em ecologia, um nicho não é apenas um lugar em que uma determinada criatura vive; é também a maneira como ela ganha a vida — uma forma especial de obter recursos, uma atividade especializada ou, nas felizes palavras de Darwin, é "um lugar na economia da natureza". O ecologista Robert MacArthur mostrou que, para os rouxinóis, um

---

[2] Charles Darwin em *A Origem das Espécies*, publicado por Villa Rica Editoras Reunidas, Belo Horizonte, 1994, p. 86. Tradução de Eugênio Amado.

pinheiro não é um pinheiro; ele é, na verdade, diversos nichos diferentes para diversos tipos diferentes de rouxinóis. Aparentemente, cada tipo de rouxinol tem sua própria parte da árvore na qual executa diferentes atividades. Cada rouxinol, portanto, tem seu próprio pequeno nicho ecológico especializado.[3]

Revelou-se muito difícil para os ecologistas o mapeamento das fronteiras entre os nichos ecológicos, mas o princípio é claro e muito útil: *cada nicho separado sustenta apenas um tipo especializado de planta ou animal.* Observe que as especializações são levadas a um grau bastante elevado e que cada criatura realiza somente uma atividade em um lugar. Os rouxinóis das florestas do nordeste dos Estados Unidos são ferrenhos seguidores da divisão de trabalho de Adam Smith: o princípio da especialização que possibilita uma produtividade mais alta.

DESCOBRINDO NICHOS EXCLUSIVOS

A primeira lição do Princípio da Sobrevivência pela Diferenciação é que você quer que seus competidores sejam, pelo menos, ligeiramente diferentes de você. Eles podem ser da mesma família, mas não da mesma espécie. Agora, lembre-se de que existem cerca de 30 milhões de espécies sobre a Terra: portanto, fazer com que sua empresa seja uma espécie separada — se ainda não é — não deve ser impossível. Se dois organismos da mesma espécie competem no mesmo espaço por um mercado limitado (alimento), elas brigam e morrem. Se forem diferentes, elas conseguem cooperar e as duas vivem.

Os rouxinóis de MacArthur se distribuíam por diferentes partes do pinheiro porque eram tipos diferentes de rouxinóis. Eles encontravam nichos únicos, de forma que cada rouxinol tinha sua própria parte da árvore.

Sendo assim, sua empresa necessita de nichos exclusivos, lugares onde ninguém mais pode ir porque não é exatamente como você. Esses "lugares" podem ser determinados consumidores, mercados geográficos, canais de distribuição, produtos, tecnologias ou qualquer outra fonte de diferenciação, mas, pelo menos, um deles deve ser exclusivamente seu. Caso contrário, você é da mesma espécie que o seu competidor e os dois estarão se arriscando no mercado como se fosse o tubo de ensaio de Gause.

---

[3] Saiba mais no artigo "Popular Ecology of Some Warblers of Northeastern Coniferous Forests", de R. H. MacArthur, publicado na *Ecology*, nº 39.

Bruce Henderson, que encontrou seu nicho exclusivo como fundador da consultoria estratégica "intelectual" e foi um aluno exemplar de biologia, colocou esse conceito muito bem:

> *Os competidores que prosperam terão vantagens únicas sobre todos e quaisquer outros competidores com combinações específicas de tempo, lugar, produtos e consumidores. As diferenças entre os competidores são o pré-requisito da sobrevivência na competição natural. Essas diferenças podem não ser óbvias. Mas os competidores que realizarem suas atividades exatamente da mesma maneira, no mesmo lugar e ao mesmo tempo (não vão prosperar).*[4]

QUEM PODE INVADIR QUEM?

O Princípio da Exclusão Competitiva destaca a simetria ou assimetria existente em qualquer luta competitiva. Sua empresa estará em uma posição muito frágil caso seu rival consiga entrar no seu espaço, mas você não consiga entrar no dele (essa, a propósito, é a ideia organizadora por trás da "dominação do mundo" no jogo de tabuleiro WAR). Se estiver nessa posição, não fique parado! Você tem de encontrar um nicho, uma forma de ganhar a vida de outro modo. Se não puder fazer isso, e o negócio ainda for rentável, venda antes que seja tarde!

Veja o que aconteceu com a indústria de motocicletas no Reino Unido na década de 1970. A Honda tinha dois mercados exclusivos que os fabricantes britânicos não conseguiam entrar: o grande mercado japonês e o mercado de pequenas motos (havia claramente uma sobreposição, mas os mercados eram conceitualmente separados e, fora do Japão, também separados fisicamente). De início, os britânicos tinham um mercado exclusivo: o das grandes motos. Todavia, a relação entre os fabricantes britânicos e a Honda era assimétrica: os britânicos não conseguiam entrar nos mercados da Honda porque suas motocicletas eram projetadas para ser grandes e potentes, e era muito caro fabricá-las com design e desempenho mais modestos. Já as motos japonesas eram feitas com componentes modulares e tinham a capacidade de ser melhoradas. Além disso, as motos da Honda eram mais baratas e entregavam mais valor, mesmo depois de computados os custos de transporte e distribuição — o que era outra causa da assimetria.

---

[4] Essa citação de Bruce Henderson foi tirada do livro *Estratégia em Perspectiva,* de Carl W. Stern e George Stalk Jr., publicado no Brasil. Rio de Janeiro: Elsevier, 2002. (N.T.)

Antes de os japoneses entrarem no mercado britânico de motos, a indústria britânica podia se sentir segura. Mas mesmo depois que eles entraram, quem, de fato, se importava? Afinal, eles estavam apenas vendendo "brinquedos", em geral para pessoas que nunca haviam comprado uma moto antes. Se os fabricantes de motos britânicos tivessem lido sobre os protozoários de Gause, já conheceriam o próprio destino. Somente desenvolvendo um nicho em que os japoneses não pudessem entrar — como fez a BMW com suas motos grandes e ultraconfortáveis para acomodar grandes traseiros — é que os britânicos conseguiriam sobreviver. Na década de 1980, a indústria de motocicletas no Reino Unido estava praticamente morta.

Claro, *se sua empresa pode invadir e o seu competidor não pode, você deve invadi-lo*. E pode se sentir bastante confiante quanto ao resultado.

A BIESTABILIDADE É MELHOR DO QUE A COEXISTÊNCIA

A pesquisa de Gause criou um contraste interessante entre a biestabilidade e a coexistência. A coexistência é a verdadeira competição, onde cada um pode invadir o outro. Na biestabilidade isso não é possível; é uma competição ilusória.

A biestabilidade implica que duas populações não são realmente competidoras, pois ambas estão excluídas do domínio da outra. Isso é muito comum nos negócios. Um setor pode parecer bastante competitivo, ainda que cada participante tenha clientes diferentes, canais de distribuição diferentes ou algum outro fator de diferenciação, que ergue barreiras em torno dele. Dentro de cada segmento, as diferentes empresas podem desfrutar de grandes fatias de mercado com alta lucratividade. Sempre que você identificar um setor muito rentável, como consultoria de alta qualidade, você encontrou um mercado em que os competidores são muito especializados e cada um tem uma grande fatia de seu próprio nicho. Os jogadores inteligentes manterão a situação assim.

Por outro lado, um mercado caracterizado por muitos participantes em coexistência provavelmente está em um beco sem saída. Ninguém terá vantagem, e cada fatia do mercado valerá muito pouco. Nesse caso, a luta entre os competidores pelos clientes fará de cada participante um perdedor.

A única esperança dentro de um jogo de coexistência é reconhecer a situação exatamente como ela é e sinalizar uns para os outros que a saída é viver e deixar viver. Guerra de preços, campanhas agressivas de marketing ou qualquer atividade muito vigorosa: tudo isso deve ser evitado como se fosse uma praga. Para escapar de um jogo de coexistência é preciso desenvolver um segmento em que a dominância possa ser exercida — e estamos de volta ao ponto fundamental: você precisa ser diferente.

Saindo da coexistência e indo para a biestabilidade

Se você estiver em um mercado de coexistência, talvez seja possível escapar e fazer seu próprio mercado "biestável".

O setor aéreo é, em geral, um bom exemplo de coexistência. Exceto onde a regulação restringe o número de competidores para as rotas, é difícil contar com rentabilidade consistente. Sem regulação, cada companhia aérea pode invadir a base de clientes da outra. Cada inovação, como drinques gratuitos na classe econômica, pode facilmente ser copiada. Somente uma estrutura de tarifas com complexidade bizantina mantém as companhias aéreas longe dos prejuízos; e as tarifas estão ficando cada vez mais transparentes conforme os clientes mais sofisticados usam a internet para buscar os bilhetes mais baratos. Mesmo assim, até no setor aéreo é possível escapar da coexistência, fazendo algo radicalmente diferente.

Pegue como exemplo a Southwest Airlines. A companhia não segue o sistema radial típico baseado na infraestrutura de grandes aeroportos. Evita rotas longas, não oferece alimentação durante os voos e cobra pelo envio de bagagens para outros destinos. Só tem uma classe, mas com voos frequentes entre algumas poucas cidades muito bem selecionadas; tem períodos curtos de check-in; emissão automática de tíquetes de embarque e passagens baratas. Conta com uma frota-padrão de aviões 737, o que reduz o custo de manutenção e os atrasos. A companhia encoraja a compra direta, cortando a comissão dos agentes de viagem. Enfim, ela é atraente para um perfil particular de viajante, que valoriza as compensações oferecidas pela empresa.

Outras companhias não conseguem copiar a Southwest: não há espaço para duas empresas aéreas desse tipo em qualquer uma das rotas em que ela opera e, de qualquer modo, os competidores não querem adotar essa estratégia. Dessa forma, a Southwest criou um mercado "biestável" e pode desfrutar de alta lucratividade apesar de exercer preços baixos. O truque é contar com taxas de utilização mais altas do que seria possível na coexistência.

O PERIGO DE DEPENDER DE UMA SÓ VARIÁVEL

A guerra no tubo de ensaio de Gause revelou um fato ainda mais fascinante. Se a escassez de um único recurso como o alimento *ou* o ar for a questão, uma espécie sempre se tornará dominante. A coexistência ou a biestabilidade vão funcionar se mais de um fator limitante estiver em jogo.

O equivalente na vida corporativa? Quando a competição só ocorre em uma variável. Se preço for tudo que importa, a corporação com custos mais baixos está pronta para vencer. Se a qualidade reina suprema, o fabricante percebido como o de mais alta qualidade vai dominar. Se a inovação é tudo o que conta, como em alguns segmentos de moda, então o que antecipar as tendências é que vai ganhar o jogo.

Moral da história? Se você estiver em um mercado onde só existe uma dimensão de competição, e se você não for o melhor nela, trate de criar um segmento separado em que outro aspecto seja relevante. Se não conseguir fazer isso e o mercado não for lucrativo para você (como provavelmente não estará, se estiver mensurando adequadamente a lucratividade), então deve sair de lá.

A DIFERENCIAÇÃO É UM CONJUNTO DE AÇÕES PARA LEVAR VOCÊ ATÉ A EXCLUSIVELÂNDIA

A diferenciação não é exatamente o mesmo que a especialização. Ela é, na verdade, mais fundamental. A diferenciação implica que você não apenas se especializa; para se diferenciar com sucesso, *você deve encontrar o espaço de mercado onde a proporção da sua produtividade em relação à do seu maior competidor naquele mesmo setor é a mais alta* em comparação a todas as outras áreas em que você poderia se especializar; e, a seguir, *torne sua maneira de ganhar a vida o mais diferente possível de qualquer outro rival*. De fato, você deve acentuar as diferenças entre você e seu competidor mais próximo até que chegue a seu nicho exclusivo.

A diferenciação não é a descrição de um estado; é um conjunto de ações para ampliar as diferenças.

Pense sobre como você pode ir ainda mais longe com a diferenciação de seu negócio em relação ao seu competidor mais próximo (em cada área em que você enfrentar um "competidor mais próximo") tendo em mente as quatro dimensões a seguir:

- Tipo de cliente
- Tipo de produto ou serviço
- Geografia
- Estágio de valor agregado

Amplie a distância entre você e seu rival mais próximo até que fique realmente claro que ali *não existe mais* um competidor próximo. Então, você terá chegado ao país da felicidade: Exclusivelândia.

RESUMO

O Princípio de Gause da Sobrevivência pela Diferenciação nos diz que não podemos ter a expectativa de prosperar se ganhamos a vida da mesma maneira, ao mesmo tempo e no mesmo lugar que os nossos competidores semelhantes.

O Princípio de Gause da Exclusão Competitiva afirma que, se uma espécie pode invadir a outra, mas a recíproca não é verdadeira, então a primeira vai acabar sendo dominante. Sendo assim, você não deve entrar ou permanecer em negócios em que não é capaz de invadir alguns dos mercados dos seus competidores, mas eles são capazes de invadir todos os que são seus. Por outro lado, se você consegue invadir um rival que não pode te invadir, vá em frente.

A exclusão competitiva também implica a existência da competição espúria ou ilusória, na qual cada participante é excluído do domínio do outro. Isso é chamado de biestabilidade e, geralmente, é uma situação feliz. Já a coexistência não é tão positiva, pois cada participante pode invadir o outro.

A terceira e última mensagem de Gause é que, quando um único recurso é de suma importância, uma espécie — a melhor na obtenção desse recurso — terminará sendo dominante, enquanto a outra será eliminada. Existe uma analogia perfeita nos negócios: no mercado em que só importa um critério de compra (preço, qualidade, serviço), a empresa que for melhor nisso vai dominá-lo. Se você estiver em um mercado desse tipo e não for o melhor no que é mais importante para os consumidores, ou você se torna o melhor ou desiste.

A ideia dos nichos ecológicos demonstra que existe um número surpreendentemente grande de maneiras de ganhar a vida e que a posição ideal é contar com seu próprio nicho onde ninguém mais ganhe a vida, vivendo da mesma maneira e ao mesmo tempo. Portanto, no seu nicho não haverá competidores. Você será único e exclusivo.

AÇÕES NECESSÁRIAS

- *Diferencie-se.* Especialize-se. Coloque todos os seus recursos e sua energia em áreas em que você seja substancialmente diferente de qualquer outro rival.
- *Amplie sistematicamente o grau de diferença entre você e seu rival* mais próximo, refletindo simultaneamente em quatro dimensões: tipo de produto/serviço; tipo de cliente, mercado geográfico; e estágio de valor agregado. Tenha como objetivo ser único, ou seja, não ter rivais.
- *Caia fora de um negócio em que um competidor pode invadir seu mercado, mas você não pode invadir o dele.*
- *Caso você possa invadir um competidor, mas ele não possa invadir o seu, vá em frente e o invada.*
- *Evite negócios em que haja coexistência*: em que todo mundo pode arrebatar o cliente um do outro. Se estiver em um mercado de coexistência, transforme-o em biestável encontrando uma abordagem distintiva de que os clientes gostem e que os competidores não consigam imitar. Se não puder agir assim e estiver preso na coexistência, então tire o melhor disso, tentando não pisar nos calos dos seus competidores.
- *Em negócios em que um único critério de compra (como preço ou qualidade ou serviço) é importante e você é o melhor para satisfazer esse critério, vá com tudo para dominar.* Amplie a distância entre você e seus rivais nesse critério. Caso você esteja em um mercado desse tipo e, mesmo assim, não for o melhor e nem tiver condições de se tornar o melhor nesse critério-chave, então encontre outro segmento (dentro ou fora do seu atual) onde o critério de compra jogue a favor do seu ponto forte. Se não conseguir encontrar um segmento assim, caia fora do jogo.

CAPÍTULO 4

SOBRE A PSICOLOGIA EVOLUCIONISTA

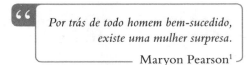

> *Por trás de todo homem bem-sucedido, existe uma mulher surpresa.*
>
> — Maryon Pearson[1]

ENCONTRO COM OS FLINTSTONES... — NO ESCRITÓRIO

Uma nova disciplina científica fascinante, que se desenvolveu a partir do último terço do século XX, foi a **Psicologia Evolucionista**, uma combinação de genética, antropologia, paleontologia, neuropsicologia e psicologia social. Uma forma de neodarwinismo aplicado ao estudo do comportamento humano, a psicologia evolucionista envia algumas mensagens controversas, mas irresistíveis para o mundo dos negócios.

O EQUILÍBRIO PONTUADO

Em 1972, dois biólogos evolucionistas, Stephen Jay Gould, da Universidade de Harvard, e Niles Eldredge, do Museu Americano de História Natural, propuseram a ideia do **Equilíbrio Pontuado**. Essa é uma teoria que vamos examinar em mais detalhes no Capítulo 11, mas é útil apresentá-la aqui, pois ajuda a entender por que nossos genes podem ficar para trás diante das mudanças da sociedade. A teoria do equilíbrio pontuado afirma que a evolução ocorre ao longo de grandes períodos em que fica latente e estável, pontuados por momentos de rápidas mudanças.

O desaparecimento dos dinossauros é um exemplo desses pontos de mudança rápida. Eles dominaram o planeta por 130 milhões de anos e, então, de repente, *ZÁS!* — Eles desapareceram quando um meteoro

---

[1] Maryon Pearson (1901-1989), esposa do 14º primeiro-ministro do Canadá, ficou conhecida por sua personalidade irreverente e por seus comentários mordazes. (N.T.)

atingiu a Terra e provocou a erupção de vulcões, que lançaram nuvens duradouras de poeira sulfúrica na atmosfera; ou então evoluíram gradualmente até se tornarem pássaros. De qualquer forma, foi uma enorme mudança!

As pontuações pouco frequentes do homem e a teoria da psicologia evolucionista

Os negócios, a sociedade e a tecnologia parecem operar pelo equilíbrio pontuado, embora em uma escala de tempo diferente. Karl Marx dividiu a história em três fases — feudalismo, capitalismo e socialismo — e criou a hipótese de que a transição da segunda para a terceira seria rápida. Os historiadores mais convencionais consideram que há apenas dois momentos de pontuação em toda a história humana: a transição da sociedade caçadora-coletora da Idade da Pedra para a sociedade agrícola, e a relativamente recente mudança para uma sociedade urbana e industrial.

A tese básica gira em torno do seguinte: os humanos surgiram como caçadores-coletores vivendo em clãs há cerca de 200 mil anos e desenvolveram características adequadas a essa vida. Então, somente há meros 7 mil anos, desenvolveram a agricultura, o que os levou a uma organização social totalmente diferente. Há pouco mais de 200 anos, a indústria e o comércio começaram a prevalecer sobre a agricultura. As condições de vida dos homens foram completamente transformadas. Antes do século XVIII, praticamente todo mundo vivia no campo e a má nutrição era uma ameaça constante. As principais fontes de força eram o cavalo, a carroça e os músculos humanos. Nós esquecemos como é recente e extremada a nossa mudança para uma sociedade urbana e geralmente próspera, que utiliza a força da máquina e o poder do cérebro humano.

Portanto, nossas condições de vida mudaram radicalmente desde a Idade da Pedra. Mas nós, não. Os psicólogos evolucionistas defendem que nós ainda estamos funcionando com os mesmos circuitos que eram funcionais para a vida em clãs e a alimentação resultante da caça e da coleta. Nossas engrenagens estão adequadas para a Idade da Pedra. Por quê? Porque 7 mil anos (e, certamente, menos ainda 200 anos) não são um tempo longo o bastante para a evolução humana produzir características genéticas que combinem com o novo cenário. Como comenta Edmond O. Wilson:

> *A cultura dos caçadores-coletores do [deserto de] Kalahari é muito distinta da dos parisienses [dos dias modernos], mas as diferenças são basicamente um resultado da divergência na história e no ambiente e não têm origem genética.*

De que maneira ainda somos prisioneiros da Idade da Pedra? Os psicólogos evolucionistas dizem que nossas emoções têm precedência sobre nossa razão. Nós, incorrigivelmente, exibimos comportamentos primitivos: ouvimos as primeiras impressões; batemos no peito; desenvolvemos clãs; não gostamos de estranhos; seguimos a manada; fazemos fofoca; construímos hierarquias informais; seguimos impensadamente líderes autoconfiantes; e (eu disse que era controverso) vivemos por estereótipos sexuais. Nós podemos até saber que esses comportamentos são primitivos e que frequentemente nos prejudicam e também às pessoas ao nosso redor. Podemos compreender, intelectualmente, que essas ações pertencem à Idade da Pedra, não ao mundo globalizado dos negócios no século XXI. Mas simplesmente não conseguimos evitar. Estamos programados para ser o que nossos genes fazem de nós: animais da Idade da Pedra.[2]

Muitos cientistas desprezam a psicologia evolucionista, embora já exista um conjunto impressionante de evidências por trás dela.[3] No entanto, as questões trazidas para a vida nos negócios são bastante consistentes e úteis.

---

[2] O problema real resultante da abordagem da psicologia evolucionista (embora os psicólogos adeptos dessa teoria sejam sempre tímidos para dizer isso tão diretamente) não é tanto a mulher da Idade da Pedra, mas o homem da Idade da Pedra. Existe um sexismo ultrapassado implícito na psicologia evolucionista porque uma de suas controvérsias é que os papéis sexuais também são programados e não conseguimos escapar totalmente deles. A natureza do macho provedor da Idade da Pedra é mais inapropriada às atuais condições do que o comportamento mais passivo e modesto das mulheres. Dessa forma, objetivamente, as mulheres podem estar mais adequadas ao universo dos negócios do que os homens. No entanto, como os homens dominam o universo corporativo e fazem as regras ali, as mulheres podem considerar difícil estar em conformidade e romper o telhado de vidro. Isso talvez explique porque há muitos exemplos de mulheres empreendedoras bem-sucedidas e ainda tão poucas na alta hierarquia no domínio das grandes empresas.

[3] Leia mais sobre o assunto nos livros: *How the Mind Works*, de Steven Pinker (Nova York: Norton, 1997); *The Origins of Virtue*, de Matt Ridley (Nova York/Londres: Viking/Penguin, 1996); *The Moral Animal*, de Robert Wright (Nova York: Little Brown, 1994). Veja também o ótimo artigo, que deu origem a várias questões colocadas por mim neste capítulo: "How Hardwired is Human Behavior?", de Nigel Nicholson, publicado na *Harvard Business Review*, de julho/agosto de 1998.

A NEUROLOGIA DO HOMEM DA IDADE DA PEDRA

Nós podemos resumir as aparentemente imutáveis características humanas, de acordo com a psicologia evolucionista, em quatro pontos:

- Dominância da emoção sobre a razão
- Comportamento primitivo previsível
- Prevenção de risco
- Combate ensandecido diante de uma grave ameaça

Dominância da emoção sobre a razão

O alerta dos instintos era literalmente vital nas savanas e, depois, durante a Era Glacial, na estepe dos mamutes. Os caçadores-coletores estavam expostos à predação dos ursos-de-cara-curta, dos tigres-dentes-de-sabre, dos leões e lobos; inimigos que poderiam atacá-los; e o clima, além disso, era capaz de afogá-los, congelá-los ou assá-los. Os bons instintos salvavam vidas. Aqueles que tinham instintos alertas transmitiam mais de seus genes e, assim, os instintos se tornaram afinados para a sobrevivência. As emoções eram — e continuam a ser — a primeira reação a tudo que é visto e sentido.

Portanto, os psicólogos evolucionistas alegam que, quando recebemos feedback, especialmente se houver algum elemento negativo, nossa disposição natural é não pensar sobre isso. Em vez disso, reagimos emocionalmente. Nós reagimos às pessoas da mesma maneira. Eu gosto dela? Não. Ela é valiosa para a companhia? Não, mesmo. Ela pode ser útil para mim?

Nós somos facilmente manipulados, mesmo quando percebemos isso, porque o calor da emoção é muito mais importante para nós do que a sábia razão.

Comportamento primitivo previsível

Cooperação, compartilhamento, especialização e cortesia

Um aspecto altamente funcional do caçador-coletor era a disposição de viver honestamente em grandes grupos e de cooperar com o resto do clã. O *homo sapiens* surgiu como um animal altamente social, um pouco como as hienas e os leões, só que ainda muito mais. As pessoas bem-sucedidas da Idade da Pedra viviam em grandes clãs, com mais de 150 indivíduos, de acordo com Robin Dunbar, psicólogo da Universidade de Liverpool.[4] O professor Dunbar também nos diz que quanto maior o tamanho da tropa de primatas, maior o cérebro. Os antropólogos descobriram que, entre as sociedades primitivas, os mais ricos e mais desenvolvidos têm um número maior de papéis.

O compartilhamento da comida é a base do intercâmbio cooperativo entre os caçadores-coletores. Os humanos que sobreviveram, prosperaram e transmitiram seus genes eram os mais hábeis para cooperar pacificamente e fazer trocas. A divisão do trabalho parece ter acontecido lá atrás na Idade da Pedra: um homem sabia fazer lanças, outro era bom em caçar animais, um terceiro era especialista em atirar lanças. Essa suposição é apoiada por evidências obtidas entre caçadores-coletores modernos: por exemplo, entre tribos do Paraguai, que ainda são caçadoras-coletoras, alguns homens são especialistas em encontrar tatus em suas tocas e outros sabem como cavar para arrancá-los de lá.

Praticamente todas as tribos de caçadores-coletores exibem especialização sexual: os homens caçam, as mulheres coletam. De acordo com Matt Ridley: "As mulheres são mais verbais, observadoras, meticulosas e dedicadas, habilidades que combinam com a coleta".[5] (Isso também sugere, porém, que os humanos ainda se beneficiam da substancial similaridade existente entre homens e mulheres, o que possibilita a cooperação e a substituição em tarefas, uma vantagem evolutiva negada a outras espécies como as aranhas, por exemplo, em que o macho e a fêmea são dessemelhantes, ou ainda os alces e as morsas, em que os gêneros levam vidas bastante separadas.)

Os animais caçados eram grandes e as caçadas bem-sucedidas eram raras. Por isso, fazia todo sentido compartilhar a presa com os integrantes do clã. Esse compartilhamento reduzia o risco de passar fome (porque os outros caçadores iriam retribuir) e tinha baixo custo, desde que houvesse disponibilidade de caça para todos.

Cooperação, especialização e troca exigem simpatia. Na Idade da Pedra, os mocinhos iam mais longe. As habilidades sociais, uma propensão para trocar informações ou para fazer favores recíprocos: todos esses atributos estão — em maior ou menor grau — programados em nós.

---
[4] Robin Dunbar, Grooming, *Gossip and the Evolution of Language*, Londres: Faber&Faber, 1996.
[5] Matt Ridley, *The Origins of Virtue*.

As organizações modernas e amigáveis, que compartilham sua grandeza com o grupo de empregados, talvez estejam em sintonia com a natureza humana. É bom que sejamos programados para cooperar, para sermos leais e comprometidos uns com os outros e tratarmos clientes e colaboradores com gentileza; embora uma grande companhia com muitos tipos diferentes de funcionários possa acabar remunerando os menos habilidosos mais do que o necessário. Pior do que isso, consideramos difícil dar más notícias, mensurar com precisão a contribuição de cada indivíduo ou remover alguns passageiros do grupo. Talvez, acima da eficiência e da meritocracia, estejamos "programados" para tratar igualmente e distribuir "partes iguais para todos".

De um modo geral, no entanto, a afabilidade da Idade da Pedra e a cooperação são altamente apropriadas aos negócios modernos. O mesmo já não pode ser dito de nossas outras características primitivas.

Estereotipar pelas primeiras impressões

Os psicólogos evolucionistas dizem que, como a Idade da Pedra era um mundo ameaçador e complexo, era necessário fazer classificações imediatas da maioria das informações básicas. Que frutinhas podiam ser comidas e quais eram venenosas? Quais regiões eram favoráveis à caçada? Em quais estranhos dava para confiar? E como decidir tudo isso? O único fundamento eram os estereótipos baseados nas primeiras impressões. Se as pessoas pareciam legais e agiam amigavelmente, era mais provável que fossem confiáveis. Caso contrário, provavelmente eram inimigos.

Antropólogos descobriram tribos iletradas que haviam conseguido classificar cada planta e animal de modo similar, o que apoia a ideia de que os genes bem-sucedidos da Idade da Pedra tinham uma habilidade superior para tomar decisões rápidas e precisas com base nas primeiras impressões. Sentar-se atrás de uma mesa para analisar dados não foi um aprimoramento da vida.

Hoje, não é assim tão vital decidir instantaneamente. Se Jill é uma boa pessoa para ser contratada não é algo que tem de ser decidido nos 15 segundos iniciais de sua primeira entrevista. Se uma reunião de uma hora está agendada para discutir o potencial de uma *joint venture*, não temos que tomar a decisão no primeiro minuto. Mesmo assim, as pesquisas mostram que ainda damos grande peso às primeiras impressões. Por sua vez, nossas reações imediatas afetam a confiança e a empatia devolvidas pela pessoa que encontramos, o que reforça nossa primeira impressão; o ciclo provavelmente só será quebrado se a outra pessoa disser algo de que discordamos fortemente. Como sabem todos os bons vendedores, um sorriso confiante, um aperto de mão firme (mas não, demais) e uma boa introdução podem ser mais importantes do que as características intrínsecas do produto à venda.

É altamente provável que você tome decisões equivocadas ou fracasse em avaliar criteriosamente as evidências de uma situação por causa da sua programação da Idade da Pedra. Nós também estamos desperdiçando tempo. Se seguíssemos nossas primeiras impressões, poderíamos reduzir a duração de todas as nossas reuniões para cinco minutos.

Coração aos saltos e otimismo irracional

Quando a vida é aleatória e assustadora, a pessoa que parece menos aterrorizada e mais confiante provavelmente será quem vai atrair mais seguidores, comida e sexo. Os genes da confiança têm mais chances de proliferar e serem reforçados. A confiança torna-se mais valorizada e disseminada do que o realismo.

Na Idade da Pedra, no entanto, o coração aos saltos não era apenas um fator benéfico de alerta: era o que levava ao sucesso.

O mundo dos negócios também responde à confiança. Muito embora uma combinação de autoconfiança, habilidade e sorte possa levar alguém muito longe, os eventos externos têm a força de eliminar essa cooperação. O primeiro-ministro britânico Harold Macmillan, na época em que ele aparentemente caminhava sobre as águas e foi apelidado de SuperMac (por causa de seu contemporâneo Superman), foi questionado a respeito de seu maior temor. Ele foi sábio o bastante para responder: "Os eventos, meu caro rapaz, os eventos". E isso se comprovou com seu ministro John Profumo, que teve um caso com uma prostituta e mentiu para Macmillan e (horror dos horrores) para a Câmara dos Comuns. Com que frequência esse padrão tem se repetido nos negócios, com os líderes mais confiantes e vitoriosos sendo repentinamente arrastados pelos eventos, principalmente quando o sucesso faz com que ele e as pessoas ao seu redor fiquem cegas para a realidade?

Ainda assim, misturar confiança com realismo parece ser ofensivo aos nossos genes. Em termos de resultado, a confiança cega não é mais o que costumava ser, tampouco o egoísmo e o alerta do coração aos saltos. Eles costumavam nos impressionar, agora são simplesmente irritantes. Nosso ambiente mudou; nós, nem tanto.

Um gosto todo especial pela hierarquia

Tudo que se conhece sobre as sociedades dos caçadores-coletores sugere que nelas floresciam as hierarquias informais. O desejo de seguir um líder confiante e encontrar segurança em uma cadeia de relacionamentos de status parecia ser uma característica pronunciada das sociedades primitivas. A fortuna era fluida e difícil de acumular, mas o alimento, o abrigo e o sexo gravitavam em torno dos líderes. Para quem não ocupava essa posição, as chances de conseguir segurança e uma vida adequada cresciam com o vínculo ou a deferência ao líder. Herbert Simon, economista e especialista em cibernética, afirma que a "mansidão" nos humanos primitivos era a rota da sobrevivência; por mansidão ele quer dizer receptividade à influência social e às necessidades dos líderes.

Se somos programados para a hierarquia, isso ajuda a explicar por que toda tentativa revolucionária de eliminá-las — seja a revolução francesa ou a russa ou nas modernas organizações matriciais — acaba por replicar novas estruturas hierárquicas. O século XX foi simultaneamente aquele do "homem comum" e o do líder psicopata, sendo que mais de 100 milhões de pessoas foram mortas pelo Top 3 dos maiores psicopatas (Stalin, Hitler e Mao). Mesmo na sociedade liberal democrática e nas organizações humanistas, se a hierarquia oficial for abolida, as estruturas informais surgem e se disseminam. O status é, ao mesmo tempo, procurado e admirado.

A frase no início do livro satírico de Robert Townsend[6,] de 1970, *Up The Organization*, nos faz lembrar disso:

E Deus criou a Organização
E deu seu domínio ao homem.

Gênesis 1, 30ª, subparágrafo VIII

Nossa satisfação duradoura com a hierarquia parece ser um anacronismo na era do "trabalhador do conhecimento". A psicologia evolucionista ajuda a explicar por que é tão terrivelmente difícil extirpar a hierarquia.

---

[6] Robert Chase Townsend (1920-1998), executivo norte-americano de sucesso, chegando, como CEO, a transformar a Avis numa das gigantes do aluguel de carros. Com senso crítico e bom-humor, publicou o livro *Up the Organization* (Londres: Michel Joseph) como uma sátira da vida corporativa. (N.T.)

Claro, a extensão com que a hierarquia estimula ou impede o sucesso é muito mais uma questão de opinião. Discuto isso no Capítulo 9 e assumo o ponto de vista de que, às vezes, a hierarquia é extremamente útil, por exemplo quando o chefe tem uma nova perspectiva da empresa, que ainda não é compartilhada por todos. A hierarquia sem essa visão, por outro lado, subtrai valor. A maioria das organizações bem-sucedidas tenta combinar a ditadura dos fins com a democracia dos meios. A psicologia evolucionista sugere que a última é mais difícil de alcançar do que a primeira.

Conformismo e efeito manada

Aliada à hierarquia, existe a tendência do clã de se adequar internamente e suspeitar daqueles que vêm de fora. Os indivíduos de alta posição hierárquica são imitados, bem como há uma tendência natural de fazer aquilo que a hierarquia quer. Uma percepção de identificação com o clã leva a comportamentos coesivos diante de ameaças externas. Os indivíduos que prosperam dentro de qualquer sociedade são os líderes ou os dóceis seguidores; e as sociedades que prosperam são aquelas com o mais alto grau de coesão interna. À custa da conformidade.

A conformidade continua em ascensão. Além das centenas de milhões de pessoas que seguiram os psicopatas do século XX, em parte por que alguém mais os estava seguindo, basta observar a força das sucessivas ideologias conformistas — socialismo, jingoísmo imperial, antissemitismo, McCarthysmo, as religiões fundamentalistas de todos os tipos — e ainda as tendências menos prejudiciais, mas igualmente absurdas, como a moda das gravatas estranhas, do jeans de boca larga, a adoração das estrelas do rock e dos times de futebol, do politicamente correto ou as altas e quedas excessivas do mercado de ações, para a gente se dar conta de que seguir a manada anda mais popular do que nunca.

Isso também é comum nas organizações. É preciso que haja uma pessoa corajosa, tola ou raramente obstinada para ir contra a sabedoria disseminada em uma área ou em uma empresa inteira. Lembra o best-seller de negócios de William Whyte, *The Organization Man*, publicado em 1956? E, na década de 1970, o terceiro parágrafo de Robert Townsend, que causou um sobressalto no leitor?

> *Em média, nas empresas, entre os office-boys, o presidente, o vice-presidente e as garotas do pool de secretárias, existem três pontos em comum: eles são dóceis, entediados e estúpidos. Presos na armadilha dos organogramas*

> *corporativos, eles se tornam escravos das regras da hierarquia pública e privada, que se perpetuam negligentemente, porque ninguém as muda.*[7]

Trinta anos depois e após bilhões terem sido investidos em gurus, consultores e programas de mudança, não houve muitas alterações. A revista de administração *The Antidote*, comentou em 1999:

> *A organização construída pelo modelo industrial estava sabotando seus próprios esforços para obter mais iniciativa (...) de seus empregados. Apesar de um sempre crescente arsenal de ferramentas, melhores práticas e manuais, a pesquisa descobriu que os gestores (...) estavam desiludidos com essas tentativas de aprimorar o modelo anterior (...) a maioria das crenças essenciais associadas ao modelo industrial e ao "homem organizacional" provaram ser altamente resistentes à mudança.*[8]

Richard Pascale argumenta persuasivamente que um ponto fraco-chave da maioria das grandes organizações é a falta de habilidade para tolerar e estimular os questionamentos e os conflitos. Em seu livro, *Administrando no Limite: Como as Empresas mais Brilhantes Usam os Conflitos para Permanecer no Topo*[9], Pascale calcula que metade das vezes em que surgem divergências, seu valor em potencial é desperdiçado porque o conflito é amenizado e evitado. Assim, as organizações acabam ignorando aspectos importantes da realidade.

Hostilidade dirigida a grupos estranhos

A força do clã e a conformidade interna têm seu contraponto na hostilidade aos grupos estranhos. Isso também ajuda a sobrevivência, como observou Charles Darwin:

> *Uma tribo cujos integrantes têm alto grau de espírito de patriotismo, fidelidade, obediência, coragem e simpatia e estão sempre prontos para ajudar uns aos outros e dispostos a se sacrificar pelo bem comum seria vitoriosa sobre as outras tribos e isso seria a seleção natural.*[10]

---

[7] Ibid., p. 9. Tradução livre.
[8] Revista *The Antidote*, edição 19, 1999, p. 10. O artigo aborda a perspectiva de Sumantra Ghoshal e Christopher A. Bartlett no livro *The Individualized Corporation*, Londres: William Heinemann, 1998. Trecho citado em tradução livre.
[9] Richard Pascale, *Administrando no Limite: Como as Empresas mais Brilhantes Usam os Conflitos para Permanecer no Topo*. Rio de Janeiro: Record, 1994.
[10] Charles Darwin, *The Descent Of Men and Selection in Relation to Sex* [A descida dos homens e a seleção em relação ao sexo]. Londres: John Murray, 1871. Trecho citado em tradução livre

O estudo de Matt Ridley sobre o homem primitivo o levou a uma conclusão parecida:

> *É uma regra da evolução que (...) quanto mais cooperativas são as sociedades, mais violentas são as batalhas entre elas. Nós [humanos] talvez estejamos entre as mais colaborativas criaturas do planeta, mas somos também a mais beligerante.*[11]

A experiência sugere que somente o comércio e o enfraquecimento das identidades nacionais podem levar à paz. Ao redor do mundo, as guerras continuam, apesar da verdade escancarada de que a conquista de territórios não é mais uma maneira crítica ou necessária para a obtenção de riqueza. Nosso desejo por identidade e por conflitos sangrentos com grupos rivais persiste, especialmente entre os jovens, e é sublimado em demonstrações como a rivalidade entre times de futebol e — em outro nível — na competição dos negócios.

No entanto, mesmo dentro das empresas, o que fazemos com a demonização de certos concorrentes e com as ridículas analogias militares tão populares? John Kay aponta que falamos sobre a "guerra das colas" e, mesmo assim, "nem em suas mais loucas fantasias, a Pepsi imagina que o conflito terminaria com um segundo incêndio de Atlanta (a sede da Coca-Cola)".[12] A competição nos negócios, felizmente, não é nem um pouco semelhante à guerra, em que, em geral, o maior concorrente vence destruindo seu opositor. Nos negócios, dois ou mais concorrentes podem prosperar e é muito mais eficaz evitar a competição direta do que tentar causar prejuízo direto ao adversário, uma estratégia raramente usada e que, de vez em quando, chega até a ser contraproducente. Existe uma terceira parte nos negócios, o cliente, que decide quem vencerá: na guerra, não existe uma terceira força tão poderosa. A ideia de que os negócios são como a guerra é tão estúpida que só podemos explicar o apelo dessa analogia, bem como o contínuo apelo da guerra, recorrendo ao nosso ancestral da Idade da Pedra, quando o comportamento do macho beligerante e destrutivo valia a pena.

É difícil extinguir os hábitos neolíticos. A coesão interna de uma função, divisão ou equipe é fácil de ser construída, mas com que frequência e proximidade a manufatura se relaciona com o marketing e

---

[11] Matt Ridley. *The Origins of Virtue*. p. 193. Trecho citado em tradução livre.
[12] John Kay na reportagem "Total War and Managers from Mars", publicada no *Financial Times* de 4 de agosto de 1999.

vice-versa? A persistência das rivalidades ancestrais deveria nos fazer imaginar se uma organização composta por diversos grupos coesos não seria sempre menos eficaz — mantidas iguais as demais condições — do que uma que tivesse apenas um único grupo homogêneo.

Prevenção de risco

Os psicólogos evolucionistas dizem que os caçadores-coletores tinham a tendência de assumir riscos somente quando o seu mundo estava se desintegrando. A tese deles é que nossas origens explicam por que atualmente somos avessos ao risco, mesmo quando poderíamos assumi-lo e, apesar disso, corremos risco quando as perdas são endêmicas.

É necessário um alto grau de segurança antes de assumirmos riscos. Isso pode ser observado no comportamento das crianças. Os experimentos de psicologia infantil mostram que os bebês ousam explorar o ambiente somente quando as mães estão por perto.

Para os caçadores-coletores, essas condições de segurança raramente eram alcançadas. Enquanto tivessem bastante comida e abrigo, eles não sairiam para caçar até que fosse absolutamente necessário. A chance de perder tudo era grande demais. Ser devorado por um leão ou atacado por uma presa não era um risco pequeno para ser assumido deliberadamente. Como os caçadores-coletores não estavam seguros, eles geralmente evitavam o risco.

Hoje em dia, frequentemente estamos muito mais seguros do que os caçadores-coletores e, apesar disso, detestamos assumir riscos, mesmo quando estão bem longe de se tornar uma ameaça. A decisão de deixar nossa boa casa corporativa ou assumir uma função diferente na mesma empresa ou procurar diferentes segmentos de clientes está, de fato, bem distante de ser muito arriscada. Outras maneiras de ganhar a vida são possíveis. Ainda assim, enxergamos os riscos maiores do que são na realidade. Muito possivelmente, essa relutância é um resíduo da Idade da Pedra.

A aversão ao risco está integrada à maioria dos negócios modernos. Nós falamos em "risco premium", quando os retornos têm que ser significativamente mais altos para justificar a dose extra de risco. Esse conceito é curioso, dado que a maioria dos grandes investidores pode arcar com os riscos e diversificar o portfólio ou fazer *hedge*[13] para manter o risco dentro de limites aceitáveis; dessa forma, dentro dessa margem,

---

[13] *Hedge* é um instrumento financeiro para cobertura de riscos. (N.T.)

eles deveriam cuidar apenas da taxa de retorno e não do retorno ajustado ao risco. E, se o risco pode ser mitigado por um portfólio diversificado de investimentos, por que a volatilidade acima da média deveria pagar um "risco premium"?

Há um paradoxo similar em relação às ações e aos títulos (instrumentos de juros fixos). No século XX, as ações renderam cerca de 6% acima da taxa de retorno anual dos títulos, pois elas eram supostamente mais arriscadas. No entanto, o "risco" real das ações não corresponderem ao retorno dos títulos, em qualquer período de dez anos, era insignificante. De fato, o risco de obter um rendimento menor sempre foi praticamente maior para os títulos do que para as ações. Somente uma aversão atávica ao risco aparente pode explicar esse paradoxo. É difícil para nós avaliar que a incerteza não é necessariamente "arriscada" no sentido real. A incerteza pode ser, na verdade, bastante confiável: poucos negócios têm retornos tão altos e consistentes quanto os cassinos. Por isso, fazer um grande número de apostas, como fazem os donos dos cassinos, não pode ser muito arriscado.

Na área de risco, existe um falso mercado. Como somos avessos a ele, os prêmios pagos são mais altos do que deveriam ser. Os indivíduos empreendedores assumem riscos, é verdade, mas geralmente somente quando estão convencidos de que os aspectos positivos excedem grandemente os negativos tanto em quantidade quanto em probabilidade. As organizações e seus administradores são notoriamente relutantes em assumir riscos, apesar de cada vez mais as evidências indicarem que no mundo dos negócios a fortuna vai para os corajosos.

Nos mercados de grande crescimento, especialmente aqueles envolvendo redes, é preciso fazer grandes apostas para se posicionar com boas chances de vitória. Os investimentos iniciais podem ser bastante altos, porque os custos fixos também são grandes. O risco também é alto porque cada segmento do negócio só comporta um vencedor de peso. Mas, da mesma forma, os custos incrementais são geralmente baixos (de vez em quando, praticamente zero; em algumas ocasiões, realmente negativos). A recompensa pelo sucesso pode ser astronômica e bastante desproporcional ao custo, mesmo diante do custo total de todos os competidores, vencedores e perdedores. Em geral, há uma vantagem para o primeiro a chegar, e o primeiro a estabelecer uma posição significativa de liderança (que não é, necessariamente, o primeiro a chegar) conseguirá mantê-la e seguir ainda mais longe. Para um *player* individual, porém, o risco de um baixo investimento pode realmente ser mais alto do que o risco de um grande investimento. A escolha crítica é geralmente entre fazer uma aposta alta ou não fazer nenhuma. O escritor Thomas A. Stewart, editor da revista *Fortune*, aconselha que as empresas não tentem evitar o risco. Ele diz que administrar produtos de conhecimento (textos, músicas, filmes, software) é como ter em mãos um livro de apostas inovadoras. As empresas deveriam manter um portfólio de ideias nas quais o risco é simultaneamente maximizado e diversificado. Não coloque todos os ovos em uma única cesta, mas aposte realmente pesado.[14]

Lute como um louco diante de uma ameaça grave

O homem primitivo assumia riscos e lutava enlouquecidamente quando sua vida estava ameaçada. O pânico geralmente funcionava. Os mais furiosos lutadores tinham uma taxa mais alta de sobrevivência, então essa agitação sob ameaça é parte de nossa característica genética.

Atualmente, esse comportamento enlouquecido pode não ser tão funcional. Quando é anunciado inespecificamente que haverá demissões e, portanto, ninguém sabe quem manterá o emprego, a produtividade aumenta significativamente. Quando uma fábrica fecha, alguns empregados podem se tornar histéricos ou agressivos. Quando uma pessoa habitualmente normal é colocada sob pressão ao dirigir, "a raiva ao volante" ou um pânico súbito pode assumir o controle. O aumento da produtividade, a gritaria com o gerente e o ataque a outros motoristas são todos exemplos de luta louca diante de uma ameaça; mas com certeza os dois últimos comportamentos e, possivelmente, o primeiro, não são de nenhuma utilidade para o furioso. O mundo moderno não é a savana.

No mercado de ações, os investidores individuais costumam apresentar um comportamento semelhante. Quando suas ações sobem, querem segurar o lucro. Quando as ações caem muito, os novatos quase sempre mantêm a posição, num esforço para evitar perdas mais graves; pode ser até que lutem para conseguir mais dinheiro para comprar mais das mesmas ações por um preço mais baixo. No entanto, os investidores profissionais são treinados para adotar a abordagem oposta. Normalmente, eles pagam para realizar os ganhos e cortar as perdas, sem brigar com o

---

[14] Relato da conferência da Strategic Planning Society, *Don't Try to Minimize Risk*, realizada em Londres, 1999. Veja também o livro de Thomas A. Stewart, *Intellectual Capital: the New Wealth of Organizations*, Londres: Nicholas Brealey, 1998.

mercado. As corretoras e os gestores de fundos têm regras estritas para reforçar esse comportamento; é preciso, pois a natureza humana tende a seguir na direção oposta. Quando estamos perdendo fortemente, é mais provável que joguemos loucamente. Foi por isso que o Barings Bank foi posto de joelhos pelo comerciante inescrupuloso Nick Leeson.

Mais exemplos de nossas atitudes irracionais com aquilo que temos, aquilo que arriscamos e aquilo que merecemos são disponibilizados pela psicologia convencional, pela biologia e pela teoria dos jogos. Eu selecionei esses três exemplos que são importantes para os negócios e ilustram — e, de certo modo, corroboram — algumas descobertas da psicologia evolucionista.

PROPRIETÁRIOS E INVASORES

Uma perspectiva fascinante vinda ao mesmo tempo da biologia e da teoria dos jogos se refere às disputas entre proprietários ou ocupantes de um território e desafiadores ou invasores. Ser o proprietário confere uma vantagem psicológica que independe da força relativa.

Se duas borboletas semelhantes disputam um foco de luz, elas voam em torno dele por um momento e, então, normalmente, a invasora parte. Mas se as duas borboletas já habitam perto do foco de luz, a disputa vai durar mais tempo e as duas têm chances iguais de vencer. Experiências com babuínos mostram o mesmo padrão: é mais provável que o proprietário vença, mesmo se ele for o animal ligeiramente mais fraco. A razão disso é uma forte inclinação para manter aquilo que já se possui e uma pequena tendência a seguir novos caminhos.[15]

O EFEITO DOAÇÃO

Experiências similares realizadas com humanos mostraram o que os psicólogos chamam de efeito doação. Digamos que alguém ganhou dois ingressos para um evento esportivo caríssimo. Alguns dias depois, a pessoa recebe uma oferta de $200 pelos dois ingressos. Nas experiências, a maioria recusa a troca. Faça o experimento ao contrário: dê à pessoa $200 e depois ofereça os mesmos dois ingressos em troca do dinheiro. O que você acha que acontece? De modo aparentemente perverso, a

---

[15] Esse exemplo e o efeito doação foram tirados de um livro fascinante de Karl Sigmund chamado *Games of Life*. Oxford: Oxford University Press, 1993.

maioria ainda recusa a troca. Mas a ideia da propriedade explica o aparente paradoxo. O que as pessoas receberam antes e, consequentemente, acreditam que lhes pertence, é o que elas querem manter.

A **Teoria dos jogos** (veja Capítulo 5) validou a vantagem da propriedade. Nos jogos entre proprietários e invasores, existe uma estratégia dominante que no longo prazo vencerá a maioria das disputas. Se você for o proprietário, deve avançar para deter o intruso. Se for o invasor, não deve avançar. De fato, se o proprietário avançar, você deve retroceder. O proprietário deve assumir uma posição, porque assim é mais provável que o invasor recue. Quando os jogadores trocam de lugar, ocorre o mesmo fenômeno: o proprietário (antes o invasor em retrocesso) tende a avançar e vencer; e o novo invasor (antes o destemido proprietário) retrocede. O eminente biólogo John Maynard Smith chamou esse padrão de "competição burguesa", já que o respeito ao direito de propriedade garante que o conflito não vá adiante. A competição burguesa é a cooperação implícita, com consentimento dado ao inquilino.

E esse é um conhecimento claramente útil para os negócios. Existe um viés genético nato, aparentemente programado, de respeito pelo ocupante que deixa os desafiadores em desvantagem. Esse viés provavelmente está relacionado à aversão ao risco, comentada antes: quando o caçador-coletor tem o bastante, ele não lutará por mais, porque é muito arriscado; mas ele brigará furiosamente para defender aquilo que já possui, porque é vital para sua segurança. Hoje em dia, não há base objetiva para esse comportamento, mas ele ainda reflete as condições da Idade da Pedra. Considere este corolário:

> A chamada vantagem do "primeiro a chegar" — a bem documentada tendência de que a primeira empresa a entrar em um mercado desfruta de uma vantagem geralmente maior do que merece apenas pelo mérito objetivo, independentemente de ser a líder — pode se originar tanto na psicologia entre o desafiador e o ocupante quanto no efeito causado nos clientes. A explicação convencional para a vantagem do "primeiro a chegar" é que os clientes associam o novo nicho à primeira empresa que o ocupou. Obviamente, não há muito que o desafiador possa fazer a esse respeito. Se, porém, boa parte da vantagem residir puramente no jogo mental entre o desafiador e o ocupante, talvez ela não seja tão segura quanto parece. Caso o desafiador tenha a mais

absoluta determinação de tomar o território, deixando claro para o ocupante que não haverá respeito aos direitos "burgueses", então as chances podem virar significativamente a seu favor.
- No comportamento atual, entretanto, se o ocupante e o desafiador estiverem equiparados, o ocupante desfruta de uma clara vantagem, nem que seja somente em termos de motivação. Se o ocupante é atacado, mesmo que seja por um produto ou serviço melhor, ele deve avançar no conflito, sabendo que tem muitas chances de fazer com que o desafiador retroceda.
- A propriedade percebida é o que conta. Não é relevante qual borboleta é a verdadeira dona do foco de luz. A borboleta que considera que aquilo lhe pertence tende a vencer a borboleta que olha para si mesma como uma invasora. Se você quer que sua empresa vença em um mercado em particular, é preciso infundir nos seus funcionários o sentimento de que pertencem àquele território, que aquilo é legitimamente deles. Somando os fatos, desde que consiga ser convincente, essa estratégia pode ser muito útil; a propaganda pode decidir a disputa. As pessoas não vão abrir espaço facilmente em um território que consideram sua propriedade. Por outro lado, não farão o melhor que podem se acharem que estão invadindo um território alheio.

JOGO DA BARGANHA COM ULTIMATO

Robert Frank, um economista interessado em explicar por que as pessoas agem usando explicações emocionais bem como as racionais, chama a atenção para a questão da justiça e do papel que ela desempenha nas negociações. Para demonstrar isso, os psicólogos usam um experimento chamado de **Jogo da barganha com ultimato**.

É um jogo para duas pessoas, vamos supor, Alex e Justin. Alex recebe $500 e lhe dizem para repartir o dinheiro com Justin. Caso Justin aceite a quantia que lhe for oferecida, os dois guardam o dinheiro. Mas, se Justin recusar o acordo, nenhum dos dois ganha nada. Quanto Alex ofereceria para Justin?

Se Alex e Justin forem clinicamente "racionais" e não deixarem a emoção se intrometer na questão, Alex deve oferecer a Justin uma pequena quantia, talvez $5, e guardará os outros $495. Afinal, Alex tem o dinheiro e Justin tem a escolha: $5 ou nada. O dr. Spock certamente aconselharia Justin a aceitar.

O fato é que, nos experimentos em que isso ocorreu, a tendência de Justin foi recusar os $5 e os dois jogadores foram embora de mãos vazias. Aparentemente, nosso arraigado senso de justiça fica ofendido com a desigualdade da divisão, ou seja, Justin avalia a *proporção* do que está recebendo em vez da quantia absoluta.

E não apenas isso. Na prática, Alex não adota a solução racional, que seria ofertar uma pequena parcela a Justin. De longe, o resultado mais comum em experimentos desse tipo é que a pessoa com o dinheiro ofereça $250, metade do total.

Será que esse comportamento reflete a distribuição da carne na savana, onde supostamente os caçadores dividiam o alimento com aqueles que não haviam participado da caça? Será que a generosidade *e* a inveja socialista são programadas pela seleção natural e a evolução não teve tempo de entrar em sintonia com as condições modernas?

Será que no trabalho nós esperamos ter de compartilhar o bônus até mesmo com colegas que quase não contribuíram com os projetos? E esses últimos ficam indignados, caso não recebam a parcela "justa" do total do bônus, mesmo quando pouco contribuíram naquele ano? Eu já observei esse comportamento muitas vezes, quando oriento a decisão dos gestores sobre a divisão do bônus. Justin talvez não tenha gerado muito lucro este ano, mas não queremos desmotivá-lo com um bônus irrisório. Esse pensamento é muito arraigado e frustra o exato propósito das recompensas meritocráticas.

Eu acredito que as grandes organizações são inevitavelmente socialistas na medida em que consideram impossível recompensar de acordo com o justo merecimento. Em vez disso, os grandes negócios se baseiam em oferecer uma parcela indevida dos ganhos para quem está só de passagem ou então não é vital. Nas grandes corporações multinacionais, os trabalhadores fora das posições estratégicas, incluindo aqueles que realizam atividades de limpeza, rotinas de manutenção ou exercem funções burocráticas gerais são, de praxe, remunerados substancialmente acima do que receberiam fora dali, porque de outra forma a distância entre eles e seus colegas mais habilitados pareceria muito grande. O dilema enfrentado por quem define o pagamento é o seguinte: nós recompensamos de acordo com nossa necessidade econômica e seguindo a lei da oferta e da procura, ou fazemos aquilo que as pessoas (erroneamente) acham justo? As grandes organizações geralmente seguem a segunda alternativa. Na verdade, uma das razões para a popularidade da "terceirização" é que ela oferece uma saída limpa desse dilema. Se faxineiros, escriturários e trabalhadores da manutenção ficam de fora da organização, nós só temos que lhes pagar sua cotação de mercado, não importa quão alta seja a remuneração dos funcionários qualificados que atuam na empresa.

VOCÊ É REALMENTE PROGRAMADO?

Existem dois desafios científicos contemporâneos bastante interessantes em relação à teoria da "programação". Um deles é a evidência crescente de que o comportamento pode superar o instinto; que a dominância dos nossos genes está enfraquecendo. O outro desafio vem da emergente ciência da neuroplasticidade, que sugere que, longe de ser programado, o cérebro pode ser *re*programado pela mente.

A teoria da evolução cultural em animais

Nós abordamos o primeiro desses desafios no Capítulo 2. Biólogos como Richard Dawkins e E. O. Wilson sugeriram que, na sociedade humana, o comportamento aprendido ("cultura") pode operar independentemente dos genes. Agora outros biólogos estão indo muito mais longe e argumentam que muitos outros animais, inclusive alguns organismos bem pouco sofisticados, podem exibir "evolução cultural", que geralmente vai diretamente contra as preferências genéticas. A evidência experimental deles é fascinante.

O biólogo marinho canadense Hal Whitehead sugere que os filhotes de baleia aprendem canções com suas mães.[16] Como vimos no Capítulo 2, o biólogo Lee Alan Dugatkin mostrou que há um tipo de peixe fêmea, no Oeste da Índia, que muda de ideia sobre com que macho acasalar, quando vê outra fêmea escolher um macho diferente. Ela chega até a mudar seu macho preferido para copiar outra fêmea. Dugatkin afirma que o comportamento aprendido invadiu a província dos genes dos insetos marinhos e de muitos tipos de pássaros.[17] Sua conclusão foi a seguinte:

> *As normas culturais podem assumir vida própria e "escapar" em muitas direções inesperadas — direções que jamais estiveram na paisagem de nossos primitivos ancestrais cruzando a savana da África.*

---

[16] Philip Cohen em seu artigo "Song Lines: Singing Lessons Could Affect the Evolution of Whales", publicado na revista *New Scientist*, de 5 de dezembro de 1998.

[17] Lee Alan Dugatkin e Jean-Guy J. Godin no artigo "Reversal of Female Mate Choice by Copying in the Guppy", publicado em *Proceedings of the Royal Society of London* em 1992. Veja também o novo livro de Dugatkin: *Guppy Love: Genes, Culture and the Science of Mate Choice*.

Neuroplasticidade

Outro tema de grande interesse é a **neuroplasticidade**, que afirma que o cérebro pode se reprogramar por si mesmo.

As crianças têm uma habilidade inata para aprender línguas. Mas a língua que aprendem, afirma o dr. Jeffrey Schwartz[18], determina como o cérebro armazena o som. Agora os neurocientistas entendem por quê: cada som particular feito em determinada língua varia (os sons da língua japonesa são muito diferentes dos da inglesa) e cada língua força uma diferente reprogramação da parte do cérebro que processa a linguagem.

Os escaneamentos do cérebro também mostram que as desordens obsessivo-compulsivas podem ser minimizadas ou curadas pela ação deliberada dos pacientes ao pensar em outro assunto. Os circuitos do cérebro podem ser realmente reprogramados pelo esforço consciente. Dessa forma, o cérebro é plástico. Jeffrey Schwartz também afirma:

> Existe uma mente independente do cérebro (...) se a mente pode reprogramar o cérebro, então, em um sentido importante a mente é a mestre do cérebro.

A neuroplasticidade é ainda mais controversa do que a psicologia evolucionista; não se pode dizer que o conceito de reprogramação tenha substituído o da programação. No entanto, como as teorias da evolução cultural e da neuroplasticidade afetam o que podemos extrair da psicologia evolucionista? Além disso, elas têm suas próprias lições a dar aos negócios?

Transcendendo as disposições genéticas

Não vejo, necessariamente, nenhuma contradição entre as implicações da psicologia evolucionista de um lado, e aquelas da evolução cultural ou da neuroplasticidade de outro. De fato, do ponto de vista empresarial, considero as três disciplinas complementares. As explicações da psicologia evolucionista para o comportamento humano ressoam na experiência em negócios, especialmente quando se trata dos homens dentro das corporações. Pode ser uma total coincidência; mas é mais provável, eu acho,

---

[18] Veja o livro de Jeffrey Schwartz e Sharon Begley, *The Mindful Brain: a New Paradigm for Understanding How the Mind Rewires the Brain* [O cérebro consciente: um novo paradigma para a compreensão de como a mente religa o cérebro] (no prelo). Veja também o artigo de Josie Glausiusz, "The Chemistry of Obsession", publicado na revista *Discover* de junho de 1996.

que seja porque a psicologia evolucionista está, pelo menos, parcialmente correta. É possível que exista uma predisposição genética para alguns comportamentos que fazem mais sentido nas savanas do que nos dias atuais.

Ainda assim, essa visão não é incompatível com a evolução cultural. Os humanos podem *aprender* e *transmitir aprendizado*; isso significa que os genes são importantes para determinar nosso comportamento, mas não que são os únicos fatores importantes. Se ainda não aprendemos a controlar e corrigir todas as nossas inclinações genéticas disfuncionais, isso não quer dizer que não conseguiremos isso no futuro, basta ver como já aprendemos a dar boas-vindas aos estranhos na primeira vez em que os vemos. Se formos capazes de entender contra o que estamos lutando, em termos de viés genético, é muito mais provável que sejamos bem-sucedidos na tentativa de corrigi-lo.

Finalmente, o conflito entre programar e reprogramar talvez seja mais aparente do que real. Por que não podemos ser programados e, ao mesmo tempo, sermos capazes de reprogramar pelo menos uma parte dessa programação? É certo que o cérebro não é totalmente plástico — mas por que deveria ser totalmente programado? E, mesmo que nós sejamos totalmente programados, talvez seja funcional acreditar no oposto. Nós podemos mudar nosso comportamento mesmo que não possamos alterar nossos genes e nosso cérebro. Estou seguro de que poderia ser empiricamente comprovado que os executivos fatalistas são menos bem-sucedidos do que aqueles que acreditam no livre-arbítrio.

Prevejo que os executivos ainda ouvirão falar muito mais sobre evolução cultural e neuroplasticidade. Parte do argumento deste livro gira em torno do fato de que estamos nos movendo para além dos modelos mecânicos de causa-efeito — que são e continuarão sendo valiosos — para abraçar outros mais fluidos e biológicos. Mas, além dos modelos biológicos, provavelmente estão os modelos neurológicos, que têm forma ainda mais livre e são suscetíveis à manipulação criativa.

COMO ADMINISTRAR E TRANSFORMAR O HOMEM DA IDADE DA PEDRA

Sendo assim, minha conclusão é que *podemos* administrar e transformar o homem da Idade da Pedra, e que tal esforço vale a pena. Ao aceitar a abordagem da psicologia evolucionista e também a possibilidade de mudança, o que deveríamos fazer diferente? Algumas sugestões:

- Deveríamos nos reconhecer e também a nossos colegas como aquilo que somos: impostores do século XXI guiados por genes neolíticos. De vez em quando, esses genes são favoráveis aos negócios — como quando facilitam a cooperação —, mas geralmente são um estorvo: dificultam o progresso comercial e os benefícios para nossa empresa e para nossa carreira.
- Deveríamos começar por nós mesmos. Encontramos os Flintstones e eles são, na verdade, nós mesmos. Temos de fazer contínuas e vigorosas tentativas para corrigir nossas tendências disfuncionais, tais como: a indevida prevenção de riscos, a rejeição às críticas e a inclinação a tirar conclusões sobre as pessoas com base nas primeiras impressões.
- Se quisermos influenciar outras pessoas, não podemos apelar somente para a razão delas. Temos que ser hábeis para acessar suas emoções mais básicas. Quando queremos lidar com as pessoas, devemos manipular suas propensões mais essenciais.

Existe um número de recursos estruturais para ajudar a simular o clã da Idade da Pedra, baseados na proposição geral de que, mantidas todas as demais condições, as organizações grandes, complexas e diversificadas nunca funcionarão tão bem economicamente quanto as menores, mais simples e mais homogêneas.

- Primeiro. Deveríamos aceitar que a capacidade natural de um grupo coeso é pouco mais de 150 pessoas — o tamanho do maior clã de caçadores-coletores. Quando uma unidade tem menos de 150 pessoas, todo mundo consegue se conhecer pelo primeiro nome. Percy Barnevik, da empresa de engenharia suíço-sueca Asea Brown Boveri (ABB) teve muito sucesso ao dividir aquele império massivo em unidades com 50 funcionários. A Microsoft foi ainda mais longe, proliferando pequenas unidades de cinco a dez funcionários. Temos a tendência de esquecer que, apesar de todas as vantagens do alcance global das grandes organizações, 60% de todos os empregados do mundo trabalham em negócios de médio porte, frequentemente de propriedade ou administrados por uma família.
- Segundo. As empresas acima do tamanho ideal do clã se dividem em "clãs" separados por função, região ou produto, e com frequência iniciam disputas entre si. A experiência quase universal

dos administradores é que é mais difícil se entender entre os clãs fraternos da mesma organização do que com estranhos livremente escolhidos por cada clã.

- Terceiro. O tamanho, a complexidade e a heterogeneidade da organização levam à ineficiência *por causa das expectativas e comportamentos das pessoas envolvidas*.

Em geral, uma grande empresa tem mais pessoas do que uma menor, de modo que fica difícil identificar ou mensurar a verdadeira contribuição econômica de cada integrante. Essa dificuldade técnica da organização é exacerbada por causa da tendência socialista de atender às "justas" expectativas dos funcionários, baseadas na reivindicação de uma fatia do bolo simplesmente por fazer parte do clã, não importa a contribuição que tenham dado.

Quanto mais complexa uma companhia — mais atividades ela realiza, mais clientes e fornecedores e mais produtos tem —, mais difícil fica mensurar e recompensar as reais contribuições individuais. Uma organização complexa com mil pessoas terá muito mais dificuldade nisso do que uma organização mais simples que tenha o mesmo número de funcionários.

Vamos considerar agora a heterogeneidade, que não é o mesmo que complexidade. A complexidade se refere ao que a organização faz, enquanto a heterogeneidade está relacionada à sua composição. Uma empresa heterogênea é aquela que agrega vários tipos diferentes de pessoas, com diferentes experiências, formações e graus de competências. Por exemplo, uma empresa que reúna dez disciplinas diferentes, como engenharia, computação, marketing e assim por diante, mas composta exclusivamente por graduados na faculdade, pode ser mais homogênea do que outra que tenha apenas três disciplinas, mas conte com três diferentes níveis de educação, experiências, nacionalidades e estilos. A psicologia evolucionista sugere que as pessoas não gostam ou não confiam facilmente naquelas que vêm de campos diferentes.

Essas três forças divisivas e demandas não econômicas sobre os recursos — tamanho, complexidade e heterogeneidade — são complementares. Se uma empresa é muito grande *e* muito complexa *e* muito heterogênea, terá de lidar com uma quantidade enorme de conflitos internos, que só poderão ser suprimidos ou mitigados com alto custo. E não será capaz de recompensar adequadamente seus reais benfeitores dentre todos aqueles empregados, clientes, fornecedores e demais colaboradores. As empresas mais simples, mais focadas e mais homogêneas estão em uma posição muito melhor para conseguir dar crédito a quem é devido.

A propósito, é interessante notar que as empresas americanas menores não apresentam desvantagem econômica, talvez porque os efeitos de escala sejam menos importantes do que a simplicidade e a identidade em comum. Fora os Estados Unidos, entre as dez nações mais ricas (*per capita*), a maior é a Bélgica, que tem somente dez milhões de habitantes. Entre os dez países com mais de 100 milhões de habitantes, apenas os Estados Unidos e o Japão são prósperos.[19]

Lembre-se da lição do Capítulo 1, de que a diversidade funciona, e a do Capítulo 2, de que as organizações mais bem-sucedidas têm uma piscina genética variada. Como é que podemos combinar essas visões com as da psicologia evolucionista? Considero que devemos chegar à conclusão, pensando em termos de empresas ou sociedades, de que a heterogeneidade é bastante valiosa, mas que precisa ser *administrada*. Nossos genes não são cooperativos ou funcionais nesse aspecto, portanto temos de interpor mecanismos de gestão, cultura e vigilância para nos manter conscientes do valor da variedade. Acho que há ainda um segundo ponto: a heterogeneidade vai contra nossos genes, embora seja valiosa. Mas o tamanho e a complexidade de muitas organizações também divergem de nossa genética e não trazem benefícios compensatórios. A melhor solução é ter uma companhia pequena, simples e heterogênea.

Portanto, sim, podemos administrar o homem da Idade da Pedra. Nós o administramos manipulando e corrigindo nossos instintos primitivos. Nós o transformamos, mudando o contexto de negócio para capitalizar a parte boa da nossa herança genética e minimizar os estragos causados pelas prejudiciais. Somente reconhecendo contra o que estamos lutando, conseguiremos elevar o nível do jogo empresarial.

RESUMO

A psicologia evolucionista joga luz nas loucuras corporativas. Esqueça os organogramas e a ideia de que as companhias são entidades econômicas racionais. Contemple esse caldeirão borbulhante

---

[19] Veja a reportagem "Small but Perfectly Formed", publicada na revista *The Economist* de 03 de janeiro de 1998.

de egos superdimensionados predando as almas mais submissas no qual a aparência e a confiança podem tirar de cena a consistência e a contribuição, em que a conformidade interna e a hostilidade a outros clãs podem solapar as decisões racionais e onde o risco é rotineiramente evitado até que exploda em pânico. A psicologia evolucionista explica por que as mudanças nas grandes companhias são tão difíceis e por que não podemos confiar que vamos agir no nosso próprio melhor interesse.

A vida era muito mais dura nas savanas; mas era também muito mais simples e, pelo menos, nossos genes trabalhavam na direção certa. Até aqui nada a temer. A evolução cultural, porém, nos diz que nós nos desenvolvemos e podemos imitar fórmulas econômicas mais bem-sucedidas, começando por empresas menores e mais simples. A neuroplasticidade nos diz que podemos reprogramar nosso próprio cérebro e agir deliberadamente de acordo com nossa vontade. Nossos genes neolíticos não são nossos melhores amigos, mas não significa que precisam nos dominar. A revolta dos sofisticados está próxima, igualmente estimulada pela razão científica e por nossa amigável força de vontade.

AÇÕES NECESSÁRIAS

- *Administre e transforme o homem da Idade da Pedra*, começando por você mesmo. Ouça as críticas. Não há necessidade de se defender. Permita que as segundas e terceiras impressões superem as primeiras.
Assuma mais riscos. Se o lado positivo — avalie as probabilidades — exceder o negativo, tome uma atitude. Se ficar na dúvida, tome uma atitude.
A única exceção é não assumir riscos quando a situação vai mal. Não entre em pânico. Apenas corte as perdas e caia fora.
Não seja prisioneiro das suas emoções. Não tome decisões no calor do momento. Permita-se um tempo para calcular o que é melhor para você.
Não bata no peito. Não chame a atenção para a sua perspicácia ou para suas conquistas. Não diga aos outros que você está certo. Quando for bem-sucedido, fique atento. Não acredite que é infalível. Lembre-se de como a sorte é importante. Espere os revezes e os adicione à sua caminhada.

- *Capitalize sobre as predisposições genéticas dos outros.*
Aja de maneira confiante, mesmo quando não se sentir assim. Mas não acredite na própria propaganda.

Se você tem uma visão e quer liderar, mesmo entre pares e superiores, vá em frente e lidere. A maioria das pessoas gosta de ser liderada. A hierarquia informal é mais poderosa dos que as formais.

Seja cuidadoso ao se apresentar aos outros para que a primeira impressão corresponda àquilo que você quer transmitir. Se quiser que os outros achem que você é dinâmico, mova-se depressa. Caso queira parecer culto e reflexivo, use paletós de tweed e óculos. Exponha sua face com orgulho.

Seja amigável e caloroso, especialmente ao encontrar alguém pela primeira vez. Tente ler a mente da pessoa e seja empático.

Esteja disposto a fofocar. Troque informações. Construa confiança. Não fale mal dos outros para terceiros.

Tente evitar críticas diretas a alguém. Sempre elogie antes para tornar a pessoa receptiva. Faça críticas às ações, nunca à pessoa. Somente discorde abertamente das pessoas abaixo de você na hierarquia. Caso contrário, use a venerável frase: "Eu concordo, mas..." Construa alianças pessoais em toda a organização, especialmente nas áreas improváveis. Se você for um engenheiro, fique em volta do pessoal de marketing até ser aceito como um deles.

Perceba que a reputação é mais importante do que o desempenho. A reputação é três quartos de identificação/empatia e um quarto de competência.

- *Administre adequadamente as pessoas da Idade da Pedra — espere e corrija as irracionalidades.*
Esteja consciente de que a hierarquia pode induzir à conformidade e à cegueira à realidade. Use a hierarquia formal escassamente e encoraje a dissidência. Não promova pessoas com personalidade autoritária para posições em que a atenção ao mundo exterior seja importante.

Quando a hierarquia for subvertida por uma ordem não oficial, não resista.

Não tente eliminar todas as formas de hierarquia. Não espere que uma empresa sem vários níveis hierárquicos e com um status unificado vá levar a uma nova era de igualitarismo e democracia ou *"empowerment"* para produzir espírito de iniciativa. Permita que o ritmo natural de liderança e de seguidores se estabeleça. Permita

que as pessoas trabalhem juntas naturalmente, selecionando suas próprias alianças e equipes *ad hoc*. Seja pródigo e universal com as recompensas de status, que são como a bajulação: ninguém é tão inteligente ou sábio para conseguir escapar do charme delas. Atribua responsabilidades especiais, como ser o líder da equipe do projeto X. Identifique e comemore conquistas inusuais, como "serviço ao cliente com qualidade além da obrigação".
Encoraje a tendência natural na direção da coesão interna. Fale entre colegas e não com funcionários. Estimule cada colega a falar "nós" em vez de "eu" e "nós" em vez de "vocês".
Antecipe as hostilidades em relação aos grupos externos. Direcione o foco disso para os competidores em vez de focar em outros departamentos ou funções dentro da companhia. De vez em quando, a hostilidade acaba focada em outro grupo externo, os clientes, com óbvias consequências negativas. Reserve suas punições mais rigorosas para desencorajar esse comportamento. Encoraje os colegas a considerar os clientes como parte do clã estendido, como parte do clube, repetindo a célebre frase do engenheiro de qualidade W. Edwards Deming: "O cliente é a parte mais importante da linha de produção". Encoraje todos os funcionários a se encontrar ao máximo com os clientes, porque a familiaridade alimenta a afeição.
Combata os sentimentos contrários entre os diferentes grupos dentro da empresa, formando equipes matriciais de projetos para alcançar objetivos valiosos. Estruture as equipes com uma composição que seja a mais heterogênea possível.
Internamente, adote a rotação de funções, com o objetivo explícito de colocar diferentes tipos de pessoas dentro de cada clã (isto é, pessoas de marketing dentro da manufatura).
Ao contratar, assegure-se de que todo mundo tente ir contra as primeiras impressões e a mentalidade de clonagem. Não permita que ninguém dê sua impressão sobre um candidato a alguém que ainda não entrevistou aquela pessoa. Faça testes objetivos e avaliações externas.
Questione todo consenso interno. Provavelmente, aquilo está errado.
Espere, mas desencoraje o comportamento de macho alfa: bater no peito, o bloco do eu sozinho, autoengrandecimento, construção de feudos, fofocas maliciosas, competição pessoal. A melhor

maneira de combater esse comportamento é contratar o maior número possível de mulheres, contanto que elas não tenham sido bem-sucedidas na missão de se comportar como os homens.

Não espere que as pessoas assumam riscos ou sejam receptivas às mudanças e às atitudes criativas. Quando assumir risco for essencial, trate a situação como se fosse uma emergência. Transforme-a numa ameaça à vida (ou, pelo menos, em uma ameaça ao emprego). Esteja à frente e exagere toda má notícia: "O competidor X, se for deixado solto, tomará metade do nosso negócio em dois anos"; "Se o retorno sobre o capital não dobrar, teremos que diminuir a empresa"; "Essa nova tecnologia vai nos aniquilar"; "O cliente Y representa 60% dos nossos lucros, mas está muito insatisfeito e pronto para pular fora"; "Se não nos internacionalizarmos, vão assumir nosso controle". Escolha qualquer notícia acreditável, realmente preocupante e que seja, no mínimo, metade verdadeira! Deixe claro que falhar ao assumir riscos é mais aceitável do que não assumir riscos.

Se quiser criatividade, torne o ambiente informal e sem ameaças (as crianças são criativas, mas apenas quando se sentem totalmente protegidas).

Mude as estruturas para combater os genes primitivos.
Reduza o tamanho e a complexidade de sua empresa.

Se diferentes partes da empresa têm maneiras diferentes de trabalhar e competências essenciais diversas, divida-as em dois ou mais novos negócios.

Assegure-se de que cada divisão dentro da organização não tenha mais do que 150 pessoas.

Torne a estrutura organizacional o mais simples possível. Perceba que as organizações matriciais combatem o homem primitivo, mas o último é que vence. As pessoas gravitam na direção de um senso principal de identidade e lealdade. Sendo assim, use formas matriciais com moderação e perceba que sempre haverá uma afiliação principal e uma menos importante com uma linha pontilhada entre elas.

Quando assumir riscos for importante, estruture uma unidade separada para isso. Deixe claro que a integração a essa unidade é temporária e que cada pessoa retornará à equipe original, não importa que o projeto em questão dê certo ou errado.

- *Use o espectro da competição para unir suas tropas — mas evite a luta.*
Perceba que os negócios não são uma guerra; ou, se for, esse fato é simplesmente para consumo interno. No romance de George Orwell, *1984,* existem três superpoderes e dois deles estão sempre em luta com o terceiro. De tempos em tempos, os lados mudam. Não há evidência de conflito real, embora haja eternos relatos de vitórias e esforços domésticos redobrados para apoiar a guerra. Esse não é um modelo nocivo para os negócios.
Colabore o máximo possível com os concorrentes. Evite o conflito direto ou a imposição de prejuízos a eles.
Não coloque seu concorrente contra a parede. Isso pode ser precipitado e agressivo, o que pode trazer ganhos, ou não, ao competidor, mas com certeza será nocivo para a empresa.
Lembre-se de que a única maneira útil de "derrotar" seus competidores é contar com seu próprio e leal fã-clube de clientes lucrativos, que preferem o seu produto/serviço em vez daquele de qualquer outro concorrente.

CAPÍTULO 5

SOBRE A SOLUÇÃO DO DILEMA DO PRISIONEIRO

> *Se os homens tivessem atuado por interesse próprio, o que não ocorreu — exceto no caso de alguns poucos santos — toda a raça humana já operaria em conjunto. Não haveria mais guerras, nem exércitos e nem mais bombas.*
>
> — Bertrand Russell[1]

TEORIA DOS JOGOS

Chegamos agora ao nosso tema mais estimulante: a busca pela cooperação, especialmente a cooperação humana. Aqui, nós complementamos a biologia com a **Teoria dos jogos**, um ramo da matemática que se liga a muitas outras disciplinas científicas, incluindo a própria biologia. A principal lição é como cooperar com eficácia em busca de fins inteiramente egoístas. Chegaremos a algumas conclusões bastante interessantes, contraintuitivas, úteis e até mesmo agradáveis, porque a teoria dos jogos tem uma história própria com um início sinistro e um final feliz.

Poderemos, então, relacionar a teoria dos jogos a nossas observações iniciais sobre a evolução e os genes dos negócios, culminando em uma teoria da evolução combinada à ciência, aos negócios e à cooperação humana.

A teoria dos jogos começou quando John von Neumann, um gênio húngaro que também foi um dos arquitetos do computador, publicou sua *Teoria Matemática dos Jogos de Salão* em 1928. Trata-se de um ramo da matemática e da estatística que, desde então, tem sido aplicado à economia, biologia, epidemiologia, filosofia, física, política, às ciências sociais, à estratégia militar e também à estratégia de negócios.

A teoria dos jogos lida com as situações em que a atitude mais lucrativa a ser adotada depende da ação do oponente e vice-versa; ela tenta simplificar o mundo e produzir os melhores resultados, matematicamente derivados, de qualquer situação particular. Em

---

[1] Bertrand Russell (1872-1970), matemático, filósofo e lógico entre os mais eminentes e respeitados do século XX. (N.T.)

1944, von Neumann e o economista Oskar Morgenstern publicaram a *Teoria dos Jogos e o Comportamento Econômico*. Eles inventaram o conceito do jogo de soma não zero, em que vale a pena colaborar e formar coalizões.

O DILEMA DO PRISIONEIRO

O mais famoso entre os "jogos" da teoria, aquele que há séculos tem sido estudado em termos não matemáticos — a ideia básica surgiu com Hobbes, Rousseau e também na ópera *Tosca*, de Puccini — é o Dilema do Prisioneiro. Existem muitas, mas muitas mesmo, variações desse jogo, porém o enredo central é o mesmo.

Imagine dois criminosos presos e trancafiados em salas separadas. Um assalto com morte foi cometido, mas o policial tem evidências duvidosas. Se um dos criminosos confessar antes do outro, a autoridade judicial oferece um acordo: imunidade processual *versus* a execução do outro criminoso. Se ninguém acusar ninguém, os dois vão pegar cinco anos de prisão pelo roubo. A atitude racional para cada indivíduo seria "falhar" o mais depressa possível ("falhar" aqui sendo entendido como "não cooperar" ou "trair o comparsa"). A colaboração entre eles seria irracional, embora, se os dois cooperassem entre si, nenhum deles seria executado.

As regras do interesse próprio estão OK?

O mesmo jogo pode ser expresso matematicamente com recompensas no lugar das punições. Vamos supor que Brian e Lee vão jogar, e que você seja o Brian. Vocês dois receberam uma folha de papel e têm de escrever simultaneamente o número 1 ou o número 2. Se você escrever 1, e Lee fizer o mesmo, cada um ganha $5. Se você escrever 2, e Lee escrever 1, você ganha $20, e Lee fica sem nada. Se você escrever 1, e Lee escrever 2, ocorre o oposto: você não ganha nada e Lee recebe $20. Finalmente, se ambos escreverem 2, cada um ganha $1.

O que você faz? Provavelmente, escreve 2. Raciocinando da seguinte maneira: Se você e Lee escreverem 1, então os dois vão receber $5; mas se escrever 2 (e Lee escrever 1), você ganhará $20, então, nesse caso, escrever 2 é melhor. O que acontece se Lee escrever 2? Se você escreveu 1, você não ganha nada; mas se você escreveu 2, pelo menos vai receber $1. Portanto, se Lee escrever 1 ou 2, você se dá melhor escrevendo 2.

Mas o dilema é que Lee deve estar pensando do mesmo jeito, já que as recompensas são totalmente simétricas. Se ele seguir o próprio interesse, também vai escrever 2. Assim, você vai terminar com $1. De outro modo, se ambos cooperassem, cada um ganharia $5.

A conclusão do Dilema do Prisioneiro versão 1 é que, embora a cooperação mútua possa ser do interesse agregado de todos, o interesse próprio tende a predominar — para desvantagem da sociedade. O Dilema do Prisioneiro foi formalizado como um jogo pela corporação RAND em 1950, na Califórnia. Logo se percebeu que o mundo está repleto de dilemas semelhantes. As árvores das florestas tropicais gastam toda a energia crescendo na direção do céu em vez de se reproduzir. Se elas pudessem concordar em não crescer mais de três metros, cada uma poderia continuar desfrutando da luz do sol e ainda direcionar a energia restante para o sexo vegetal. Mas as árvores não fazem isso.

A conclusão do Dilema do Prisioneiro, desde o final da década de 1970, é profundamente depressiva. A economia dos últimos 200 anos foi erguida sobre o interesse próprio, apesar de hoje em dia ter sido demonstrado que tal egoísmo não é tão eficaz assim. O dilema chegou à conclusão de que se tratava de algo inevitável, o que parece ter sido confirmado por uma lição da evolução: o **Efeito da rainha de copas**, também chamado de a "corrida armamentista evolucionária".

O efeito da rainha de copas

No livro *Alice através do Espelho*, de Lewis Carroll, a rainha de copas precisa correr o mais depressa que puder apenas para permanecer no mesmo lugar. É uma situação semelhante a subir uma escada rolante que está descendo. E é assim também que a evolução funciona no mundo animal.

Os leões caçam antílopes. Linces caçam coelhos. Ao longo do tempo, os antílopes e os coelhos se tornam mais rápidos. Por quê? Porque os antílopes e os coelhos que são mais velozes que seus pares sobrevivem mais tempo e transmitem seus genes para a próxima geração. Isso é ótimo para os antílopes e para os coelhos, mas não melhora a situação deles diante dos predadores. Afinal, a mesma melhoria de velocidade também ocorre por seleção natural entre os leões e os linces. Assim, a 99ª geração de coelhos corre na mesma diferença de velocidade do que a 99ª geração de linces e, portanto, não correrá menos perigo do que seus ancestrais.

Richard Dawkins deu a isso o nome de **Corrida armamentista evolucionária**. Há constante ampliação e melhoria das armas em ambos os lados da divisão entre predadores e presas, mas não há mudança na posição relativa entre eles.

É injusto com os antílopes e os coelhos? Talvez. Esse é o preço do progresso pela seleção natural.

A corrida armamentista evolucionária também se aplica ao mundo dos negócios. Atualmente, os executivos trabalham mais arduamente e por mais horas do que na época em que eu saí da universidade. Não há nenhuma vantagem individual nisso.

Os executivos e as empresas têm de se manter em constante aprimoramento apenas para permanecer onde estão. Se uma organização for contra essa tendência — administrar-se para manter a fatia de mercado, apesar de não aprimorar o que oferece aos consumidores —, isso quer dizer que não está em uma posição competitiva. Quanto tempo ela vai durar?

Se você examinar os planos de negócios dos cinco maiores competidores de qualquer setor, é quase certo que todos eles estarão planejando ganhar participação de mercado. Cada empresa vai melhorar aquilo que estava fazendo, pois, assim, conseguirá mais negócios, não é? Trata-se de uma suposição razoável, embora seja praticamente impossível que todos conquistem uma fatia maior. Os planejamentos falham ao calcular o efeito da rainha de copas. Ninguém vai ficar parado. A escada rolante da sua fatia de mercado está programada para descer e a melhoria talvez só consiga manter você exatamente onde está.

Mas então não há uma saída real da corrida armamentista evolucionária? Para os animais que não são humanos, de fato não há. Mas, para os humanos e para os negócios, talvez possa ser diferente.

O Dilema do Prisioneiro revisitado

A corrida armamentista evolucionária ocorre exatamente pela mesma razão que o Dilema do Prisioneiro pode levar um indivíduo a agir contra o interesse coletivo: a inabilidade de cooperar. Se os linces fossem capazes de colaborar com os coelhos, eles poderiam combinar uma moratória no aumento da velocidade e devotar seus esforços evolucionários a algum objetivo mais benéfico. Mas, com certeza, os linces não podem colaborar com os coelhos para derrotar a atual versão da evolução.

E, no entanto, os animais realmente cooperam em alguns propósitos. Na década de 1970, o economista e geneticista John Maynard Smith voltou-se para a teoria dos jogos para tentar explicar por que os animais geralmente não lutam contra a morte. A inovação dele foi jogar o Dilema do Prisioneiro muitas vezes.

Ao reproduzir uma versão do Dilema do Prisioneiro entre falcões e pombos e aplicá-la muitas vezes seguidas, ele mostrou que os melhores resultados eram alcançados pelo "Retaliador", um pombo que virava um falcão ao lidar com falcões.

Inicialmente, Maynard Smith foi ignorado. Então, os teóricos dos jogos começaram a usar computadores para aplicar o Dilema do Prisioneiro repetidas vezes. No final da década de 1970, eram organizados torneios entre programas de computadores que jogavam o dilema 200 vezes. Para surpresa geral, os programas mais "gentis" — ou mais cooperativos — tinham a tendência de vencer a competição. A estratégia que se revelou vencedora foi a do "olho por olho", idealizada pelo cientista político canadense Anatol Rappoport. A estratégia do "olho por olho" era similar ao "retaliador": começava como cooperação e, em seguida, mimetizava o último movimento do outro jogador. O organizador dos torneios explicou o sucesso dessa estratégia:

> *O que conta para o robusto sucesso do "olho por olho" é a combinação entre ser bom, tolerante e claro. Sua bondade evita que arrume problemas desnecessários. A retaliação desencoraja o outro lado de persistir toda vez que a desistência é tentada. Sua tolerância restaura a cooperação mútua. E sua clareza a torna compreensível ao outro jogador e isso estimula a cooperação no longo prazo.*[2]

Com frequência, a vantagem no longo prazo exige a cooperação entre os jogadores para que haja um "revezamento" na obtenção das recompensas: eu deixo você receber o prêmio maior dessa vez, talvez sem ganhar nada para mim mesmo, se você me deixar ficar com ele da próxima vez. A cooperação é uma questão de "colocar mais água no feijão para que ele renda", pois, quando formos dividi-lo, nós nos comportaremos razoavelmente dentro do contexto de um relacionamento duradouro.

---

[2] Robert Axelrod (org.). *A Evolução da Cooperação*, São Paulo: Leopardo Editora, 2010.

A TEORIA DE RIDLEY SOBRE A VIRTUDE SOCIAL

Em 1996, foi lançado o livro mais importante da década: *As Origens da Virtude*, de Matt Ridley.[3] Ele é uma tese sobre a cooperação e a virtude, com fundamentos extraídos da biologia e da economia. E também tem profundas implicações nos negócios.

Ridley faz uma reviravolta única nas ideias do gene egoísta e da biologia evolucionista. Ele argumenta que a sociedade é produto de nossos genes e da nossa evolução. Os humanos são únicos porque nós nos organizamos em grandes grupos que estabelecem inter-relações complexas entre os indivíduos — e porque cooperamos de uma maneira qualitativamente diferente do que os outros animais. Essa é a mais elevada e bem-sucedida forma de evolução. Como ele afirma:

> *A virtuosidade essencial dos seres humanos é comprovada não porque haja paralelos no reino animal, mas pela ausência de paralelos convincentes.*

A vantagem da sociedade reside na divisão do trabalho e na socialização, o que os humanos modernos foram felizes ao conduzir ao extremo. Novamente, como Ridley fala:

> *Para prosperar em uma sociedade complexa, precisamos de um grande cérebro. Para adquirir um grande cérebro, temos que viver em uma sociedade complexa. O cérebro humano não é somente melhor do que o dos outros animais, é diferente (...) de uma maneira fascinante: ele (...) [pode] explorar a reciprocidade, trocar favores e colher os benefícios da vida social.*

Divisão do trabalho

Se você estudou um pouco de economia, provavelmente deve se lembrar do exemplo de Adam Smith de uma fábrica de alfinetes na qual dez pessoas especializadas tornaram-se capazes de produzir 48.000 unidades por dia. Smith era um filósofo político escocês e, em seu livro de 1776, *A Riqueza das Nações*, criou o conceito da divisão do trabalho:

> *A principal melhoria das forças produtivas, e a maior parte da capacidade, destreza e avaliação para a qual já foram dirigidas ou aplicadas, parecem ter sido os efeitos da divisão do trabalho.*[4]

---

[3] Matt Ridley, *The Origins of Virtue*. Trechos citados em tradução livre.
[4] *A Riqueza das Nações*, de Adam Smith. Trecho citado em tradução livre. (N.T.)

Smith postula três vantagens-chave da especialização:

- A prática leva ao aumento da produtividade.
- A especialização poupa o tempo das mudanças de uma tarefa para outra (o que, a propósito, foi a principal visão por trás da reengenharia dos processos nos negócios, uma grande fonte de melhoria da produtividade na década de 1990).
- A especialização faz valer a pena o investimento em maquinário customizado para elevar a produtividade, assim permitindo que "um homem faça o trabalho de muitos".

Smith demonstra — e aqui está o vínculo com os níveis crescentes de cooperação — que:

- A divisão do trabalho está limitada pelo tamanho do mercado e, sendo assim, pode crescer de acordo com a expansão do mercado; e
- A divisão do trabalho aumenta com o aprimoramento do transporte e da comunicação.

Verifica-se, portanto, que a divisão do trabalho, a crescente especialização e as "trocas" são temas observados por biólogos e antropólogos ao explicar como os organismos complexos evoluem e prosperam. O aumento da cooperação é ao mesmo tempo uma causa e um resultado desse sucesso.

A biologia revela que, quanto maiores as células em pequenos organismos, mais provável que elas dividam o trabalho e que algumas se especializem na reprodução. Os insetos sociais — como formigas, cupins e abelhas — são tão bem-sucedidos porque a sociedade deles contém papéis especializados que exigem cooperação.

As sociedades humanas organizadas em grupos maiores dispõem de uma variedade maior de empregos. Os tasmanianos, isolados e agora extintos, tinham apenas duas castas e viviam em grupos de 15 pessoas ou menos; mas os maoris, que vivem em grupos que chegam a ter mais de 2 mil pessoas, reconhecem 60 diferentes papéis profissionais.

A lei de Ricardo da vantagem comparativa

As ligações entre cooperação, divisão do trabalho e comércio foram explicitadas pela primeira vez em 1817, por David Ricardo, político britânico radical, economista e um rico investidor. Sua lei da vantagem comparativa aplicou a divisão do trabalho a grupos e países. A ideia impressiona porque é contraintuitiva — Paul Samuelson, famoso economista, afirma que a lei de Ricardo é a única proposição de toda a ciência social que, além de verdadeira, não é trivial!

Até Ricardo, parecia óbvio que os países só poderiam comercializar se um deles fosse melhor do que o outro na produção de algo. Ricardo disse que, de fato, há base para o comércio sempre que a proporção relativa de produtividade for diferente, quaisquer que sejam os níveis absolutos — o que implica que praticamente não há limite para a possibilidade de comércio construtivo. Se o país X for melhor do que o país Y na produção de dois produtos, ainda pode haver comércio entre eles, o que enriquecerá os dois países. Se o país X for duas vezes mais produtivo em aço e quatro vezes mais produtivo em artigos de couro, então o país X deve se especializar em artigos de couro, ao passo que o país Y deve se especializar em aço, onde tem vantagem comparativa, apesar de ser inferior em termos absolutos.

Os negócios e o comércio especializados — que são essencialmente atividades cooperativas intergrupais — residem no coração dos avanços da humanidade. Como Matt Ridley explica tão bem:

> Há 200 mil anos, as ferramentas da idade da pedra viajavam longas distâncias desde as pedreiras (...) Como todos os homens de neandertal viviam de maneira semelhante, a reposição desses instrumentos começou a apresentar grande variedade local na tecnologia de lapidação e no estilo artístico (...)
> [A] invenção [do comércio] representa um dos poucos momentos da evolução em que o Homo sapiens deparou-se com alguma vantagem competitiva ecológica sobre as outras espécies, que foi realmente exclusiva. Simplesmente não havia outro animal que explorasse a lei da vantagem comparativa entre grupos. Dentro dos grupos (...) a divisão do trabalho era magnificamente explorada pelas formigas, pelas toupeiras e por algumas espécies de pássaros. Mas não entre os grupos.
> David Ricardo explicou um truque inventado por nossos ancestrais há muitos, muitos anos. A lei da vantagem comparativa foi um dos coringas ecológicos colocados na mesa por nossa espécie.

A importância das trocas e da cooperação pode ser geograficamente ilustrada se compararmos os nativos da Tasmânia e os aborígenes da Austrália. Quando os europeus chegaram à Tasmânia, em 1642, eles acabaram com 10 mil anos de isolamento e encontraram a sociedade mais primitiva do mundo. Os nativos da Tasmânia não sabiam acender o fogo a partir do zero, não tinham ferramentas de ossos e nem com múltiplas pedras, tampouco usavam machados com cabo ou tinham bumerangues. Não sabiam pescar e nem faziam roupas para se aquecer.

Os aborígenes da Austrália faziam tudo isso; somente o isolamento da Tasmânia pode ter mantido aquela população tão pobre e atrasada.[5]

Grupos isolados sofrem, pois o ambiente externo influencia a maioria das inovações, por meio da troca de ideias e artefatos entre os grupos. A sociedade humana progride com o aumento do comércio, da especialização e cooperação intergrupal.

Além das macaquices

Ridley observa que dois jovens babuínos somarão forças para derrotar o parceiro de uma fêmea. A seguir, os dois a perseguem e aquele que conseguir pegá-la fará sexo com a fêmea. A cooperação é usada para atingir objetivos egoístas. Essa é a base de nossos instintos cooperativos.

Ridley adota o tema expresso por Richard Dawkins no seu conceito de memes:

> *Por causa da prática humana de transmitir tradições, costumes, conhecimento e crenças (...) há todo um tipo de evolução ocorrendo com os seres humanos — uma competição que não é entre indivíduos ou grupos geneticamente diferentes e, sim, entre indivíduos e grupos culturalmente diferentes. Uma pessoa pode prosperar (...) não porque tenha genes melhores, mas porque sabe (...) algo com valor prático.*

A seleção entre os grupos ocorre e os cooperativos crescem à custa dos não cooperativos. É assim que o primeiro se expande. A história da humanidade se refere às inter-relações sempre crescentes e cada vez mais complexas. A sociedade não é um constructo artificial ou uma tirania, mas a mais alta forma de evolução. O que direciona o progresso é a crescente especialização e o crescente comércio.

> *Acredito que a tecnologia também seja uma variável semidependente, como parte da grande trindade que dirige o progresso; esse refinamento encaixa muito bem no argumento de Ridley, já que a tecnologia é uma forma de cultura por si só. Seria impossível explicar a explosão de produtividade ocorrida desde 1750 exclusivamente com base no aumento da especialização e do comércio; para o capitalismo conquistar a sociedade foram necessários novos milagres da tecnologia.*[6]

---

[5] Veja o artigo de Jared Diamond, "How to Get Rich", publicado na *Edge* 56 em 07 de junho de 1999. Disponível em: <https://www.edge.org/conversation/jared_diamond-how-to-get-rich>. Acesso em: 14 jun. 2016.

[6] Richard Koch, *The Third Revolution*, Capstone/Oxford, 1998. Trecho citado em tradução livre. (N.T)

Confiança

No final, Ridley afirma, ecoando o filósofo político Francis Fukuyama, que o ingrediente humano crucial é a confiança recíproca:

> *Nossas mentes foram construídas por genes egoístas, porém foram construídas para serem sociais, confiáveis e cooperativas.*

Ele insinua que essa mensagem vai contra o cerne da doutrina econômica que, na verdade, talvez esteja alterando o curso do progresso humano:

> *Ao declarar que Smith, Malthus, Ricardo, Friedrich Hayek e Milton Friedman estão certos, e que o homem é motivado basicamente pelo próprio interesse, nós não estamos encorajando, com semelhante declaração, as pessoas a ser ainda mais egoístas?*

Uma mensagem mais funcional, de acordo com ele, é que "a mente humana contém numerosos instintos para construir a cooperação social e buscar uma reputação de bondade". E ele encerra com um apelo apaixonado ao que pode ser chamado de "libertarianismo social":

> *As raízes da ordem social estão em nossas cabeças (...) Temos que construir nossas instituições (...) [para] neutralizar esses instintos. Eminentemente, isso significa encorajar o intercâmbio entre iguais. Assim como o comércio entre os países é a melhor receita para a amizade entre eles, da mesma forma o intercâmbio entre indivíduos livres e empoderados é a melhor receita para a cooperação. Devemos incentivar a troca material e social entre os iguais porque essa é a matéria-prima da confiança, que é o alicerce da virtude.*

A COLABORAÇÃO NOS NEGÓCIOS COMO FORMA DE ACABAR COM A CORRIDA ARMAMENTISTA EVOLUCIONÁRIA

Ridley coloca o comércio, e portanto os negócios, no centro do processo pelo qual os humanos evoluem e se tornam colaboradores virtuosos. Trata-se de uma evolução por memes — isto é, pela transmissão cultural — e não pela seleção natural. A ciência é o processo pelo qual aprendemos sobre o ambiente e transmitimos esse conhecimento. Os negócios são o processo pelo qual a informação econômica é replicada e usada para melhorar as condições materiais da vida. Sendo assim, o processo construtivo da evolução humana requer a aceleração progressiva e a intensificação da transmissão científica e empresarial. Os indivíduos e a sociedade se tornam progressivamente mais complexos e diferenciados, ampliando a extensão da interdependência e da "troca" entre os indivíduos e os grupos de indivíduos.

No entanto, como vimos no Capítulo 2, o processo começa realmente em uma etapa anterior com a formação e replicação dos genes dos negócios — unidades de informação econômica. É o que direciona o processo do desenvolvimento econômico. Como os genes biológicos, os genes dos negócios derivam sua força e habilidade de replicação da combinação com muitos outros companheiros e encontrando veículos para incorporá-los e protegê-los — o que inclui veículos animados como indivíduos, equipes e corporações. A cooperação é o coração desse processo.

Cooperação e competição: cerejas gêmeas no mesmo galho

Na realidade, a cooperação e a competição são complementos essenciais para os genes de negócios, os indivíduos as corporações e similares. Sem a cooperação entre os genes dos negócios e entre indivíduos, e entre os indivíduos e os genes dos negócios, não poderia haver corporações; e sem indivíduos e sem as corporações não haveria competição. A cooperação entre indivíduos e entre grupos é o modo *como* nós competimos com outros indivíduos e outros grupos. Ao longo do tempo, a cooperação tem se tornado relativamente mais importante. Um comerciante sozinho — um único empresário, como um consultor independente ou uma prostituta — ainda precisa cooperar, seja com intermediários ou com donos de bar, por exemplo. Quando a unidade de negócios típica é maior do que um — quando a corporação, em vez de o indivíduo, é a unidade modal de produção, um evento que é comparativamente recente na história humana — a cooperação se torna não somente uma exigência incidental, mas passa a ser essencial para o sucesso.

A cooperação não é apenas um processo interno. Cada vez mais, ela ocorre externamente, além das fronteiras da organização e além dos limites geográficos também.

Corporações e cooperação

A corporação moderna é única em sua forma econômica de abranger a cooperação interna (assim com a externa). A essência corporativa é a livre concordância das pessoas em cooperar para conquistar objetivos econômicos mútuos. Uma corporação não é um grupo de recrutas convocados ou um exército, tampouco é dona dos funcionários. Uma corporação é uma rede sempre mutante de colaboradores utilizando um conjunto de recursos econômicos (dinheiro, máquinas, prédios) e um conjunto de tecnologia e conhecimento para oferecer aos consumidores o que eles querem em troca de dinheiro, e esse valor é, então, compartilhado entre os cooperadores internos e externos (os empregados e fornecedores, inclusive, aqueles que fornecem capital). O que faz a corporação funcionar é uma rede de livre cooperação, que opera em muitos níveis e com o suporte em uma trama sutil e instável.

O relativo sucesso corporativo não ocorre apenas em função de quão bem eles competem (ou evitam competir) um com o outro, mas de quão bem eles criam ou estruturam ("organizam" seria uma palavra muito organizada) o multifacetado processo de cooperação.

Como a cooperação é uma resposta mais instintiva e emocional do que racional, existe outra moeda importante para a indução desse comportamento, que complementa o dinheiro e a razão. A moeda corrente da cooperação é a emoção, o compromisso, a confiança e o amor.

Provavelmente, existem duas espécies de corporações bem-sucedidas: aquelas que são excelentes com a moeda da razão e do dinheiro; e aquelas que são excelentes com a moeda da emoção, do compromisso, da confiança e do amor. Elas correspondem respectivamente às excelentes competidoras e às excelentes cooperadoras. É fácil reconhecer em que campo está cada companhia.

As excelentes competidoras incluem (em seus dias de glória) a ITT sob a gestão de Harold Geneen; a GE antes de Jack Welch; a IBM (antes da queda), a Hanson (antes da cisão), a Ford, a maioria das petroleiras, GlaxoWellcome, Monsanto e toda companhia que saiba ser fria, eficiente e de baixo custo.

As excelentes cooperadoras incluem as empresas que inspiram significativa afeição em seus consumidores, empregados e fornecedores: The Body Shop, CNN, Federal Express, Hewlett-Packard, Johnson & Johnson, Levi Strauss, Matsushita, Viking Direct e Virgin. Muitas empresas familiares ou administradas por uma família entram nessa categoria. A personalidade do(s) fundador(es) geralmente extravasa para o espírito das empresas que são excelentes cooperadoras.

Algumas companhias — como McDonald's ou Microsoft — reconhecidamente parecem ter um pé em cada campo: são máquinas agressivas e de baixo custo e, em geral, seus funcionários têm uma atitude ambivalente em relação ao negócio (o projeto do Windows 98 foi apelidado pelos empregados da Microsoft como "a marcha da morte"), mas são populares entre os consumidores.

Seria ingenuidade esperar que qualquer empresa possa ser bem-sucedida para sempre ou que tenha uma explicação simples para seu sucesso relacionada — em pequena ou grande parte — apenas a seus processos e sua cultura, ignorando (de certa forma) a força independente de sua tecnologia, *know-how*, marcas, posição de mercado e outros fatores estruturais. Mesmo assim, é uma hipótese razoável afirmar que a habilidade inusual de construir a cooperação corporativa é um ingrediente importante na trajetória desse sucesso. Também pode ser plausível argumentar que a habilidade de cooperar, se não for obrigatória, está se tornando cada vez mais relevante. Conforme os funcionários se tornam mais educados e mais ricos, o equilíbrio de forças entre a corporação e as pessoas inclina-se em favor dos indivíduos. Conquistar a cooperação dos melhores empregados pode ser a última fronteira da competição, pelo menos nas empresas com uso intensivo de conhecimento.

Um estudo realizado pela *Business Round Table* e citado por Robert Waterman[7] dá suporte estatístico à importância da cooperação. Um levantamento feito durante 30 anos com empresas "socialmente responsáveis" — presumivelmente excelentes cooperadoras — mostrou que elas tiveram um desempenho 7,6 vezes acima do índice Dow Jones!

TEORIA DA COOPETIÇÃO

Em 1996, Barry Nalebuff, da Escola de Administração de Yale, e Adam Brandenburger, da Escola de Administração de Harvard, apresentaram a *Teoria da Coopetição*[8], cujo objetivo é combinar a competição com a cooperação. Eles ofereceram um modo de pensar muito útil sobre as duas atividades:

- A cooperação é como criamos valor: como cozinhamos o feijão.
- A competição é como nós capturamos valor: como conseguimos nossa porção de feijão.

---

[7] Robert Waterman, *The Frontiers of Excellence*, Londres: Nicholas Brealey. Apêndice 2.
[8] Veja Barry J. Nalebuff e Adam M. Brandenburger, *Coopetição*. Nova York: HarperCollins, 1996.

Seguindo a teoria dos jogos, Nalebuff e Brandenburger afirmam que os negócios são um jogo em que, para criar valor, a empresa precisa se relacionar com os outros jogadores. Às categorias convencionais de consumidores, fornecedores e competidores, eles acrescentaram a de "complementadores", a contrapartida anteriormente negligenciada dos competidores.

A Microsoft e a Intel são complementadoras. Os pacotes sofisticados de software da Microsoft exigem chips cada vez mais poderosos da Intel. Por sua vez, os chips tornam o software exequível e econômico. De vez em quando, os competidores diretos são complementadores, se, por exemplo, aumentam o trânsito de clientes em um shopping center. Como veremos adiante, todas as redes, como sistemas de telecomunicações, sistemas de transporte ou a internet, tiram grande proveito do aumento de trânsito. Segue-se a isso que, se as ações dos competidores diretos ampliam o tamanho do mercado, eles, na verdade, beneficiam todos os outros competidores.

Nalebuff e Brandenburger criaram a sigla PARTS para ajudar a aplicar a teoria dos jogos aos negócios; ela quer dizer: *P*layers, *A*dded value, *R*ules, *T*actics e *S*cope ou, em português, Jogadores, Valor agregado, Regras, Táticas e Escopo.

Jogadores. Identifique os participantes do jogo e os classifique em consumidores, fornecedores, competidores e complementadores. Um competidor é um complementador se os clientes valorizam mais o seu produto quando também têm à disposição o do outro jogador. Se eles valorizam menos seu produto quando também têm o do outro jogador, então ele é um competidor. O mesmo conceito se aplica aos fornecedores, se eles forem importantes para você. Se é mais provável que ele o abasteça só porque o outro jogador está por perto, então é um complementador. Mas se vocês estiverem lutando pelo escasso abastecimento do fornecedor, são competidores.

Valor agregado. Nalebuff e Brandenburger têm uma excelente maneira de mensurar o valor que você agrega ao jogo. Some o valor total agregado por todos os jogadores. Agora, repita a operação, excluindo-se do cálculo. A diferença é aquilo que você, exclusivamente, adiciona — e geralmente é bem pequena.

Sua estratégia — e, em particular, se você encoraja ou repele os cooperadores — pode determinar o valor acumulado no sistema. Nalebuff e Brandenburger não afirmam que é sempre melhor cooperar. Eles demonstraram um contraste revelador entre a estratégia competitiva da Nintendo com os videogames, e a da IBM no mercado de computadores.

A estratégia da Nintendo era assegurar para si a fatia de leão do valor na cadeia de videogames. A empresa limitou em cinco o total de jogos que seus desenvolvedores produziam por ano, de modo que a qualidade e não a quantidade ditasse as regras. Depois, controlava cuidadosamente o abastecimento dos maiores varejistas para que sempre houvesse demanda reprimida e os lojistas quisessem mais seus jogos do que a Nintendo precisava de espaço nas prateleiras deles. De certo modo, isso restringia o tamanho do mercado, visto que a companhia acrescentava menos água ao feijão do que seria possível. Por outro lado, assegurava que o feijão tivesse um alto rendimento e que fosse consumido quase por completo. Cinco anos após ter entrado no mercado norte-americano, o valor da Nintendo era mais alto que o da Nissan e o da Sony combinados.

A IBM, ao contrário, convidou a Intel e a Microsoft para ajudarem a desenvolver seu PC. A arquitetura aberta e a cooperação resultaram num desenvolvimento bem mais veloz e num grande mercado. Mas, quando as outras empresas copiaram o PC da IBM, foi a Intel e a Microsoft que ganharam dinheiro. A IBM deveria ter feito a Intel e a Microsoft pagarem para entrar no jogo ou insistido na participação acionária cruzada. A IBM trouxe muito para a festa e acabou levando muito pouco.

Regras. São uma parte importante do jogo e com frequência podem ser sutilmente mudadas a seu favor. As regras sempre podem ser reescritas por algum jogador criativo que tenha valor real a acrescentar. Veja o caso entre a agência de propaganda Cordiant, Maurice Saatchi e a British Airways (BA). A BA era uma grande cliente da Cordiant. Maurice Saatchi era um dos fundadores da agência, mas foi destituído de seu cargo. E levou consigo os principais executivos que trabalhavam na conta da BA. A Cordiant, por sua vez, estava confiante de que manteria a conta da BA, pois os profissionais tinham cláusula de não competição em seus contratos: não podiam concorrer por negócios com seu antigo empregador. Então, o que fez Maurice Saatchi? Foi visitar a BA, levando fotografias de seus executivos. Que pena, ele disse, que esses caras não vão mais poder atender vocês — e explicou as cláusulas de não competição. Em seguida, a BA foi à Cordiant e pediu que as tais cláusulas fossem suspensas. A Cordiant concordou, reconhecendo que perderia a conta de qualquer modo e desejando não impedir uma possível relação de boa vontade no futuro. De uma só tacada, acabou com as cláusulas. No entanto, anteriormente, essas regras de não competição funcionaram por décadas e com muita eficácia em muitos negócios de prestação de serviços.

Táticas. Os negócios, afirmam Nalebuff e Brandenburger, são geralmente conduzidos em meio a um nevoeiro, onde é difícil enxergar a realidade e as percepções são tudo. A teoria dos jogos pode lhe dizer *se* e *como* o nevoeiro pode ser clareado. Se um novo produto for realmente superior, eles sugerem que você proclame isso aos quatro ventos. Quando a Gillette lançou o barbeador Sensor, estava tão convencida de que tinha um produto superior que investiu $100 milhões em propaganda para "dispersar o nevoeiro". Os consumidores, diante de tal confiança, sentiram que realmente havia ali algo que valia a pena experimentar e as vendas globais da Gillette subiram cerca de 70%.

No entanto, às vezes, o nevoeiro é útil e ajuda a empresa a manter uma grande fatia do mercado. Um bom exemplo é o impenetrável e complexo sistema de tarifação das companhias aéreas. Uma equivocada tentativa de levantar a névoa foi feita pela American Airways em 1992, quando introduziu uma política de Justo Valor e simplificou as tarifas em quatro categorias. Outras empresas fizeram uma retaliação e o preço médio das passagens despencou. Naquele ano, as companhias aéreas norte-americanas conseguiram perder $5 bilhões.

Escopo. Olhe além das fronteiras do jogo. Nenhum jogo empresarial é uma ilha. Os jogadores de uma rodada também estão disputando outras. Antecipe e previna ou, pelo menos, atrase esse tipo de invasão. Em 1980, um nicho de produtos de higiene pessoal, a Minnetonka, lançou o Softsoap, um sofisticado sabonete líquido. Tratava-se de um ótimo produto, só que era impossível obter a patente dele. Como fazer para impedir a entrada dos grandes jogadores do setor de higiene pessoal? A solução encontrada foi comprar por um ano a produção inteira dos dois únicos fabricantes da embalagem diferenciada do sabonete. Quando os principais jogadores dos produtos de higiene pessoal conseguiram entrar no nicho, o Softsoap já estava identificado em sua categoria pelos consumidores. A marca foi finalmente vendida para a Colgate-Palmolive por $61 milhões.

A *Soma das PARTS* é simplesmente a análise das relações existentes entre todos os jogadores do sistema. Quem precisa de quem? Quem pode se beneficiar com as relações? Quem são os reais e os potenciais complementadores? Onde a cooperação pode acrescentar mais água ao feijão? Mesmo onde a competição reverteria mais valor à corporação do que a cooperação, as táticas dos adversários podem subtrair mais do que adicionar valor.

A CATEDRAL *VERSUS* O BAZAR

Qual arquitetura corporativa — que estrutura das corporações na sociedade — tem mais probabilidade de facilitar maior criação de comércio, especialização, inovação, intercâmbio de informações e riqueza?

É melhor ter uma série de corporações grandes e especializadas, cada uma construída como uma catedral, com sua intrincada simetria interna e seu senso da própria distinção, sacralidade e presença dominante; ou contar com um número ainda maior de pequenos empreendimentos, coexistindo perto um do outro, lutando por posição e clientes, abertos aos segredos uns dos outros e trocando informações livremente, como os corretores de apostas num ringue de luta ou os comerciantes em um bazar?

Da mesma forma, é melhor ter um governo centralizado cobrindo um amplo continente como a Europa, a América do Norte ou a Ásia; ou ter uma série de pequenos estados independentes?

> A questão entre a catedral e o bazar surgiu de um recente debate sobre o melhor método para corrigir os bugs de um software. Eric S. Raymond comparou dois estilos:
> Eu acredito que o melhor software precisa ser construído como uma catedral, cuidadosamente trabalhado por magos individuais ou por pequenos grupos de desenvolvedores trabalhando em esplêndido isolamento (...)
> O estilo de desenvolvimento de Linus Torvalds [como praticado na sua empresa de engenharia de software, a Linux] — disponibilize depressa e faça muitas versões, delegue tudo que puder, seja aberto ao ponto da promiscuidade — surgiu como uma surpresa. Não há o silêncio e nem a reverência da construção da catedral aqui — a comunidade Linux mais parece um grande bazar barulhento com diferentes objetivos e abordagens (apropriadamente simbolizado pelos sites de arquivo do Linux, que aceita inscrição de todo mundo) e que resulte disso um sistema estável e coerente só parece possível por uma sucessão de milagres.[9]

Linus Torvalds acredita que os *bugs* são mais bem resolvidos quando são identificados e posteriormente corrigidos pelo maior número possível de pessoas; sendo que os identificadores normalmente não são aqueles que fazem os consertos. Esse método deu origem à **Lei de Linus**, que é a seguinte: "Diante de um número suficiente de olhos, todos os erros são triviais". Outra maneira de dizer isso é: "A correção dos *bugs* é paralelizável". Em se tratando da correção de erros em softwares, a

---

[9] Veja o artigo de 1999 de autoria de Eric S. Raymond, "The Cathedral and the Bazaar". Disponível em: <http://users.ece.utexas.edu/~perry/education/382v-s08/papers/raymond.pdf>. Acesso em jun. 2016. Trecho citado em tradução livre.

estrutura de bazar é sempre melhor do que a de catedral porque um exército invisível de colaboradores surge para salvar a corporação, e muitas correções e melhorias podem ser realizadas paralelamente.

A catedral e *o* bazar

A lei de Linus e os processos em torno dela tipificam a cultura da internet, onde ninguém está no comando e a informação está disponível gratuitamente. Vou falar sobre as implicações disso nas redes e na economia no Capítulo 11; minha intenção ao levantar o tema agora é ilustrar um ponto diferente: tanto a catedral quanto o bazar são métodos humanos úteis e competitivos de cooperação e intercâmbio. A competição entre diferentes grupos — organizados em corporações com diferentes estruturas e estilos, alguns mais como o bazar, outros mais como a catedral; e organizados dentro de diferentes sociedades, alguns mais unidos do que outros — é o que direciona o progresso. De vez em quando, é útil contar com grande escala e com mais exclusividade proprietária; às vezes, pequena escala e maior abertura são melhores. E, tanto quanto seja possível generalizar sobre o que é melhor, a resposta parece estar em um grau intermediário de concentração e fragmentação.

O princípio de Diamond da fragmentação intermediária

Jared Diamond, professor de psicologia na Faculdade de Medicina da UCLA, propôs a ideia de que a fragmentação intermediária é ótima tanto para a sociedade quanto para os negócios:

> *Você não quer excesso de unidade e não quer excesso de fragmentação; em vez disso, quer que a sua sociedade humana ou negócio seja dividido em um número de grupos, que compitam uns com os outros, mas que também mantenham uma relativa liberdade de comunicação entre eles.*[10]

Diamond argumenta que, no Renascimento, a China estava tecnologicamente muito à frente da Europa: por exemplo, em 1400, a China tinha a maior frota, contando com centenas de embarcações e tripulações que somavam mais de 20 mil homens. No entanto, em 1432, um novo imperador se alinhou com uma facção que era contra a navegação e decidiu fechar os estaleiros e parar de enviar navios para o alto-mar.

---

[10] Jared Diamond no mesmo artigo já citado na nota 4. Trecho citado em tradução livre.

E, como o imperador era o responsável por aquela nação gigantesca, foi assim que aconteceu. Diamond compara a centralização das decisões na China com o que ocorreu com as frotas europeias lançadas ao mar. Cristóvão Colombo queria uma frota para navegar pelo Atlântico. Sendo italiano, tentou conseguir apoio na Itália, mas todo mundo ali considerou a ideia dele estúpida. Então, Colombo tentou outra vez na França e teve o mesmo resultado. Ele vagou de país para país até que, finalmente, na sétima tentativa, o rei e a rainha da Espanha concederam-lhe três pequenos navios. A fragmentação da Europa tornou a viagem de Colombo possível, abrindo caminho para os impérios coloniais europeus.

Diamond observa, no entanto, que a fragmentação extrema, como existe na Índia, favorece a inovação tanto quanto a extrema centralização. Ele aponta que muitas indústrias têm uma escala mínima de eficiência, portanto indústrias extremamente fragmentadas e geograficamente protegidas, como as cervejarias na Alemanha, não conseguem ser tão eficazes quanto as mais concentradas e competitivas, como o setor de cervejas nos Estados Unidos. Como observou Adam Smith: sendo muito pequeno, o mercado restringe a especialização. Um mercado predominantemente local tem mais chance de ser menos eficiente do que um continental ou global.

Daí surge a virtuosidade da fragmentação intermediária, que permite a coexistência da competição e da colaboração. O modelo ideal, de acordo com Diamond, é o Vale do Silício que:

> (...) consiste em uma porção de companhias que competem ferozmente umas com as outras, mas, mesmo assim, permite muita colaboração, pois, apesar da competição, há um livre fluxo de ideias e informações entre essas empresas.

Em outras palavras, uma paisagem com muitas catedrais, muitos bazares e o livre fluxo de informação, competição e cooperação.

MAIS ALTO E AINDA MAIS ALTO, OS LIMITES DA COOPERAÇÃO DECOLAM

A evolução humana e a dos negócios são uma história de cooperação constante. De início, eram as famílias e os pequenos clãs com seus caçadores-coletores e uma série de economias locais de subsistência. A partir disso, nós nos desenvolvemos em uma coleção complexa e interdependente de grandes sociedades e economias, caracterizadas por níveis sempre crescentes de especialização e troca — esta entendida aqui como troca de bens e serviços, ideias, tecnologias, papéis e pagamentos feitos de um grupo para outro.

A especialização e as trocas são jogos de soma positiva: criam riqueza que não existia antes. São baseadas na reciprocidade e exigem o hábito da colaboração e da cooperação para oferecer vantagens no longo prazo, além de demandar de nós a capacidade de olhar além do cálculo de curto prazo sobre quem vai se beneficiar com cada transação. Em vez de egoísmo, é preciso que haja uma visão sofisticada de longo prazo sobre os próprios interesses e sobre o hábito diário de dar e receber. Exigem competição e cooperação: a busca do enriquecimento individual e corporativo e a disposição de enriquecer grandemente outras pessoas, grupos e a sociedade. Exigem o costume social e individual de ter confiança, abertura, inteligência e retribuição àqueles que têm cooperação. Necessitam de equilíbrio entre grande escala e concentração para promover a eficiência em qualquer ponto do processo; e tomada de decisão fragmentada, que é a melhor garantia para o dinamismo e o progresso no longo prazo. Requerem ainda que tenhamos a liberdade de mudar instantaneamente aquelas pessoas com quem escolhemos colaborar, não por capricho, mas porque as condições se alteraram e temos outra percepção de onde estão nossos interesses no longo prazo.

A competição e a cooperação não são opostas; são complementos necessários. A competição é a maneira civilizada de assegurar que a gente coopere em termos de sociedade, porque competimos por nosso meio de vida, garantimos que todos os trabalhadores agreguem valor social. O mercado faz a mediação do potencial conflito entre como nós gostaríamos de passar nossos dias e como os outros querem que nós invistamos nosso tempo. Todas as atividades de negócios exigem cooperação, até mesmo as dos comerciantes solitários. O progresso do empreendimento requer um intercâmbio social e material cada vez maior, o que por si só já requer confiança, amizade, cooperação, o empurrão da competição e a cenoura do lucro. Em última instância, a competição e a cooperação são virtudes sociais e expressões de tolerância e reciprocidade.[11]

---

[11] Para uma explicação excelente sobre por que a competição é consequência e reforça a tolerância, veja o livro *The Civilized Market*, de Ivan Alexander (Oxford: Capstone, 1997. Trecho em tradução livre), no qual o autor comenta:

Os genes egoístas exigem que os humanos sejam generosos

Assim como quando o Dilema do Prisioneiro é jogado repetidamente, as recompensas de longo prazo resultam mais da cooperação do que da busca do interesse próprio no curto prazo. A abordagem de longo prazo requer compromisso e, em seu próprio benefício, precisa da valorização e da confiabilidade. Somente quando se comportam de forma confiável com consistência — isto é, ignorando as oportunidades de desfrutar vantagens imediatas obtidas a qualquer custo — é que as pessoas serão reconhecidas por sua confiabilidade, e isso criará oportunidades ainda mais valiosas. Portanto, a cooperação é baseada na reciprocidade, mas vai muito além dela. Somente sem egoísmo e com generosidade, pela prática da justiça, é que se torna possível colher os frutos da cooperação.

A cooperação é motivada pelos genes egoístas, mas exige comportamentos generosos. Os humanos são programados mais pelas emoções do que pela razão, mas as emoções são recursos mentais altamente funcionais para assegurar o comprometimento. De acordo com versões mais recentes do Dilema do Prisioneiro, os cooperadores unem forças para colaborar uns com os outros. Como Ridley explica:

> *Os virtuosos são virtuosos por nenhuma outra razão que não seja (...) juntar suas forças aos de outros virtuosos para obter benefícios mútuos. E, uma vez que os cooperadores segregam-se do restante da sociedade, uma força evolutiva totalmente nova entra em jogo: aquela que coloca os grupos uns contra os outros em vez de os indivíduos.*

O DILEMA DO PRISIONEIRO E A SUA CARREIRA

No plano individual, a vida corporativa, assim como no Dilema do Prisioneiro, deve ser vista como o desdobramento gradual de uma

---

"*A competição força o debate político, econômico e democrático sobre as vantagens e as desvantagens das mudanças e dos rearranjos. Isso, por sua vez, significa negociação, transigência e barganha. O que quer dizer que o poder é significativamente limitado. Essa contenção faz da tolerância um hábito. Nenhum desses processos é "natural", já que a natureza não é tolerante e não negocia. [Esse é um argumento semelhante ao de Richard Dawkins e de Matt Ridley: o homem se desenvolveu além da natureza, se por 'natureza' entendermos o restante do mundo animal e vegetal] Adequadamente compreendida, porém, a competição na sociedade humana, e especialmente nos negócios, torna-se uma ferramenta de civilidade corporativa e pessoal.*"

série de oportunidades para cooperar. Nenhuma transação é um evento independente. O vínculo é sua habilidade de cooperar, a quantidade e a qualidade de pessoas dispostas a colaborar com você e sua reputação. O desenvolvimento de uma carreira se refere menos ao aprimoramento de suas capacidades técnicas e muito mais à construção de contatos valiosos, aquelas pessoas que querem realizar negócios com você.

RESUMO

As soluções modernas do Dilema do Prisioneiro oferecem um bom modelo de como se comportar nos negócios (e na vida). Já que quase sempre os negócios envolvem bem mais do que uma única transação, a estratégia dominante é cooperar e punir aqueles que não cooperam, deixando de colaborar com eles até que a reciprocidade seja restaurada.

Os humanos elevaram a cooperação ao seu mais alto patamar. Nós não somos mais altruístas do que os outros animais, mas realmente vivemos em grandes grupos inter-relacionados. Levamos o aprendizado cultural e a transmissão do conhecimento aos níveis mais elevados, baseados no grau sempre crescente de reciprocidade de nosso sofisticado egoísmo.

Os genes de negócios são o que direcionam a cooperação e a competição, que são complementos necessários e só podem se desenvolver em conjunto. Mas a cooperação é o processo mais básico e, para cada gene de negócio e indivíduo, o mais fundamental. Sem cooperação, um gene de negócio solitário ou uma única pessoa não é capaz de produzir nada. Sendo assim, decidir com quais genes de negócios e com quais pessoas você deve cooperar é mais básico e mais importante do que escolher com quais pessoas e genes de negócios você vai competir.

A competição só adquire suma importância quando te empurra para frente; porém, na sua manifestação mais extrema, pode tirar você do negócio. Nesse caso, a competição te leva de volta ao quadro negro: faz um convite para que volte a cooperar com uma produção econômica mais bem-sucedida. A competição cuida de si mesma. Já a cooperação exige um gesto prévio de vontade das pessoas.

A cooperação e a competição possibilitam a especialização, as trocas e o desenvolvimento tecnológico. Isso, por sua vez, requer sempre mais interdependência e cooperação. Os grupos de indivíduos e de genes de negócios que são vitoriosos são aqueles que melhor cooperam e contam com os melhores cooperadores. A confiança é a cola que une e cria uma sociedade rica e funcional.

É normal ser egoísta. Mas o egoísmo evoluído precisa de cooperação e generosidade. Os genes egoístas implantaram instintos cooperativos e altruístas na gente, porque essa é a expressão mais elevada da evolução. O egoísmo de curto prazo, aquele assumido pelas teorias econômicas convencionais, é relevante apenas para algumas poucas transações imediatas de compra e venda, realmente independentes.

Além disso, a parte importante da vida está nos relacionamentos — econômicos e não econômicos — e ainda no conhecimento, nas emoções e no amor.

Todas essas transações precisam de cooperação e confiança. Nesse caso, demonstrar o próprio interesse leva ao fracasso, porque tende a solapar a confiança. A melhor maneira para progredir é contar com uma ampla rede de cooperadores e esse tipo de pessoa considera difícil e desagradável negociar com gente interesseira. Só farão isso se não houver escolha. Por um tempo, a ganância pode levar à cooperação. No longo prazo, porém, a cooperação vai expulsar a ganância do jogo.

As empresas e as equipes de indivíduos estão acima de todos os instrumentos de cooperação avançada. Os melhores cooperadores podem herdar a Terra — desde que também sejam capazes de satisfazer a seus clientes egoístas.

Finalmente, o avanço da civilização e a evolução da humanidade e da sociedade precisam que haja níveis cada vez mais altos de atividade e conhecimento científico e econômico, maior especialização, mais trocas, mais interdependência, mais competição e, acima de tudo, cooperação crescente. Essa é a única maneira de vencer a guerra de todos contra todos e a prevalência da morte e da miséria sobre a saúde e a felicidade – a única rota para o desarmamento evolucionista.

AÇÕES NECESSÁRIAS

- *Coopere com os melhores cooperadores.* Construa relacionamentos com cooperadores que possuam uma mistura de negócios e atributos de cooperação, que possam levar sua carreira e sua empresa ao patamar mais alto. Lembre-se de que o objetivo de uma carreira é a formação de uma rede sempre crescente de cooperadores competentes.

- *Construa a reputação de que é alguém que gera riqueza para os outros e que é totalmente confiável.* Mantenha sua palavra, sem calcular os ganhos imediatos.
- *Seja sempre o primeiro a cooperar.* Confie nos outros até que eles provem que não são confiáveis. Só sonegue cooperação para quem não coopera. Puna esse comportamento não cooperador, mas depois reconstrua o interesse mútuo, enviando sinais claros: eu posso cooperar se você cooperar, mas só se você cooperar. Demonstre aos outros a desvantagem de não cooperar com você.
- *Esteja disposto a se "revezar" na obtenção de vantagem.* Compreenda que a reciprocidade é um conceito de longo prazo, que não pressupõe que haja vantagem mútua a cada transação.
- *Desenvolva o hábito diário da cooperação.* Ensine a você mesmo que a cooperação, assim como pensar e fazer networking, é um processo cumulativo e retroalimentado: cooperando é impossível que você consiga esgotar o saldo de sua conta corrente de cooperação. Aproveite toda oportunidade disponível para cooperar com os cooperadores mais úteis, percebendo que a cooperação aprimora sua capacidade de cooperar, assim como constrói sua reputação, obtém obrigações recíprocas e desenvolve a capacidade de cooperação também nos outros. Transforme-se num viciado em cooperação, um fanático, um evangelista da cooperação. Lembre-se sempre: a cooperação é a mais alta expressão do interesse próprio.

CONCLUSÃO

No Capítulo 1, vimos que a evolução ocorre em muitos níveis, mas sempre pelo mesmo processo de herança, experimentação, variação, seleção das variações mais bem adaptadas às condições de vida e eliminação cruel das menos adaptadas. Embora necessite de um longo período de tempo, a evolução alcança resultados fantásticos com o florescimento luxuriante de todas as formas de vida derivadas de uma única fonte. A evolução ocorre pela criação de novas versões e novas espécies, que se dividiram nas formas de vida existentes, e pela extinção daquelas espécies menos adaptadas.

Dirigindo todo o processo estão genes com estrutura química semelhante, mas com mensagens genéticas diversas. Como abordado no Capítulo 2, os genes são replicadores que colaboram uns com os outros para encontrar veículos — animais e plantas —, capazes de ajudá-los a sobreviver e se reproduzir. Vimos também que nossa espécie é a única a contar com memes criados para a transmissão cultural na forma de linguagem, arte, arquitetura, ciência, costumes e modos de executar algo, incluindo empreendimentos e negócios. Os memes podem oferecer um modo de controlar nossos genes e criar um novo tipo de evolução.

Também apresentamos a Teoria Genética dos Negócios. A unidade de valor mais fundamental nos negócios, semelhante ao DNA, é a informação econômica útil. Trata-se de um meme, mas para diferenciá-lo dos memes culturais, nós o chamamos de gene de negócios, que inclui: tecnologia básica, ideias, produtos, habilidades e indivíduos, sejam executivos ou empreendedores. Para atingir seus objetivos, eles se combinam com muitos outros genes de negócios para encontrar veículos nos quais possam se replicar: tecnologias mais desenvolvidas, grandes e pequenas corporações, mercados, canais de distribuição e veículos de conhecimento, como livros, institutos e departamentos de universidades. O progresso empresarial flui a partir da experimentação, de novas combinações de genes de negócios, da criação de novos genes de negócios e da luta pela vida entre esses genes. As corporações são os veículos descartáveis para a replicação dos sempre aprimorados genes de negócios.

O Capítulo 3 analisou os experimentos do cientista soviético G.F. Gause com pequenos organismos. Sua "guerra do tubo de ensaio" demonstrou que, diante de recursos limitados, os organismos da mesma espécie competirão até a morte, mas os organismos de espécies ligeiramente diferentes vão cooperar para sobreviver. Gause também mostrou que, se uma espécie é capaz de invadir a outra sem que a outra possa retribuir, a primeira vai se tornar dominante. Além disso, ele revelou que existe uma diferença entre a coexistência, quando uma espécie pode invadir a outra, e a biestabilidade, quando nenhuma das espécies consegue invadir a outra.

Nós concluímos que os genes de negócios e as corporações devem se diferenciar para sobreviver. Também devem encontrar posições onde não possam ser invadidos pelos competidores, de preferência num nicho em que possa se tornar dominante, invadindo o espaço de outras espécies incapazes de retaliações.

O Capítulo 3 também tratou da ideia de nicho ecológico, um modo exclusivo de ganhar a vida em um lugar específico da economia da natureza. Isso reforça a ideia de que a diferenciação e a especialização são essenciais para a prosperidade.

No Capítulo 4, abordamos a Psicologia Evolucionista e especulamos que há um profundo desencontro entre as inclinações de nossos genes e os imperativos da vida corporativa moderna. Nossos genes ainda estão sintonizados na Idade da Pedra, antes da invenção da agricultura e do comércio. A vida nas savanas era difícil e, frequentemente, ameaçadora. O homem da Idade da Pedra sobreviveu porque deu precedência à emoção sobre a razão: ao fazer rápidas avaliações com base nas primeiras impressões; ao viver em pequenos clãs com no máximo 150 pessoas; ao ser amigável; ao especializar-se e cooperar com o grupo; ao bater no peito; ao ter um otimismo irracional; ao se conformar e seguir a manada; a estar disposto a lutar com outros clãs; a evitar riscos sempre que não havia ameaça à vida e ao lutar enlouquecidamente quando havia.

Embora algumas dessas características — como a propensão para fazer amizade e trabalhar em grupo construtivamente — sejam funcionais para os negócios modernos, a maioria delas não é. A psicologia evolucionista ajuda a explicar a patologia de muitas empresas grandes, onde frequentemente existe tensão entre a organização formal e a

Conclusão

informal; a proliferação de feudos internos; um pendor pouco saudável pela hierarquia; a indisposição para assumir responsabilidade; a rejeição ao feedback negativo; a atitude socialista em relação às recompensas; o contínuo desentendimento entre diferentes departamentos, funções e áreas geográficas; além da hostilidade aos grupos de fora da organização; o efeito manada e o conformismo interno; a supressão do conflito e do contraditório; a tendência de esperar por resultados positivos irreais; a prevenção de risco e o pânico quando a situação é negativa.

Nós postulamos dois possíveis remédios para esse desencontro entre nossos genes neolíticos e a vida corporativa moderna. Um é adaptar nosso comportamento para: corrigir nossos vieses naturais; esfriar nossas emoções; aceitar críticas, conflitos e visões contrárias; usar a razão e a experiência para fazer projeções realistas ou até mesmo pessimistas; colaborar com grupos de fora genuinamente, como se fossem internos; assumir mais riscos do que desejamos; evitar a busca do status ou a bajulação; e, mesmo sob pressão, comportar-se de forma reflexiva e construtiva. O outro remédio é adaptar a vida corporativa aos nossos genes e enxugar as organizações para grupos de até 150 pessoas.

Finalmente, o Capítulo 5 examinou a evolução da cooperação humana. Nós aprendemos a cooperar e viver em grandes grupos inter-relacionados, sociedades com diferenciação e complexidade crescentes, ligadas por relações de negócios e trocas. Na raiz desse processo estão os genes de negócios — costumes, ideias, informação, tecnologias e habilidades que podem ser transmitidas sem sexo ou seleção natural de um ser humano para outro.

Vimos que a competição e a cooperação são dois lados da mesma moeda, abrangendo as ligações entre os genes de negócios e seus veículos e a maneira como a riqueza pode ser criada pela mediação do egoísmo de cada gene de negócio e indivíduo, utilizando o egoísmo para criar vantagem coletiva, enriquecimento e progresso. Também discutimos que a cooperação é o processo mais básico, precedendo a competição e exigindo vontade prévia e consciente. O progresso exige níveis sempre crescentes de cooperação entre cooperadores dispostos a manter visão de longo prazo sobre o valor da colaboração, olhando além das transações individuais para um fluxo contínuo de trocas facilitado pelas relações de confiança.

Na Parte 2, nós deixaremos para trás a área da Biologia e nos voltaremos para a física numa tentativa de compreender outra dimensão das leis poderosas que estão ao nosso redor: as propriedades e as interações da matéria e da energia.

Parte 2

**AS LEIS DA FÍSICA
DE NEWTON ATÉ
A FÍSICA DO SÉCULO XX**

INTRODUÇÃO

Na Parte 2, vamos tentar entender a matéria e a energia, além das leis poderosas que as direcionam. Como a física se relaciona com a natureza da matéria e da energia, ela tem claras implicações na natureza do próprio universo. Rapidamente, as poderosas leis da física se tornam nossa maneira de perceber o universo. O modo de operação das leis físicas fornece a moldura, as metáforas e os padrões para muito mais — nosso modelo de pensamento; nossa visão da sociedade, das empresas e dos mercados; nossa perspectiva sobre o comportamento humano e o que somos; e até mesmo nosso olhar mais fundamental para Deus e a coerência e o significado da própria vida.

O Capítulo 6 relata o maravilhoso impacto das **Leis de Newton sobre a Gravidade e o Movimento** no mundo. Enquanto isso, em um universo paralelo, como veremos no Capítulo 7, Einstein e suas **Teorias Geral e Especial sobre a Relatividade** começam o processo de subversão da física newtoniana. De início, encarada apenas como uma curiosidade bizarra, e ainda sem ter aplicações práticas, a teoria da relatividade foi mudando gradualmente nossa visão da realidade, do tempo e do espaço. Essas ideias também têm implicações interessantes sobre os negócios, desde que não gastemos muito tempo em considerações sobre elas!

A verdadeira martelada sobre o universo ordenado da humanidade veio com a **Mecânica Quântica**. O Capítulo 8 conta essa história. Embora inicialmente as implicações da teoria quântica tenham trazido perplexidade e aflição, alguns escritores científicos famosos desenvolveram recentemente uma "filosofia quântica popular", que domestica a teoria e sugere algumas implicações bem interessantes para as pessoas, os negócios e a sociedade. Nós examinaremos essas teorias com um olhar simpático, ainda que, em última instância, cético. Nós podemos, no entanto, aprender no mínimo uma lição valiosa com a Mecânica Quântica: é que o oposto de uma grande verdade empresarial é outra grande verdade empresarial e que a mentalidade do tipo "ambos/e" pode transcender aquilo que frequentemente surge como um conflito inevitável.

CAPÍTULO 6
DAS LEIS DE NEWTON SOBRE O MOVIMENTO E A GRAVIDADE

> *A Natureza e as leis da Natureza estavam imersas na noite.*
> *E Deus disse: "Que Newton exista!" e tudo se iluminou.*
> — Alexander Pope[1]

O IMPACTO DE NEWTON SOBRE O MUNDO

Sir Isaac Newton[2] (1643-1727) mostrou que existem algumas leis básicas universais, identificáveis por relações matemáticas precisas, que governam os movimentos físicos na Terra ou no paraíso. Você pode prever o que acontecerá se colocar um navio no mar ou se rolar uma moeda ladeira abaixo. Com as três **Leis do Movimento** e a **Lei da Gravidade Universal**, você consegue construir pontes, fazer os aviões voarem ou mandar o homem para Marte, e pode ficar bem confiante em relação ao resultado.

O livro de Newton, *Philosophiae Naturalis Principia Mathematica*, foi publicado (em latim) em 1687. Eis aqui as três leis do movimento:

---

[1] Alexander Pope (1688-1744), um dos maiores poetas britânicos do século XVIII. (N.T.)

[2] Embora essa discussão esteja além do escopo deste livro, Newton é um personagem fascinante. Em parte, por causa do contraste existente entre o modo como ele convencionalmente é visto como um dos cientistas mais influentes do mundo de todos os tempos, o pai da moderna ciência empírica e, por outro lado, a realidade mais complexa: ele tinha um incrível poder de síntese, mas estava longe de ser um racionalista, um homem que passou os últimos anos de sua vida debruçado sobre a Bíblia, inventando estranhas fantasias teológicas e fervendo caldeirões para descobrir os segredos da alquimia. Para uma boa descrição da visão convencional sobre Newton, veja o livro de John Simmons, *The 100 Most Influential Scientists* (Nova Iorque: Carol Publishing Group, 1996), no qual Newton encabeça a lista. Para ter uma visão mais agradável e popular, leia o livro de Melvyn Bragg, *On Giant's Shoulders* (Londres: Hodder & Stoughton, 1998). Para uma abordagem mais acadêmica, mas fácil de ler e entender as complexidades da personalidade de Newton e sua influência intelectual, veja o livro de Michael White, *Isaac Newton: The Last Sorcerer* (Londres: Fourth Estate, 1998).

Lei 1: Todo corpo permanece em estado de repouso ou em movimento uniforme em linha reta, a menos que seja levado a mudar esse estado por uma força aplicada sobre ele.

Lei 2: A mudança de movimento é proporcional à força motriz aplicada: e ocorre na direção da linha reta em que a força foi aplicada.

Lei 3: Para toda ação existe sempre uma reação oposta e de igual intensidade; ou as ações mútuas de dois corpos são sempre iguais e direcionadas às partes contrárias.

A primeira lei de Newton afirma que os objetos continuam a se movimentar em linha reta (direta) a menos que haja uma interferência. É uma reafirmação da lei da inércia de Galileu de que os corpos permanecem em repouso ou em movimento constante, exceto quando submetidos a uma perturbação externa.

A segunda lei é que a força (F) é diretamente proporcional à mudança de *momentum* que ela gera. O dobro de força vai causar o dobro de mudança no *momentum* do objeto. Newton ofereceu uma definição original de *momentum* — massa vezes velocidade — em que a massa (m) é a "quantidade de matéria" de um objeto. A mudança de velocidade é o mesmo que aceleração (a). Sendo assim, Newton derivou sua famosa fórmula: $F = ma$ (força é igual à massa vezes a aceleração).

A terceira lei do movimento — a perspectiva mais original de Newton — afirma que toda ação produz uma reação igual e oposta. Se dois objetos similares colidem, eles saltam com igual força. Se o movimento de um objeto é perturbado (seu *momentum* muda), então, o movimento de outro objeto também deve ser perturbado, assim, o *momentum* "agregado" fica inalterado. A segunda perturbação tem que ser precisamente igual à primeira, mas na direção oposta.

Com base nessas três leis, somadas à lei da aceleração uniforme de Galileu, Newton chegou ao conceito de gravidade. Ao cair ao chão, o *momentum* de um objeto aumenta. As três leis de Newton afirmam que alguma força deve ser responsável pela aceleração e que essa força deve ser constante, já que (como demonstrou Galileu) a aceleração era constante. Essa força deve ser a gravidade. Ele concluiu que a força da gravidade sobre um objeto é constante e diretamente proporcional à sua massa. Consequentemente, a lei da gravidade de Newton (também conhecida como sua "lei do inverso do quadrado") afirma: *entre quaisquer dois corpos, a força gravitacional é proporcional ao produto de suas massas e inversamente proporcional ao quadrado da distância entre eles.*

A força externa mais importante, seja na terra ou no céu, é a gravidade. As leis de Newton sobre a gravidade — aliadas aos dados e às leis oferecidas pelo astrônomo Johannes Kepler — finalmente estabeleceram que a Terra gira em torno do Sol e não o contrário. Newton demonstrou que o movimento dos planetas em torno do Sol se encaixava nas equações da gravidade, mas era preciso (para os cálculos darem certo) que as órbitas tivessem uma forma ligeiramente elíptica. Os planetas tentam seguir em "linha reta", mas a gravidade os força a fazer uma curva. As órbitas podem ser calculadas quando sabemos a massa dos planetas e a distância (e, portanto, o quadrado inverso da distância) entre eles.

Incrivelmente, a força que mantém os planetas no lugar é a mesma que faz as maçãs caírem das árvores: a gravidade. Uma vez que a gravidade seja considerada, os céus parecem se mover não mais aleatoriamente ou com um padrão complexo, mas como uma máquina precisa. A gravidade provoca uma curvatura no movimento dos planetas e das luas, e a amplitude da gravidade é uma função da proximidade do objeto em relação ao Sol ou outra força de gravidade e da massa relativa do objeto e do Sol.

Na Introdução, vimos que Newton sintetizou séculos de perspectivas científicas e, de muitas maneiras, ele se tornou o símbolo de uma nova abordagem científica: ao louvá-lo, tanto os seus contemporâneos quanto escritores posteriores estavam realmente celebrando uma nova percepção de coerência intelectual e liberdade, na qual Newton teve um papel de liderança e foi muito apoiado. Não para menos, Newton e seus colegas mudaram o mundo. A surpreendente tese econômica de Newton sobre o movimento e a gravidade mostrou como algumas poucas regras simples, desenvolvidas a partir de princípios básicos e validadas com provas matemáticas, poderiam ter aplicação universal. A implicação popular disso foi que o mundo passou a ser previsível e controlável pelos cientistas e engenheiros, o que foi profundamente inspirador e reconfortante e assim permanece até hoje, apesar de sabermos que a física newtoniana está incompleta e é ligeiramente imprecisa.

O PODER DAS LEIS DE NEWTON É UM "CHAPÉU VELHO"?

Atualmente, é comum denegrir essa herança e apontar que a visão newtoniana do mundo, racional e mecânica, tem enormes lacunas e distorções. Vamos abordar essa questão ao longo dos próximos capítulos. Mas a "reação" escorregou demais nos modismos e nas noções simplistas, dando por garantido ou ignorando o incrível valor oferecido pelas ferramentas e pelos conceitos newtonianos. Onde nós estaríamos, por exemplo, sem as ideias simples de lucratividade e o poder de comparação entre alguns poucos números universais — retorno sobre vendas, retorno sobre o capital e a taxa interna de retorno de um projeto ou investimento? Nós estaríamos mais ricos com ou sem a ideia dos orçamentos e a prática de fazer a revisão dos números? É uma medida sensata ou apenas uma atitude antiquada procurar aquelas poucas causas que determinam o sucesso ou o fracasso e identificar as características comuns e testar numericamente nossas teorias? E estaríamos realmente melhor sem a metáfora da máquina e a visão mecânica da vida, do universo e de tudo mais?

Um experimento mental: um mundo sem números empresariais

Imagine que você viajou no tempo e no espaço para visitar uma economia sofisticada que jogou fora ou nunca utilizou as ferramentas newtonianas nos negócios. Vou ser generoso e dar a esse mundo imaginário o benefício das tecnologias, equipes, corporações, computadores, bolsa de valores e praticamente todo aparato da vida econômica moderna (mesmo que seja plausível o argumento de que tudo isso deriva principalmente dos métodos newtonianos). Mas esse mundo imaginário não tem sistemas contábeis nem os conceitos de retorno sobre o capital ou de fluxo de caixa ajustado. Mesmo com todos os defeitos, imagine-se capaz de investir usando esse método, selecionando aparentemente por mágica as companhias mais lucrativas e promissoras. Em quanto tempo você acha que se tornaria a pessoa mais rica do planeta?

Talvez essa seja a razão pela qual alguns escritores de negócios acham mais atraente criticar a abordagem analítica, mecânica e racional em vez de celebrar o fato de que há muito pouco a ser acrescentado a ela. Uma longa dinastia de pensadores da área administrativa, desde Frederick Taylor até os autores da Escola de Administração de Harvard, culminando na análise "microeconômica" de posições de negócios do professor Michael Porter, tem explorado tão bem esse viés que aparentemente há pouco que ainda possa ser explorado. O livro de Taylor, *The Principles of Scientific Management* [Os princípios da administração científica], foi lançado em 1913, e o inovador *Competitive Strategy* [Estratégia competitiva], de Michael Porter, em 1980. Entre essas duas datas, praticamente tudo sobre a natureza newtoniana e racionalista nos negócios, no que se refere às relações empresariais e ao que determina a lucratividade, foi dito e muito bem dito.

No entanto, isso não é exatamente tudo. A era de ouro da análise newtoniana dos negócios pode ter acabado. Na minha visão, porém, um conceito-chave tem sido insuficientemente avaliado e outro completamente negligenciado. O restante deste capítulo aborda essa perspectiva.

AÇÃO E REAÇÃO

Antes de mais nada, uma rápida observação sobre um conceito que foi considerado talvez sem o devido peso. Newton declarou que a ação e a reação são iguais e opostas. Interpretando livremente, isso significa que todo desenvolvimento poderoso, como uma escola de pensamento, uma nova tecnologia ou um novo mercado, trará em seus próprios trilhos um igualmente e significativo desenvolvimento oposto, o que podemos ver claramente no domínio das ideias ou das propostas para organizar a sociedade: o capitalismo produz o socialismo, a experiência de tentar fazer o socialismo funcionar provoca o renascimento de um neocapitalismo, e a primazia dos mercados livres globais sem dúvida produzirá outra repercussão oposta. Faço o mesmo comentário em relação às ideias empresariais: porque o pensamento em administração racionalista e newtoniano foi tão poderoso, ele conjurou a existência de seu oposto, a escola baseada em sistemas. As ideias e as ações rompem a inércia e, assim que é rompida, a reação é inevitável.

Aplicada aos negócios e ao mercado, essa abordagem simples é um guia quase infalível sobre o que está prestes a surgir no horizonte. Nunca dê muita importância ao novo mercado que está diante de você, pense naquele que virá a seguir: o seu oposto. Depois que Henry Ford padronizou e massificou a produção do carro moderno, a próxima etapa foi a General Motors oferecer um amplo leque de diferentes modelos, alterados em diferentes graus. Assim que um sistema público eficaz de atendimento à saúde é introduzido, surge uma grande demanda pelo sistema privado de saúde: uma relação contraintuitiva, mas bastante evidente. O mesmo se aplica à educação ou a qualquer outro serviço. Onde quer que haja um mercado de massa para algo, haverá uma demanda pelo seu oposto: nichos de mercado customizados para grupos específicos de clientes. Sempre que houver ampla transmissão de canais abertos, haverá televisão a cabo.

A beleza dessa dinâmica é que ela funciona para os dois lados. Sempre que existir produtos caros e sofisticados, haverá também demanda por suas versões econômicas. Os hotéis luxuosos, os aviões e os iates são a norma? Então, o turismo de massa emergirá. Os pacotes turísticos prevalecem? O mercado para viagens mais caras e customizadas ressurgirá em larga escala. As empresas estão considerando as viagens a trabalho muito caras? Então, as teleconferências poderão substituí-las. As reuniões virtuais são importantes? Então, serão redescobertas as virtudes da comunicação cara a cara. Os médicos, enfermeiros e hospitais são uma parte importante da sociedade moderna? Então, a medicina alternativa vai prosperar.

As novas tecnologias e os mercados frequentemente deixam de causar um drástico impacto sobre seu predecessor, o que poderia ser previsto com confiabilidade. As novas gerações de computadores surgiram prolificamente e os gurus pontificaram o "escritório sem papel", embora o papel e as fotocopiadoras continuem a existir. O telefone, o fax, a internet e a videoconferência não acabaram com as reuniões, com as viagens ou com a leitura dos livros.

Essa observação foi apenas um breve *hors d'oeuvre*. Vamos agora para o prato principal.

A GRAVIDADE DA COMPETIÇÃO

Existe um paralelo direto entre a natureza dos negócios e as leis newtonianas do movimento que tem sido negligenciado: o paralelo entre a gravidade e a competição. Acho que posso estabelecer que isso tem um valor metafórico e conceitual definido; mas, num futuro bem próximo, talvez venha a ser possível usar os princípios de Newton para estabelecer uma correlação quantitativa (inversa) entre a exposição ao maior competidor e o retorno sobre o capital obtido por uma empresa em uma arena competitiva específica. Deixe-me primeiro explicar o conceito, usando a metáfora da gravidade.

A competição é assunto sério. É o equivalente econômico da gravidade. Assim como a gravidade desacelera os objetos e impede que as estrelas sigam em frente em linha reta, a competição também diminui o retorno sobre o capital. A gravidade sobre a margem refreia os gestores e investidores. A grandeza da gravidade sobre a margem é proporcional à proximidade e força dos competidores. Quando a gravidade está fraca, isso indica que os competidores estão longe ou são tangenciais. Já quando a gravidade está forte, isso quer dizer que os competidores estão próximos, quase diante do seu rosto.

Buracos negros

Um buraco negro é formado quando uma estrela grande, de muita massa, queima todo seu combustível e entra em colapso até que nada mais reste: nenhuma luz e nem qualquer outro sinal surgem do antigo astro. Os buracos negros só se formam se a estrela realmente tiver uma massa muito grande: cerca de três a seis vezes a massa do Sol, de acordo com a teoria geral da relatividade de Einstein. Quando uma estrela tão enorme morre, o buraco negro engole todo o espaço ao seu redor. A megagravidade resultante disso curva o espaço adjacente a um grau fantástico; a força gravitacional aproxima-se da infinidade.

Nos negócios, o "buraco negro" é uma metáfora útil para descrever uma competição tão intensa e acirrada que a gravidade sobre a margem se aproxima da infinidade. Não há lucro ou fluxo de caixa positivo que consiga escapar de um buraco negro.

Zonas livres de competição

Existem lugares que são livres — ou praticamente livres — da gravidade sobre a margem. São espaços onde a competição não opera, onde as margens são limitadas não pela competição, mas, sim, pelo que o cliente pode pagar e pelo distante apelo da competição de todos aqueles outros produtos e serviços que disputam espaço na carteira dos consumidores. Esses espaços sem competição, onde a gravidade não opera, são os lugares mais lindos do universo econômico.

GRAVIDADE CORPORATIVA: QUÃO PRÓXIMO E GRANDE É SEU CONCORRENTE?

Aqueles competidores chatos são os que impedem sua empresa de seguir em frente em linha reta e cumprir o plano de negócios. A competição é o equivalente corporativo da gravidade; ela traz você de volta à Terra. Se você bater de frente com um competidor, os dois serão tirados de curso.

A força da competição é uma função de dois fatores: o tamanho relativo (ou, mais precisamente, a massa) de seu competidor mais importante e a distância a que você está dessa companhia.

Um competidor pequeno, com poucos recursos, porém, muito próximo, pode lhe causar mais problemas do que uma grande, rica e bem-sucedida corporação que só tem interesse marginal nos seus mercados.

O que é tamanho?

"Tamanho" (ou massa) significa, na verdade, os recursos que um competidor pode investir em um mercado; isso envolve lucratividade, competência e adequação para atender aos clientes mais do que simplesmente o tamanho do faturamento. O tamanho também pode se referir à solidez das demonstrações financeiras, à capacidade de obter capital novo, à proporção preço/lucro e à força da reputação, marcas e relacionamentos da empresa. Até que se consiga mensurar quantitativamente esses aspectos do "tamanho", um bom substituto pode ser um indicador que tem sido usado desde sua invenção pelo Boston Consulting Group, por volta de 1970: a Participação Relativa de Mercado (PRM). A PRM é a expressão do seu faturamento no segmento de negócio dividido pelo faturamento de seu maior competidor (se esse número for maior do que 1,0, quer dizer que você é o líder do segmento; se for menor do que 1,0 significa que você é menor do que o líder; e, se for exatamente 1,0, então, você é o colíder com um ou mais rivais do mesmo tamanho).

O que é distância?

A "distância" mede a proximidade existente entre um competidor e os seus próprios consumidores. Um competidor distante é aquele cujo foco está em outro lugar. Um competidor próximo é aquele que tem o mesmo mercado-alvo e a mesma abordagem que você.

Um jeito prático de mensurar a distância é imaginá-la como uma série de quadrados que vão ficando cada vez maiores, e cada canto desses quadrados representa uma dimensão:

1. Tipo de cliente
2. Tipo de produto
3. Geografia

4. Tipo de valor agregado oferecido (por exemplo, pesquisa & desenvolvimento, produção, distribuição, marketing, vendas), seja uma operação integrada ou uma especialista por etapa de valor agregado

Se você e um competidor estiverem atendendo ao mesmo tipo de consumidor com o mesmo tipo de produto na mesma área geográfica e oferecendo exatamente o mesmo tipo de valor agregado, praticamente não existe distância entre vocês dois. Estão um em cima do outro. O inverso também se aplica: a distância é grande quando os consumidores, produtos, mercados geográficos e tipo de valor agregado são todos diferentes. Existe um sistema de pontuação muito simples para calcular a distância entre competidores em qualquer segmento de negócios; basta atribuir notas de 1 a 5 àquelas quatro dimensões já citadas, de acordo com o seguinte critério:

Nota 1 = idêntico ou muito similar
Nota 2 = adjacente, próximo, similar, mas ainda com algumas diferenças
Nota 3 = nem muito perto nem muito distante, há sobreposição considerável
Nota 4 = nem muito similar nem muito próximo, mas com alguma sobreposição
Nota 5 = distante, dessemelhante, fundamentalmente diferente

A seguir, você pode calcular a distância numa escala de 1 a 625, multiplicando as quatro notas (os pontos atribuídos a cada uma das quatro dimensões). Por exemplo, competir pelo mesmo tipo de consumidor e mesmo produto em uma área geográfica adjacente, mas com um foco de valor agregado bem diferente resultará numa pontuação de 1 × 1 × 2 × 5 = 10). Uma pontuação de oito ou menos indica uma proximidade perigosa, e qualquer resultado abaixo de 20 significa competição próxima.

Feito esse cálculo, talvez você constate que o seu competidor mais próximo não é aquele que você identificara inicialmente. Nesse caso, será preciso calcular também o "tamanho" do competidor que agora você considera o mais próximo. Lembre-se também de que essas mensurações não devem ser feitas em relação à empresa como um todo, mas para cada um dos segmentos de negócios em que os competidores ou consumidores ou lucratividade ou estratégia forem diferentes.

Podemos mensurar a gravidade corporativa?

No mundo de Newton, a gravidade é forte e inevitável quando se está bem perto de um grande objeto. Mas a gravidade continua sendo importante quando você está perto de um objeto menor ou nas vizinhanças de um grande objeto. O efeito da gravidade, ao tirar você de uma trajetória em linha reta, pode ser exatamente mensurado se souber a massa e a distância que está do objeto.

No mundo corporativo, a gravidade da competição é mais forte se você estiver perto de um competidor "maior". Mas o que é exatamente essa gravidade? Não se trata, comprovadamente, da habilidade de atender bem aos clientes. Isso não é afetado pela competição próxima, cabeça a cabeça; de fato, do ponto de vista dos clientes, a competição próxima é benéfica. Em vez disso, a gravidade se refere à margem que pode ser ganha pelas empresas. A gravidade da competição é o que deprime as margens.

Se você conseguir mensurar com confiabilidade o "tamanho" e a "distância" de seus competidores, como já descrito anteriormente, poderá calcular a margem que pode esperar em qualquer segmento de mercado. A seguir, é possível comparar essa lucratividade normativa com a real que está sendo obtida pelo negócio e avaliar a amplitude da correlação. Com certeza, essa será uma medida muito melhor do que a fatia de mercado ou a participação relativa de mercado (PRM) sozinha, embora estudos cuidadosamente segmentados da última, como o Impacto sobre o Lucro da Participação de Mercado (ILPM), tenham demonstrado uma correlação significativa. Sendo assim, é razoável esperar que mensurações melhores apresentem uma correlação muito mais alta.

No momento, porém, estamos apenas no campo da especulação: ainda teremos de aguardar por muitos anos (ou até séculos) antes que as escolas de administração — ou, mais provavelmente, as empresas de consultoria — alcancem os conceitos de Isaac Newton. Mas o apelo intuitivo dessa ideia deve estar claro. Para desfrutar de altas margens, você precisa estar bastante afastado dos competidores competentes. Para evitar a gravidade sobre as margens, é preciso evitar os competidores próximos, sejam grandes ou pequenos — *não importa que você seja maior do que eles*. Nesse último caso, você prejudicará mais os seus competidores do que eles a você, mas ainda assim você será prejudicado. A gravidade sobre a margem torna-se um aspecto cada vez mais sério enquanto função do "tamanho" (competência e recursos) e da "proximidade" (semelhança do mercado alvo e método de atendimento) dos competidores.

A gravidade sobre a margem não é linear — o retorno sobe acentuadamente ao evitar os competidores

Na astronomia newtoniana, o que importa para o cálculo da órbita é a massa dos objetos e o quadrado inverso da distância entre eles. É uma relação logarítmica e não uma linear. É possível aplicar o mesmo à gravidade da competição. Nós podemos confiar tranquilamente que, se conseguirmos aumentar a distância entre nossa empresa e seus competidores mais importantes ou, se pudermos aumentar nosso tamanho relativo, o impacto sobre os lucros será maior do que linear. Intuitivamente, faz sentido que a gravidade sobre a margem deve diminuir mais do que proporcionalmente a um aumento da distância ou a uma diminuição do tamanho relativo do competidor. Mas será que existe alguma evidência empírica quantitativo para essa hipótese?

Acontece que há. Na década de 1980, a empresa de consultoria da qual fui um dos fundadores media a relação entre o Retorno sobre o Capital Empregado (RCE) e a Participação Relativa de Mercado (PRM) para seus clientes em milhares de segmentos de negócios em muitos países diferentes. Descobrimos que havia uma forte correlação entre a participação relativa de mercado e a alta lucratividade. Também descobrimos que — e esse é um ponto-chave na questão da gravidade sobre a margem — *a relação era maior do que a linear.* Um aumento de 10% na participação relativa de mercado produzia um crescimento maior do que 10% na lucratividade. Ocorre que o maior benefício em termos de lucro geralmente decorria de um aumento da participação relativa naqueles mercados em que o cliente já era bastante forte. Isso é bastante similar ao conceito de "retorno crescente de escala", proclamado pelo economista Brian Arthur na mesma época.[3]

De modo semelhante, quando você se afasta dos competidores, o retorno deve aumentar numa escala maior do que a proporcional à distância percorrida.

Como aumentar o tamanho relativo ao seu principal competidor?

Uma resposta simples para essa questão é aumentar a participação relativa de mercado. Suas vendas têm que crescer mais depressa do que

---

[3] Veja no Capítulo 11 uma discussão mais detalhada sobre retornos crescentes de escala e seu papel na assim chamada nova economia.

as do competidor. Uma maneira de fazer isso é encontrar novos clientes ou vender mais para os já existentes a uma taxa mais alta do que seu rival. Outra maneira é ampliar sua taxa relativa de retenção dos clientes que você já tem.

No entanto, como já vimos, há mais em "tamanho" do que a simples definição de participação relativa no mercado. "Tamanho" também quer dizer aumentar sua competência para atender aos consumidores, sua reputação e seus recursos financeiros. Isso é o que sustenta as vendas: compromisso com o mercado, compreensão do segmento de atuação e a habilidade de cultivar a popularidade entre os clientes com produtos e serviços melhores, entrega mais rápida, marketing de qualidade ou preços mais baixos.

Como aumentar a distância do seu principal competidor?

Em princípio, é simples. Para se diferenciar do seu competidor, basta aumentar as diferenças em seus estágios de valor agregado e nos tipos de consumidores, tipos de produtos e regiões geográficas atendidas.

O único alerta é que ao se afastar de um competidor você pode se aproximar de outro. Se você é maior, ou não, do que o seu novo concorrente mais próximo (ou, mais precisamente, se a sua participação relativa de mercado comparada à do novo competidor é mais alta do que era em relação ao concorrente mais próximo anterior), não é o que mais importa. Se o novo rival principal for maior naquele segmento relevante do que o anterior, talvez isso seja um retrocesso. No entanto, você terá que analisar repetidamente todas as possibilidades até encontrar um modo de, simultaneamente, aumentar sua distância do competidor mais próximo e ampliar seu tamanho relativo diante daquela empresa.

ESCAPANDO DA GRAVIDADE CORPORATIVA

O conceito de gravidade corporativa nos oferece lições claras e importantes:

- A melhor maneira de evitar sair da trajetória é evitar os competidores.
- Os competidores exercem pressão para baixo sobre as margens — isto é, gravidade sobre a margem —, de acordo com seu "tamanho" relativo e "distância".

- Os recursos deveriam ser concentrados em segmentos em que exista ou em que possa ser criado um posicionamento no qual os competidores estejam o mais longe e sejam os mais insignificantes possíveis.
- Os segmentos com pouca ou nenhuma competição são qualitativamente diferentes daqueles com competição próxima.
- Essas "zonas livres de competição" não estão sujeitas à gravidade significativa sobre as margens. O único fator que as distingue dos segmentos normais de negócios é a ausência de competição relevante. Os clientes podem ser os mesmos de outros segmentos de negócios. A tecnologia pode ser a mesma. Os fornecedores podem ser os mesmos. Os executivos podem ser da mesma turma. Porém, nas zonas livres de competição, as leis econômicas e cosmológicas estão a anos-luz de distância das leis dos negócios normais. O valor dessas zonas é realmente astronômico.
- Nas zonas livres de competição, a restrição à margem não é a competição direta. Talvez nem seja o desejo de deter a competição potencial ou evitar a cólera dos reguladores. A verdadeira restrição econômica é o tamanho do mercado e sua sensibilidade ao preço. As margens devem encontrar o nível em que o valor do futuro fluxo de ganhos seja otimizado. Isso pode ser difícil ou impossível de calcular, mas os retornos talvez sejam extremamente altos. Um argumento persuasivo pode ser que o tamanho do futuro mercado será maximizado por ter uma margem mais alta, e não mais baixa, caso uma boa porção dessa margem seja reinvestida para aprimorar o produto e serviço e também para realizar ações de marketing mais eficazes.
- Nos mercados competitivos normais, não espere que qualquer ação ou inovação seja ignorada pela concorrência. Trabalhe para reagir antes da reação dos competidores — e à reação subsequente e assim por diante.
- As melhorias que todo mundo consegue copiar — mesmo que apenas um competidor possa copiar — beneficiará os consumidores, mas não a sua empresa e os seus investidores.
- Toda energia deve ser dedicada a melhorias e inovações que aumentem sua distância dos competidores mais significativos. Isso não deve ser visto nos termos convencionais de contar com "vantagem competitiva".
- Uma vantagem faz a conexão entre duas partes. Você não deve buscar por isso. Deve é tentar escapar da força gravitacional dos competidores. Uma distância sempre crescente dos competidores

é mais fácil de conseguir do que uma vantagem sempre crescente sobre eles e, além disso, muito mais valiosa. Para obter vantagem competitiva, você deve executar melhor. Para colocar distância entre você e eles, você segue por uma direção diferente — de preferência, a direção *oposta* dos competidores.

RESUMO

Ao enxergar o universo como uma grande máquina e demonstrar como o movimento ocorre na Terra e nos céus de acordo com regras matemáticas precisas, Newton nos mostrou como controlar nosso destino e fazer progressos na indústria e na ciência.

Uma nova tendência poderosa provavelmente vai gerar uma tendência oposta.

Existe um paralelo próximo entre o método usado por Newton para mensurar o efeito da gravidade sobre os corpos orbitando no espaço e o método que podemos utilizar para pensar sobre o efeito da competição sobre nossos lucros. A gravidade é função da proximidade de um objeto em relação a outro e da massa relativa de cada um. Os competidores agem sobre uma empresa da mesma maneira que a gravidade age sobre todos os objetos. Os competidores detêm seu avanço linear na direção de seus objetivos. Os competidores curvam o espaço em torno das suas ações e deprimem as margens que os consumidores, de outro modo, lhe proporcionariam. Os competidores causam a gravidade sobre as margens.

A gravidade sobre a margem cresce com a sua proximidade de um competidor grande e altamente competente. Essa gravidade é bastante reduzida quando o concorrente está distante, é pequeno e incompetente.

Um competidor está perto se ele ganha a vida igual a você: tem os mesmos consumidores, emprega as mesmas tecnologias e o mesmo tipo de funcionário, tem o mesmo tipo de ativos físicos e o mesmo método de distribuição, os mesmos fornecedores, a mesma maneira de agregar valor, a mesma estratégia e mentalidade e as mesmas prioridades que você. Um competidor está longe à medida que todas essas dimensões se diferenciam.

Um competidor é "maior" (tem mais massa) se dispõe de mais recursos do que você: balanço maior, fluxo de caixa mais alto, mais acesso a novo capital na forma de crédito ou ativo próprio, cotação mais alta no mercado de ações, melhores marcas e/ou maiores competências, fatias de mercado, faturamento, atração de profissionais-chave e ambição.

Quando Newton calculou o efeito da gravidade sobre as órbitas dos planetas e das luas, ele usou o quadrado inverso da distância existente entre eles. A gravidade se reduz na proporção do quadrado da distância entre os objetos. Quando a distância aumenta, a gravidade cai mais do que proporcionalmente. Um efeito similar ocorre com a competição. Quando a distância ou a diferença entre os competidores aumenta, a extensão do efeito da gravidade sobre a margem cai drasticamente.

Em alguns segmentos, a gravidade da competição é tão grande que não há lucro ou fluxo de caixa positivo que possa resultar dali. Podemos chamá-los de "buracos negros".

O tipo oposto de segmento, o lugar ideal para estar, pode ser chamado de zona livre de competição. É provável que esses lugares sejam muito lucrativos — e podem se tornar ainda mais lucrativos sem prejudicar sua posição competitiva.

AÇÕES NECESSÁRIAS

- *Escape da gravidade da competição.* Aumente sistematicamente a distância entre você e os competidores nessas quatro dimensões: tipo de valor agregado, tipo de produto, tipo de cliente e mercados geográficos atendidos. Para aumentar a distância entre você e seu principal competidor, invista na sua diferenciação.
- *Onde você já for o líder, aumente seu tamanho relativo e o grau de dimensões diferentes existentes entre você e seus rivais mais importantes.*
- *Direcione toda sua energia, dinheiro e pessoas para segmentos de negócios em que você já seja grande e esteja bem distante de qualquer competidor ou onde você possa atingir essa posição.*

CAPÍTULO 7

SOBRE A RELATIVIDADE

> *Ninguém consegue se lembrar sem um arrepio de emoção de seu primeiro encontro com o mundo carrolliano de Einstein em que o espaço-tempo é curvo, uma quarta dimensão, e onde testemunhas honestas alegremente discordam das questões mais elementares sobre o que aconteceu, quando e onde.*
>
> — Stephen Hawking[1]

ADEUS, MECANICISMO

O grande universo mecânico de Newton — o mundo mecânico e racional em que causas e efeitos podem ser bem calculados e onde a realidade sólida está sob nossos pés — é aquele em que achamos que habitamos e, em grande parte, estamos certos. No entanto, o século XX nos apresentou uma nova física, demonstrando que, pelo menos em termos da matéria muito pequena e "fundamental", o mundo é um grande arranjo bem mais instável, imprevisível e complexo do que Newton jamais conheceu.

Newton e seus sucessores, que viveram antes do século XX, acreditavam no espaço e no tempo absoluto, bem como na nossa capacidade de medir e controlar todos os aspectos da máquina chamada universo. Foi um sonho lindo: a ideia de que a ciência nos permitiria controlar tudo; inclusive, como acrescentou Freud, a nós mesmos. Mas esse sonho foi aniquilado: primeiro, pela perspectiva de Einstein sobre a relatividade e, em seguida, pelos conceitos ainda mais perturbadores de Niels Bohr e outros grandes descobridores da física quântica. No mundo revelado pela relatividade e pela física quântica, nada é fundamentalmente real, mensurável ou controlável. Nada é o que parece e eventos realmente bizarros ocorrem no coração da ciência.

---

[1] Stephen Hawking (1942-), físico e cosmologista britânico. Tornou-se um best-seller em 1988 quando lançou *Breve História do Tempo*, um livro que já vendeu mais de 10 milhões de exemplares. Na citação em epígrafe neste capítulo, o adjetivo "carrolliano" refere-se ao escritor Lewis Carroll, criador do universo *nonsense* de *Alice no País das Maravilhas*. (N.T.)

É por isso que temos de abordar alguns elementos rudimentares da relatividade (o tema deste capítulo) e da teoria quântica (tema do próximo capítulo). Nós da área de administração de empresas ainda vivemos no mundo newtoniano. Isso não é ruim. Se você não acreditou que suas ações podiam conduzir a resultados positivos, se parou de mensurar causas e efeitos, se jogou fora seus orçamentos e postulados financeiros ou deixou de quantificar o efeito da competição sobre os lucros e da retenção de clientes, então você teve muita sorte se alcançou sucesso nos negócios.

Não vou lhe pedir para se desfazer dos hábitos de uma vida inteira, abrindo mão de seus modelos de negócios newtonianos e mecânicos. Eles têm muito valor. No capítulo anterior, eu lhe pedi que aprimorasse esses modelos, compreendendo o impacto da competição sobre os lucros de uma maneira newtoniana muito mais rigorosa. No entanto, agora estamos prestes a verificar que isso é apenas uma parte do cenário. Existem eventos que não podemos controlar, nem entender, sob a perspectiva newtoniana. Por exemplo, nós pensamos as "organizações" de um modo classicamente newtoniano e nos iludimos ao achar que podemos controlá-las e "organizá-las" facilmente. A relatividade e a física quântica adicionaram todo um novo conjunto de ideias inovadoras e libertadoras a respeito da vida e dos negócios.

Conforme prosseguir com a leitura, reflita sobre as diferenças entre o mundo que você acha que conhecia e o estranho mundo em que você *realmente* habita.

AS TEORIAS DA RELATIVIDADE DE EINSTEIN — GERAL E ESPECIAL

Albert Einstein (1879-1955) foi o primeiro cientista a estabelecer que existiam verdades fundamentais sobre o universo físico que tinham iludido Isaac Newton. As teorias da relatividade de Einstein forneceram uma nova base de compreensão para o espaço, a massa e a energia. A teoria especial veio antes, em 1905, e mostrou o funcionamento das partículas atômicas e subatômicas. A teoria geral, publicada em 1916, é baseada na visão de Einstein de que a aceleração é precisamente a mesma que a gravidade e viabilizou a cosmologia moderna. Sem as teorias de Einstein, talvez ainda não tivéssemos transistores, microscópios eletrônicos, células fotoelétricas ou computadores; nem as bombas atômicas e a energia nuclear.

A curvatura do tempo e espaço

Até mesmo os físicos têm dificuldade para entender a relatividade, particularmente a teoria geral. Portanto, não vou tentar descrevê-la. Em vez disso, registrarei algumas das consequências mais importantes do pensamento de Einstein[2]:

- Ele postulou que a luz é um fluxo de partículas, cuja energia poderia ser calculada (a constante de Planck comprovou posteriormente esse ponto). Essas partículas de luz foram chamadas de "fótons".
- A teoria especial da relatividade contradiz nossa visão intuitiva de tempo e espaço. Einstein afirma que nada (como, por exemplo, um sinal) pode viajar mais depressa que a velocidade da luz, e essa velocidade da luz, que foi calculada, não muda em função da velocidade do observador. Segue-se a isso que não existem dois observadores, em diferentes velocidades, que possam concordar precisamente sobre quando um evento ocorreu. Logo, o tempo e o espaço não são fixos, não são quantidades absolutas. Também como consequência da teoria especial temos que o lugar *onde* o observador está também determina o momento *quando* ele acha que um evento aconteceu. Nós nunca poderemos dizer com precisão: "Isso aconteceu em tal momento e em tal lugar".
- A teoria especial pode ser aplicada, de uma maneira que não era possível somente com as leis físicas de Newton, para predizer o que ocorre no nível subatômico. Como disse Einstein: "A massa de um corpo é a medida da energia contida nele". Consequentemente, em sua brilhante equação, $E = mc^2$, em que a massa (m) é expressa como uma quantidade de energia (E), quando multiplicada pelo quadrado da velocidade da luz (c). A teoria especial foi muito útil para a elaboração da teoria quântica, que foi desenvolvida graças à cortesia de Max Planck e Niels Bohr nos primeiros anos do século XX.
- A teoria geral lida com a gravidade e corrige a física newtoniana. Isso leva a teoria geral a considerar sistemas em aceleração,

---

[2] Minha lista está grandemente amparada no ensaio bastante útil sobre Einstein escrito por John Simmons em seu livro, *The 100 Most Influential Scientists* (Nova York: Carol Publishing Group, 1996). Na obra, Einstein está colocado em segundo lugar, atrás de Isaac Newton e na frente de Niels Bohr (terceiro) e de Charles Darwin (quarto).

como os corpos no espaço. Como resultado dela, nós temos hoje a abordagem cosmológica do século XX, incluindo a expansão do universo e os buracos negros.

- Einstein teve a visão de alguém despencando dentro de um elevador com os cabos quebrados: a pessoa estará em queda livre dentro do elevador, como os astronautas em órbita ao redor da Terra se sentem sem peso porque estão "caindo" em sua direção. Einstein postulava que a força gravitacional e a força de algo que está em aceleração não se distinguem. Se não há como diferenciar gravidade e aceleração, não há, portanto, diferença real entre elas. A gravidade não é, como previamente havíamos imaginado, a força pela qual todos os objetos são atraídos uns para os outros. Em vez disso, a gravidade é a curvatura do espaço e do tempo pela massa física. O espaço é curvo e a órbita elíptica dos planetas pode ser calculada com precisão usando a teoria geral da relatividade.

- Pela teoria geral, o tempo não é independente do espaço. O tempo parece e se comporta como uma quarta dimensão espacial e pode ser curvado pela gravidade. Dado que a velocidade da luz é uma constante, o tempo e o espaço se tornam unidos em um ponto de referência. Einstein se refere aos eventos em um "*continuum* espaço-tempo" de quatro dimensões.

- De modo ainda mais assombroso, Einstein questionava se o "espaço" e o "tempo" eram realidades da natureza mais do que simples efeito psicológico. Como a forma do "espaço-tempo" depende da gravitação — exigindo corpos materiais — o espaço e o tempo não teriam sentido sem os corpos. Einstein afirmou:

> *Antigamente se acreditava que, se os corpos materiais desaparecessem do universo, restariam o tempo e o espaço. De acordo com a teoria da relatividade, porém, o tempo e o espaço desapareceriam junto com todas as coisas.*

Einstein fez do tempo parte do universo físico

Provavelmente, o maior legado de Einstein é a elevação do espaço e do tempo a elementos dinâmicos com os quais podemos fazer experimentações. O tempo, ele diz, é em si mesmo parte do universo físico: é relativo, não absoluto. Assim, em vez das três dimensões do espaço, devemos pensar nas quatro dimensões do tempo-espaço, sendo o tempo a quarta delas. O espaço e o tempo podem ser mudados, dependendo de quão depressa você viaja e de quanta gravidade você experimenta. Espaço e tempo; energia e massa — são dois elementos vinculados. Quando o Sol brilha, está convertendo parte de sua massa em energia e luz; é um reator nuclear. Os conceitos de Einstein nos permitiram o desenvolvimento da energia nuclear e da bomba atômica. A reação dele à Hiroshima foi a seguinte: "Se eu soubesse que eles fariam isso, teria me tornado um sapateiro".

A RELATIVIDADE PODE SER APLICADA AOS NEGÓCIOS?

Se já é difícil aplicar as teorias de Einstein na ciência, será que podemos realmente aplicá-las aos negócios? Em senso estrito, a resposta honesta é "não". Mas, em vez disso, faça a seguinte pergunta: as teorias da relatividade de Einstein influenciaram de modo útil nossa visão da vida e da verdade, bem como nossa concepção do mundo moderno? Agora, com certeza, a resposta é "sim". Portanto, desde que nós percebamos que não há nenhuma equação einsteiniana nos embasando e que não estamos aplicando estritamente as teorias da relatividade, acho que é razoável considerar que existem duas ideias — amplamente derivadas da relatividade — que são extremamente instrutivas. A saber:

- O tempo não é uma dimensão separada nos negócios, em vez disso é parte integrante da vantagem competitiva.
- Nós precisamos de uma visão "relativa", não absoluta, do nosso mundo, incluindo aqui o universo corporativo.

Tempo: no coração da vantagem competitiva

Einstein incorporou o tempo ao universo físico. O tempo, ele dizia, não é "outro", uma dimensão objetiva externa diante da qual tudo deve ser mensurado. Em vez disso, o tempo e o espaço são vinculados como elementos dinâmicos com os quais podemos experimentar. Atualmente, os físicos e astrônomos em geral falam sobre o "espaço-tempo" como um conceito único.

É bastante curioso que essa perspectiva sobre o tempo já estivesse implícita no folclore muitos anos antes de Einstein. No século XIX, as pessoas diziam "tempo é dinheiro". Em outras palavras, o tempo está intimamente ligado ao processo de produção e pode substituir ou ser substituído por valor monetário. Hoje devemos acrescentar que o "tempo é produto" e que "o tempo é serviço". O mesmo produto ou serviço oferecido mais depressa (ou mais devagar) não é o mesmo produto ou serviço, ele é diferente e melhor (ou pior). Um novo produto, ou geração aprimorada de produto, oferecido aos clientes após um período de um ano em vez dos dois anos previstos, é uma aceleração que entrega valor aos consumidores.

Um grande desafio para os negócios é conseguir integrar o tempo na oferta do produto ou serviço. O objetivo é entregar o produto/serviço mais depressa do que você estava habituado e mais depressa do que os seus rivais. Existem várias técnicas para fazer isso — mostraremos algumas logo adiante —, mas o maior obstáculo e a melhor oportunidade são mentais. Nós pensamos o tempo como algo externo, como outra dimensão, até mesmo como um inimigo. Nós não pensamos, mas deveríamos, sobre "produto-tempo" ou "serviço-tempo" como algo interno, como parte da oferta, uma dimensão crucial que é intrínseca ao modo com que executamos o negócio.

O primeiro desafio mental, portanto, é: *pensar no tempo como um amigo, um recurso, um colega e como parte do valor que você oferece aos clientes*. Isso realmente é desafiador. Nós costumamos pensar no tempo como uma restrição ou como um intruso indesejável; aqui estamos nós realizando algo e, por fim, chegando a algum lugar... oh, Deus! O tempo acabou! Nas palavras do lindo poema de Andrew Marvell:

> Mas às minhas costas eu ouço o alado
> carro do tempo cada vez mais perto

Essa é a atitude errada, embora devamos perceber como ela está profundamente embrenhada no tecido de nossos pensamentos.

A heresia do tempo: o tempo é abundante, o tempo está disponível

Como podemos mudar nosso mapa mental sobre o tempo? Eis aqui algumas ideias relacionadas que são verdades profundas e demonstráveis e que invalidam nossa visão habitual do tempo. Primeira, *não há escassez de tempo*; em vez disso, nós estamos positivamente repletos de tempo. Posso precisar de algum tempo — de que dispomos em abundância! — para persuadir você disso, então vou passar rapidamente para o segundo ponto, que acho que será aceito mais depressa: muito pouco do que a empresa faz (e, por inferência, um executivo) agrega uma boa porção de valor aos clientes. A maioria do valor adicionado deriva de pequenos surtos, oásis de produtividade, cercados por um deserto de processos de baixo valor. Einstein é um exemplo extremo. Quanto tempo ele precisou para inventar a equação $E = mc^2$? Qual foi a relação valor/tempo? Não foi infinita, mas um número bem alto!

Esse segundo ponto, na verdade, já foi comprovado quantitativamente por um número bastante grande de pesquisas, especialmente aquelas associadas no final da década de 1980 e na de 1990 com as técnicas da competição baseada em tempo e reengenharia (também conhecido como reengenharia dos processos de negócios ou RPN). Não quero avançar sobre as técnicas ainda e nem entrar em muitos detalhes, porque quero que você foque no princípio, em seu mapa mental, sobre como você pensa a respeito de negócios. No entanto, Mark Blaxill e Tom Hout, do Boston Consulting Group, reuniram evidências a respeito do trabalho de um grande grupo de clientes, como se segue:

> *Tipicamente, menos de 10% do tempo total dedicado a qualquer trabalho em uma organização é realmente agregador de valor. O resto é desperdiçado por causa de etapas desnecessárias ou operações desequilibradas.*[3]

O que acontece é que o trabalho de alto valor ocupa somente uma pequena parte do tempo e que há longos períodos antes que a atividade que realmente agrega valor seja retomada, porque a empresa se organiza para seguir seus próprios processos em vez de ter o fluxo de atividades ditado pelas necessidades dos consumidores. A maior parte do tempo dispendido na fabricação de um produto ou serviço é gasto em espera, normalmente por algum executivo ou parte da organização (e, às vezes, à espera do consumidor) que deve responder ou fazer algo. Os atrasos derivam de restrições no processo — sempre passíveis de eliminação —, problemas de qualidade (idem) e dificuldades estruturais, que podem ser manejadas com o redirecionamento do fluxo de trabalho; isto é, mudando a estrutura. Muito raramente a estrutura das empresas é desenhada com o objetivo de dar mais velocidade à entrega do produto/serviço ao cliente. Quando isso acontece, quase sempre há grande melhoria de custos e de qualidade como subproduto.

---

[3] Mark F. Blaxill e Thomas M. Hout no texto "Make Decisions Like a Fighter Pilot" (1987), publicado no livro *Perspectives on Strategy*, de Carl W. Stern e George Stalk Jr. (Nova York: John Wiley, 1998).

Então, vamos retornar agora ao primeiro ponto: há muito tempo disponível. Sei que parece *nonsense* ou, pelo menos, paradoxal. Nós estamos todos estressados, nós estamos todos muito ocupados, nós somos sempre interrompidos, estamos todos tentando "gerenciar" melhor o tempo, distribuindo parcimoniosamente esse escasso recurso da melhor maneira possível. E aqui reside o problema e a resposta.

Espere, relaxe e reflita por um momento. *Se somente 10% de nosso tempo é realmente usado com grande aproveitamento, consequentemente 90% não é e, portanto, todo esse tempo está disponível para a realização de atividades de alto valor agregado.* Se considerássemos os números literalmente, poderíamos dobrar nossa atividade de alto valor e ainda dispor de 70% de nosso tempo para desperdiçar. Isso vale tanto para os indivíduos quanto para as corporações onde trabalhamos. Então, não devemos nos preocupar com a escassez de tempo; isso é uma ilusão. Nós não precisamos nos apressar. O que precisamos fazer é parar de investir nosso tempo em atividades de baixa qualidade/poucos resultados.[4]

Integrando o tempo ao seu produto e serviço

O desafio de Einstein é mental e difícil: pense no tempo, ou na redução do tempo, como parte do que você oferece aos clientes. Pense no tempo-produto. Pense no tempo-serviço. É tudo parte de um todo único. Nunca pense no seu "produto" ou "serviço" desvinculado do "tempo". Essa é uma dimensão-chave que deve ser considerada para atingir o sucesso.

Veja se consegue seguir essa linha de pensamento por uma hora, por um dia. É um truque! E é realmente uma revolução em nossa maneira de pensar. Acredite: é 90% da batalha. Se você estiver desperdiçando o seu próprio tempo e o do cliente, existe uma ampla zona de aperfeiçoamento disponível; não para acelerar aquilo que você faz agora, mas para fazer somente aquilo que é importante para o consumidor e se organizar em torno das necessidades do cliente.

Aqui vão algumas dicas do que realmente fazer:

🍂 Estime o tempo que é preciso para realizar aquilo de que o cliente necessita. O tempo entre tirar um pedido e atendê-lo é a "coisa"

---

[4] Eu escrevi mais detalhadamente sobre isso no Capítulo 10, "Uma Revolução do Tempo", no meu livro *O Princípio 80/20 — Os Segredos para Conseguir Mais com Menos nos Negócios e na Vida* (Belo Horizonte: Gutenberg, 2015).

mais importante. Mas há outras: por exemplo, o tempo para introduzir um novo produto ou serviço; o tempo para oferecer serviços de pós-venda e responder a dúvidas ou reclamações; o tempo para incorporar uma sugestão importante do consumidor em um produto ou serviço e assim por diante.

- Descubra as dimensões do tempo e de economia do tempo que são mais importantes para os clientes. Então, busque como atender esses aspectos duas ou três vezes mais depressa do que você fazia historicamente, e duas ou três vezes mais depressa do que o seu rival mais rápido.
- Identifique separadamente as questões de processo, qualidade e estrutura que estão desperdiçando tempo.
- Mapeie o processo de entrega do produto ou serviço ao cliente e onde o tempo está sendo usado. Identifique as falhas que interrompem o fluxo e elimine-as.
- Assim que melhorar seu tempo de entrega ao cliente e deixá-lo duas ou três vezes mais rápido, foque no marketing e no esforço de vendas para comercializar mais com seus clientes já existentes que se beneficiam com a entrega mais veloz e valorizam sua capacidade de resposta rápida; e também buscando novos clientes que valorizarão o benefício da velocidade de resposta mais do que os outros.
- Mensure a retenção da clientela, isto é, a proporção de consumidores que repetem a compra com você. Assegure-se de elevar anualmente o percentual de retenção de clientes, especialmente daqueles mais valiosos e lucrativos. Use sua vantagem de tempo para melhorar a taxa de retenção de clientes.

UMA VISÃO RELATIVA DO MUNDO

De volta a 1905, ao explicar o que ficou conhecido como a teoria especial da relatividade, Einstein deu o primeiro passo — os passos seguintes foram cortesia da teoria quântica, e numa extensão maior do que Einstein gostaria — e começou a minar nossa visão de que tudo é absoluto e fundamental. Einstein disse que a velocidade da luz era uma constante. Então, se dois observadores diferentes estiverem viajando em diferentes velocidades, eles não vão concordar sobre o exato momento em que algo aconteceu. Na prática, as diferenças são de fato bem pequenas, mas o molde da mensuração absoluta e da realidade absoluta estava quebrado, de uma vez e para sempre, por essa perspectiva de Einstein.

O mesmo aconteceu com a geometria. A antiga visão de que "as linhas paralelas só se encontram no infinito" não é mais verdade. A teoria da relatividade sustenta que o espaço é curvo e que as linhas paralelas *realmente* se encontram nesse lado do infinito. A uma grande distância, sim, mas fez uma diferença impressionante na nossa visão do mundo. O segredo foi revelado. Tudo é relativo.

Podemos ver a diferença entre a perspectiva do século XVII para o XIX e do século XX em quase tudo: na ciência, literatura, música popular e na arte. A visão antiga era a da certeza, previsibilidade e confiança absolutas. A herança transmitida pelo século XX é a incerteza, a imprevisibilidade e o ceticismo. Eu disse que você já pode ver isso em quase todos os lugares. A exceção mais importante é a área de negócios, em que a visão do mundo realmente não mudou muito.

É um pulo curto a ser dado entre o conceito de 1905 publicado por Einstein e a percepção de que tudo é relativo, dependendo da posição do observador e do viés. Todo mundo tem seus vieses. Ninguém é objetivo. A realidade absoluta é uma ilusão.

O teorema da incompletude de Gödel

A *gestalt* relativista foi poderosamente reforçada em 1931 pelo **Teorema da incompletude de Kurt Gödel**, uma das mais sublimes e devastadoras obras de lógica do século XX.

Muito possivelmente, Gödel foi um dos mais excêntricos cientistas geniais do século XX, deixando seu amigo Einstein para trás com facilidade. Trabalhando em Viena desde 1924, Gödel seguiu para Princeton em 1938. A tentativa de assegurar-lhe a cidadania norte-americana mal sobreviveu à sua longa e pedante exposição sobre as muitas falhas na constituição dos Estados Unidos. Ele acabou morrendo de fome, convencido de que sua comida estava sendo envenenada.

O teorema da incompletude de Gödel perturbou os sonhos dos matemáticos ao demonstrar que, mesmo em um sistema simples como a aritmética, as premissas podem ser escritas de tal forma a comprová-las ou não comprová-las dentro das regras do próprio sistema. Todo sistema numérico consistente gera formulações — para dar dois exemplos simples: "um número é igual a si mesmo" ou "zero é um número" — que não podem ser provadas, exceto importando axiomas de fora do sistema.

A prova de Gödel não ficou restrita à matemática. A realidade, ele demonstrou, é um constructo, não algo dado. Uma implicação é que o mero processo de pensar se soma ao que estamos pensando... e o processo pode nunca se completar. Nenhuma linguagem ou sistema finito consegue capturar toda a verdade. Portanto, o teorema de Gödel leva as implicações das teorias de Einstein um passo além: nós podemos desistir da possibilidade de existência da verdade absoluta (A propósito, em 1949, Gödel solucionou as equações da relatividade geral de Einstein de um modo que considera que o universo inteiro está rodando, o que tornaria totalmente exequíveis as viagens no tempo. É improvável, porém, que a solução de Gödel estivesse correta, já que o universo dele não estava em expansão e é quase certo que o nosso esteja).

Relatividade nos negócios

A relatividade e a ausência da verdade absoluta deveriam ser um pilar central dos negócios. Apenas para citar algumas das relatividades mais importantes:

- A perspectiva do cliente sempre será diferente daquela do fornecedor. Geralmente, as diferenças são grandes. Nas duas décadas em que fui consultor, nunca achei que a visão do meu cliente sobre o que o consumidor dele queria era inteiramente a mesma que a perspectiva do próprio consumidor. O único antídoto é continuar perguntando ao consumidor o que ele quer e avaliando quanto você e seus principais competidores são bons em cada uma das dimensões desejadas por ele. E ouvir o que o consumidor tem a dizer. E agir de acordo. Isso é 80% do que significa um bom negócio e pouquíssima gente consegue agir assim.
- A perspectiva da sua empresa sobre o que o consumidor quer sempre será diferente daquela do próprio consumidor (isso é o inverso do primeiro ponto) e — aqui está o nó — e estará errada na proporção da distância entre o executivo e a linha de frente em contato com o consumidor.

Trata-se de um problema, porque as decisões tendem a ser tomadas bem longe da linha de frente com o consumidor. Geralmente, as decisões são adotadas na sala do presidente executivo ou nas reuniões do conselho de administração. Supostamente, as decisões são tomadas para beneficiar o consumidor, mas, dada a distância e as diferenças de perspectiva, pode apostar com segurança que as decisões não causarão o efeito desejado. Há dois remédios possíveis.

Um deles é aproximar o processo decisório da linha de frente com o consumidor. O ideal seria deixar que as decisões fossem tomadas pelas pessoas que lidam diariamente com os consumidores ou até mesmo — heresia radical — pelos próprios consumidores. Não me refiro a decisões sobre questões relacionadas, por exemplo, à precificação, nas quais os interesses do consumidor estão em conflito com os do fornecedor. Estou falando de decisões relativas a novos produtos, sobre como a produção e o serviço são organizados e tudo mais referente a valor para o cliente — exceto decisões sobre preço e margem de lucro.

O outro remédio é garantir que os tomadores de decisão, especialmente o CEO, estejam em contato diário com os clientes.

Pela minha experiência, apesar de radical, o primeiro remédio é mais realista do que o segundo. O comediante norte-americano Dave Barry foi revelador:

> Minha teoria é que o grupo mais odiado nas grandes empresas são os clientes. Eles não sabem nada sobre os procedimentos da companhia e nem sobre o que você faz e isso o deixa maluco!
> Ao mesmo tempo, seus chefes, que são idiotas que não têm que falar com os clientes, lhe dizem dia sim e dia não que a pessoa mais importante do mundo é o cliente.[5]

🖤 Não existe produto com qualidade absoluta; tudo é percepção. É bem provável que a visão do cliente sobre a qualidade do produto seja diferente da sua. De fatos, os clientes — outra heresia — talvez não liguem muito para a qualidade. Mesmo que se importem, outros fatores podem ser confundidos com qualidade ou imputados à qualidade. Uma marca fantástica, a propaganda brilhante, serviço surpreendente, entrega rápida ou pura e simplesmente a liderança de mercado — tudo isso pode ser confundido com qualidade.

É claro que existem algumas diferenças de qualidade tão marcantes que se tornam inquestionáveis: um Cartier é um relógio melhor do que um Swatch; uma Montblanc é uma caneta superior em qualidade a uma Bic de ponta esférica. Contudo, quando os produtos são mais similares, a percepção

---

[5] Comentário de Dave Barry publicado na revista *Fortune* de 7 de julho de 1997.

de qualidade pode ser mais importante do que as diferenças objetivas. Os hambúrgueres do McDonald's são realmente melhores do que os do Burger King? A Coca-Cola é melhor do que a Pepsi? Uma história de assassinato escrita por Agatha Christie é muito melhor do que uma de Ngaio Marsh?

Lembre-se de que a qualidade é um meio para atingir um fim e não um fim em si mesmo. Qualidade é aquilo de que os clientes gostam. E, caso seus clientes não valorizem a qualidade, invista seu esforço em algo que eles prefiram.

- A perspectiva de seu principal competidor não será a mesma que a sua. Não imagine que seu rival vai pensar como você ou que interpretará os dados da mesma forma que você. Tente entrar na cabeça dele. Se isso for impossível, apenas observe como ele age e faça inferências sobre as diferenças da visão de mundo dele em relação à sua.

O meio é a mensagem

Finalmente, uma perspectiva "relativista" importante é a dada por Marshall McLuhan, professor de inglês que se tornou guru da mídia. Em seu disruptivo livro de 1964, *Compreender os Meios de Comunicação: Extensões do Homem*, ele escreve:

> *Em uma cultura como a nossa, há muito tempo habituada a repartir e dividir as coisas como forma de controlar, chega a ser um pouco chocante ser lembrado de que, em termos práticos e operacionais, o meio é a mensagem (...) as consequências pessoais e sociais de qualquer meio — isto é, de qualquer extensão de nós mesmos — resultam da nova escala que é introduzida em nossas rotinas por cada extensão de nós mesmos ou por toda nova tecnologia.*[6]

O que McLuhan quer dizer é que a mídia não é neutra: tem suas próprias mensagens e seus efeitos, bastante independentes de seu conteúdo e, geralmente, mais importantes do que seu conteúdo específico. A invenção da escrita facilitou a disseminação do desenvolvimento do pensamento analítico racional. A imprensa e os livros impressos — um novo meio — tiveram profundas consequências. As pessoas não tinham mais que ir à igreja para ler a Bíblia e nem confiar no padre para interpretá-la para elas; podiam ler por si mesmas e fazer a própria interpretação. Sendo

---

[6] Marshall McLuhan, *Understanding Media: the Extensions of Man*, Nova York: McGraw-Hill, 1964, 1965.

assim, não é fantasioso associar o Protestantismo e o individualismo a uma mudança de "meio" — o advento dos livros produzidos em massa e mais baratos. O meio foi mais importante do que a mensagem (por exemplo, a Bíblia, cujo texto, com certeza, não mudou).

Quando a televisão chegou, teve um enorme impacto social, bastante independente do conteúdo que transmitia. Por si só, o meio elevou o grau de impacto visual, reduziu o pensamento e destruiu o tempo e o espaço, trazendo séculos de história e notícias de todo o mundo para a sala de estar das pessoas. A televisão é um meio "refrescante", pois ameniza seu conteúdo, apresentando um conflito sangrento seguido de um comercial sexy das calças Levi's. A televisão é (ou foi) um meio de mão única que dá um enorme poder aos criadores de imagens e às emissoras e, possivelmente (minha opinião mais do que de McLuhan), reverteu um século de expansão e aprofundamento do poder intelectual das pessoas comuns. O conteúdo pode até ser excelente e intelectual, mas a natureza passiva de ver televisão e a preferência inerente pela imagem dada e pela emoção sobre a consistência e a razão corroem as ideias e a criatividade: o meio é a mensagem.

A internet como o novo meio e a nova mensagem

Uma característica ótima da mídia, entretanto, é que ela não é estática. A evolução tecnológica, acompanhada do barateamento e acessibilidade dos sistemas de telecomunicações e, acima de tudo, a internet, transformaram a sociedade, no mínimo, tão profundamente quanto a televisão, mas de modo muito mais construtivo. A internet é um meio rico que conecta as pessoas umas com as outras, negócios uns com os outros e indivíduos com negócios.

Diferentemente da televisão, que assumiu o viés do "centro" da sociedade e era muito mais "de cima para baixo", a internet dá voz aos indivíduos e aos consumidores, favorecendo o pensamento individual e a ação. Dá poder aos empreendedores e os negócios "insurgentes" e tira a força das corporações estabelecidas com ativos físicos e "legados de mentalidade".[7]

---

[7] A expressão "legado de mentalidade" é do Boston Consulting Group. Veja o excelente livro de Philip Evans e Thomas S. Wurster, *Blown to Bits: How the New Economics of Information Transforms Strategy* (Boston: Harvard Business School Press, 2000). Na obra, os autores comentam: "uma vulnerabilidade ainda maior do que o legado de ativos é o legado de uma mentalidade. Pode ser fácil compreender esse ponto intelectualmente, mas, na prática, é profundamente diferente. Os administradores

As revoluções midiáticas anteriores tiveram um impacto significativo nos negócios — a televisão promoveu o marketing de massa e aumentou as vantagens da escala global para os bens de consumo — mas o impacto na sociedade foi ainda maior como um todo. A internet também causou e ainda causa um efeito fantástico sobre a sociedade, e está mudando os negócios em uma extensão ainda maior. Aqui o meio é realmente a mensagem. Quem administra um negócio e ainda considera a internet um mero canal de distribuição, está profundamente equivocado; ela mudou a natureza dos negócios e a forma específica da competição em todos os setores de uma maneira radical. Aqueles que entenderam a dimensão enorme dessa mudança e, sobretudo, captaram que o meio é a mensagem, estão abrindo uma grande vantagem sobre os outros.[8]

RESUMO

A teoria da relatividade nos diz que o tempo não é uma variável independente nos negócios. É parte integrante daquilo que oferecemos. Tempo é produto. Tempo é serviço. Tempo é dinheiro. Tempo é vantagem competitiva.

O tempo também é abundante. As organizações e os executivos desperdiçam enormes quantidades de tempo. Quando realmente querem agregar valor, fazem isso rápida e eficientemente. Normalmente, a vida organizacional consiste de algumas poucas ilhas de alto valor agregado para o cliente, cercadas por oceanos de bobagens corporativas. A empresa típica poderia realizar as atividades que importam para os consumidores duas ou três vezes mais depressa.

---

devem deixar para trás as pressuposições do antigo mundo competitivo e se engajar para concorrer de acordo com regras totalmente novas. Precisam conseguir tomar decisões em uma velocidade diferente, muito antes que os números sejam anunciados (...) Têm que adquirir habilidades técnicas e empresariais totalmente novas, muito diferentes daquelas que conduziram a organização (e eles pessoalmente) ao sucesso. Devem administrar para tirar o máximo das oportunidades, não, pelo mínimo risco. Têm que delegar a tomada de decisões, implementar uma estrutura de remuneração diferente e talvez até mesmo criar diferentes estruturas de propriedade." Boa sorte!

[8] A transformação causada pela internet nos negócios está além do escopo deste livro, embora o Capítulo 11 vá apresentar algumas dicas úteis. Há três livros que você deve ler para entender o que está acontecendo: um deles é o livro da BCG já citado na nota anterior. Os outros dois são o de Alex Birch, Philipp Gerbert e Dirk Scheider, *The Age of E-Tail*, (Oxford: Capstone, 2000) e o de Evan I. Schwartz, *Digital Darwinism: Seven Breakthrough Business Strategies for Surviving in the Cutthroat Web Economy* (Nova Iorque: Penguin, 1999).

A relatividade nos conta que a realidade objetiva é uma miragem. Nós fazemos nossa própria realidade. O futuro não é o passado revisitado. O futuro é o que faremos dele. Existem muitos futuros em potencial. Existem múltiplas rotas para o sucesso. A matéria-prima do sucesso está toda ao nosso redor, esperando para ser usada.

O meio é a mensagem. Os negócios e a sociedade são profundamente afetados pelas grandes revoluções tecnológicas, particularmente a da tecnologia das comunicações. A invenção da escrita foi uma enorme revolução. Assim como a imprensa e a indústria do livro. Assim foi com a televisão. E assim é com a internet.

Essas revoluções transformam nossos sentidos. Alteram nossa relação com o espaço e o tempo. Mudam a maneira com que interagimos uns com os outros, o tipo de pessoa que acreditamos ser e o tipo de atividade que achamos que devemos realizar. Transformam o equilíbrio de poder na sociedade.

A internet está mudando a natureza da realidade dos negócios. A internet torna imperativo pensar em termos de "produto-tempo" e "serviço-tempo" e que encontremos um modo de entregar muito mais valor para muito mais clientes por um custo muito mais baixo e muito mais depressa. As antigas concepções absolutas sobre os negócios se foram. Há um admirável mundo novo a ser criado e a ser temido.

AÇÕES NECESSÁRIAS

- *Pense no serviço-tempo.* Reduza drasticamente o tempo que você precisa para entregar seus produtos e serviços aos clientes. Não pense nos produtos e no tempo, pense no produto-tempo. Não em serviço e no tempo, mas no serviço-tempo.
- *Perceba que as perspectivas de seus consumidores e competidores sempre serão diferentes da sua.* Batalhe para compreender o ponto de vista deles. Influencie a visão do cliente estando lá, moldando a percepção dele, mesmo quando já estiver formada. Faça uma imersão em seu mercado. Não tente apenas entendê-lo: defina-o, mude-o. Viva nele e crie um novo.
- *Procure compreender como a internet pode mudar a "mensagem"* — a realidade comercial — para o seu setor, seu negócio e sua carreira. Descubra como entregar muito mais valor individualizado para muitos mais consumidores por um custo mais baixo e em velocidade mais alta. Se não puder, então encontre um novo negócio ou uma nova carreira.

CAPÍTULO 8

SOBRE A MECÂNICA QUÂNTICA

> *A mecânica quântica supera qualquer outra ruptura conceitual pela amplitude de suas implicações científicas e pelo choque que suas consequências contraintuitivas causaram sobre nossa visão da natureza; o micromundo é tão estranho quanto o cosmos.*
>
> — Sir Martin Rees[1]

> *O oposto de uma verdade trivial é simplesmente falso. O oposto de uma grande verdade também é verdadeiro.*
>
> — Niels Bohr[2]

O TRIUNFO MAIS MAJESTOSO DA CIÊNCIA DO SÉCULO XX

A teoria da relatividade é bem estranha, mas vai ficar ainda mais esquisito. Respire fundo.

A **Mecânica Quântica** (também conhecida por física quântica ou teoria quântica) é a joia da coroa da ciência do século XX, o mais majestoso triunfo da visão e do intelecto. A teoria quântica mostra como o universo, em seu nível mais fundamental, *realmente* funciona. Mesmo assim, não é uma jornada confortável. Até Einstein considerou a teoria quântica tão estranha que se recusou a aceitá-la integralmente, comparando-a a um "sistema de delírios, fruto de uma mente paranoica excessivamente inteligente", daí aquela sua famosa — e equivocada — observação de que "Deus não joga dados com o universo".

Então, o que é a física quântica e como ela foi descoberta?

---

[1] Sir Martin Rees (1942-), o barão Rees de Ludlow é um respeitado cosmologista e astrofísico britânico, que presidiu a Royal Society entre 2005 e 2010 (N.T.).
[2] Niels Bohr (1885-1962), físico dinamarquês, cujos trabalhos foram fundamentais para a compreensão da estrutura do átomo e para a física quântica. (N.T.)

Niels Bohr e o salto quântico

O grande físico dinamarquês Niels Bohr (1885-1962) percebeu pela primeira vez, entre 1912 e 1913, que a mecânica newtoniana não podia explicar o comportamento dos átomos. Ernest Rutherford (1871-1937) já havia desenvolvido um modelo para os átomos parecido com uma miniatura do sistema solar com um pequeno núcleo formado por prótons e nêutrons orbitado por elétrons ainda menores. Já se sabia também que os átomos eram instáveis. Bohr desconfiou que os elétrons mudavam de órbita quando irradiavam luz; dessa forma, ele conseguiu identificar a emissão de um *quantum* no momento do "pulo" de um elétron de uma órbita para outra.

De acordo com o modelo de Bohr, elétrons "excitados" por um bombardeio de energia podem pular de uma órbita para outra (mais interna ou mais externa), passando instantaneamente de uma posição para outra, que não são adjacentes, sem que possam ser encontrados fisicamente entre elas.

Isso levou à hipótese de que, quando um elétron tem uma escolha de estados para saltar, ele toma uma decisão totalmente aleatória. Um pulo quântico (ou salto, o termo preferido pelos físicos) é *a menor* mudança que pode ser feita e ela ocorre de modo imprevisível.

Ao longo das duas décadas seguintes, a modelagem matemática do átomo levou a novas e contraintuitivas perspectivas. Entre elas, duas das mais importantes são: o **princípio da incerteza de Heisenberg** e o **princípio da complementaridade de Bohr**.

Princípio da incerteza de Heisenberg

Em 1927, Werner Heisenberg provou que a incerteza é inerente nas equações da mecânica quântica. Ele mostrou que se tentarmos mensurar simultaneamente a posição e o *momentum* de um elétron, não vamos conseguir. Quanto mais precisamente soubermos onde está o objeto, menos certeza teremos de seu *momentum*; e vice-versa. O princípio da incerteza, portanto, afirma que não é possível calcular com precisão e ao mesmo tempo a posição e o *momentum* de uma partícula subatômica. A linguagem não consegue descrever o átomo de forma eficaz; tudo que podemos fazer é medir o átomo, mas somente com uma incerteza inerente. E não se trata de um defeito nas nossas técnicas de mensuração; essa imprecisão fundamental é o que caracteriza o comportamento daquela minúscula matéria. Nós nunca saberemos se os átomos se comportam, ou não, como pontos precisos movendo-se em velocidades exatas.

Sendo assim, Heisenberg derrubou a suposição de que "por trás do universo estatístico da percepção reside escondido um mundo 'real', que é regulado pela causalidade", tornando-a "inútil e sem sentido".

O princípio da complementaridade: dualidade onda-partícula

Em 1927, Bohr expôs seu princípio de que a luz é simultaneamente onda *e* partícula. A realidade detectada depende do experimentador e de seu método. Se você observar um fóton com um detector de partículas, vai ver uma partícula. Observe um fóton com um detector de ondas e — bingo! — terá uma onda. Nenhuma das duas, disse Bohr, é mais real ou mais precisa. Nós só podemos ver a onda ou a partícula isoladamente, embora a descrição de ambas seja necessária para entender o sentido completo do que é a luz. Os dois métodos são complementares.

"Ambos/e" torna-se uma perspectiva melhor do que "e/ou".

O GATO DE SCHRÖDINGER

Erwin Schrödinger (1887-1961) foi um físico austríaco pitoresco que, em 1925, criou a equação da onda, descrevendo o comportamento do elétron ao redor do núcleo atômico. Bohr disse a Schrödinger:

> *Sua mecânica das ondas contribuiu demais para a clareza matemática e simplicidade e representa um gigantesco progresso em relação a todas as formas anteriores de mecânica quântica.*

Ainda assim, Schrödinger, como Einstein, ficou aborrecido por não conseguir encontrar uma causa subjacente para o comportamento atômico e subatômico. Einstein e Schrödinger queriam detectar a realidade escondida que eles supunham existir sob o mundo irreal do *quantum*. Para demonstrar o absurdo das conclusões probabilísticas da teoria quântica, Schrödinger criou a parábola de um gato que estava ao mesmo tempo vivo e morto.

Seu experimento mental era assim: imagine um gato vivo dentro de uma caixa preta, da qual não podemos ver o interior. A caixa também contém um pequeno frasco de veneno que, se aberto, matará o gato.

Há uma chance de 50/50 de que uma emissão radioativa libere o veneno. O bom senso sugere que, em algum momento, o gato vai estar morto ou vivo; ou que o veneno terá sido liberado, ou não. O fato de não sabermos se o gato está vivo ou morto é irrelevante; ou ele está bem feliz ou está bem morto. No entanto, a teoria quântica diz que o material radioativo não "decide" se faz a emissão ou não, até que seja observado o evento. Portanto, até que se abra a caixa, de acordo com a teoria quântica, a emissão nem aconteceu e nem não aconteceu. O gato, por sua vez, também não está nem morto e nem vivo, então, está *morto e vivo ao mesmo tempo*. Somente abrindo a caixa podemos definir se o gato está morto ou vivo.

Tolice? Schrödinger também achava. O que ele enfatizou foi a distância existente entre a realidade quântica — o mundo das mínimas partes de matéria — e a realidade além desse micromundo; ou seja, a realidade diária dos gatos, pessoas e de tudo que é maior do que um átomo. Mas, embora tivesse gostado de fazer isso, Schrödinger não conseguiu descomprovar a natureza da realidade quântica. Os experimentos comprovaram, acima de qualquer dúvida, que a mecânica quântica está correta ao afirmar que essas partículas se comportam aleatoriamente, apesar de estarem relacionadas entre si. Um fóton tem um efeito instantâneo sobre outro próton, mesmo quando logicamente não poderia. As partículas fundamentais que formam o mundo parecem estar inseparavelmente conectadas umas às outras, como parte de um todo indivisível; as partículas "sabem" o que as outras estão fazendo.

Acho que a parábola de Schrödinger foi bem-sucedida ao questionar a relevância da teoria quântica para os fenômenos fora do mundo quântico e também ao injetar algum cuidadoso bom senso em qualquer tentativa de extrapolá-la para fora desse micromundo.

QUÃO RELEVANTE A TEORIA QUÂNTICA É PARA OS NEGÓCIOS?

A mecânica quântica tem muitos paradoxos intrigantes, mas um deles em particular é muito interessante: veja o contraste entre os impressionantes resultados práticos da teoria por um lado e, por outro, sua natureza aparentemente ilógica, misteriosa e assustadora. Ninguém acreditaria na teoria quântica se suas predições científicas não tivessem sido comprovadas tantas vezes ou se não tivesse mudado nossa vida tão poderosamente. A teoria quântica pode prever resultados experimentais com muitas casas decimais. A teoria quântica (e a relatividade) nos deu o transistor, o microprocessador, a energia atômica e os lasers. A moderna cosmologia seria impossível sem a teoria quântica.

Agora nós temos essa surpreendente e bem-sucedida teoria física e, ainda assim, suas implicações — mesmo nas ciências e entre os cientistas que estudam os pedaços microscópicos da matéria — parecem confusas, peculiares e equivocadas até para físicos eminentes como Einstein e Schrödinger. Então, eis a pergunta que devemos nos fazer agora: qual é a relevância da mecânica quântica para tudo o mais além dela e especificamente para os negócios?

Aqui temos que mergulhar nas águas agitadas da controvérsia. Várias interpretações abrangentes da teoria quântica foram propostas por autores da ciência "pop", algumas das quais clamam a existência de uma nova teoria "quântica" para a sociedade e os negócios, que viria a substituir a alegadamente dominante teoria newtoniana. Eu considero esse clamor pouco convincente por razões que explicarei adiante neste capítulo. Antes de apresentar um bom exemplo de teoria quântica extrapolada para os negócios, desafiando essa interpretação, eu gostaria de abordar dois pontos em que considero válido e instrutivo o uso dessas ideias como metáfora para fins corporativos.

Fugindo da tirania do e/ou

O princípio da incerteza de Heisenberg e o princípio da complementaridade de Bohr são representantes diretos de algo que, naquela época, a década de 1920, era uma novidade científica: a abordagem de ambos/e em vez da tradicional e/ou. A metodologia foi uma resposta à natureza da realidade quântica. Embora não faça sentido dizer, por exemplo, que um gato está simultaneamente na sala de estar e no quarto; faz *realmente* algum sentido, de acordo com Heisenberg, afirmar que uma partícula pode estar em dois lugares ao mesmo tempo. No entanto, diante da existência dos saltos quânticos e das descontinuidades internas no átomo, nós não podemos visualizar com precisão sua posição e seu *momentum* simultaneamente. Além disso, Bohr acrescenta, a luz pode ser ao mesmo tempo uma série de ondas e um fluxo de partículas. As duas descrições, Bohr afirma, são necessárias e complementares para ajudar a compreender o que está ocorrendo.

Acredito que a descoberta da ideia de ambos/e como uma alternativa sensata para a visão e/ou é uma maneira de pensar válida e relativamente nova que deriva, pelo menos em parte, da mecânica quântica. Com certeza, mesmo que essa teoria nunca tivesse existido, nós poderíamos ter feito o progresso mental de começar a pensar com a mentalidade ambos/e.

Em primeiro lugar, poderíamos ter deduzido o pensamento ambos/e do próprio mundo corporativo moderno. Isso quer dizer que, em quase toda questão que costumava ser vista como e/ou, ao menos em algumas circunstâncias, essa escolha pode ser evitada e resolvida com uma solução ambos/e. Por exemplo, se formos suficientemente criativos e sortudos, podemos manter o mercado acionário feliz *e também* sermos socialmente responsáveis. Podemos buscar a alta lucratividade *juntamente* com a entrega de máximo valor aos clientes. Podemos buscar *simultaneamente* alta qualidade *e* baixo custo; a qualidade pode não ser apenas "de graça", mas ter, na verdade, "custos negativos". Você pode ganhar em uma transação particular *tanto quanto* eu. Na atividade econômica como um todo, aparentemente, agora podemos ter alto crescimento *e* baixo desemprego; podemos também desfrutar de grande crescimento *com* baixa inflação; e de baixo desemprego *com* baixa inflação. As escolhas que anteriormente eram "inevitáveis" agora podem — às vezes — ser superadas. Toda vez que uma decisão entre alternativas for proposta, devemos assumir que há um modo de contorná-la para que possamos pegar o bolo e comê-lo inteiro. E provavelmente há, se formos criativos o suficiente.

Testando múltiplas possíveis opções

Um segundo ponto útil, apesar de admitidamente mais fraco, é a analogia entre o comportamento dos elétrons (ou fótons) e o valor de testar múltiplas opções possíveis. Aqui gostaria de mencionar Danah Zohar e Ian Marshall, escritores de livros populares sobre a teoria quântica e suas implicações sociais:

> *O átomo pode se tornar instável sem razão aparente (...) Portanto, repentinamente, os elétrons de um átomo previamente estável podem começar a se mover entre diferentes órbitas de energia (...) Não há como se saber por qual caminho um elétron particular vai seguir (...) Indeterminação — a falta de qualquer base física para prever o resultado dos eventos — caracteriza o domínio quântico. O elétron pode ir para o próximo estado mais alto, pode saltar diversos estados intermediários ou até dar um pulo duplo sobre si mesmo (...) a física quântica nos diz que o elétron, na verdade, pode seguir por todas essas rotas, tudo ao*

mesmo tempo. Ele se comporta como se estivesse espalhado por todo tempo e espaço e em todo lugar ao mesmo tempo.

De modo bastante parecido, como quando nós jogamos com múltiplas possibilidades em nossa imaginação ou lançamos "balões de ensaio" para ver como algo vai funcionar, o elétron coloca "sensores" (...) para verificar, por fim, qual caminho se adequa melhor a ele.[3]

A analogia com os negócios é que deveríamos conduzir experimentos mentais e reais antes de determinar o curso de uma ação importante. Imagine fazendo a, b e c; e também x, y e z. Nem você nem sua empresa estão predestinados a seguir em um determinado curso de ação. Há muitos graus de liberdade, unidos somente pela sua imaginação. Existe *sempre* outro caminho, outra maneira de fazer e sempre outro lugar para ir. Crie muitas possibilidades. Brinque com elas na sua cabeça. Consulte os colegas. Pense no impensável. Pense sem pensar. Reduza as escolhas, mas não fixe ainda o caminho a seguir. Mantenha algumas opções guardadas.

Agora, coloque sensores em seus colaboradores e no mercado. Faça perguntas aos distribuidores, fornecedores, consumidores, especialistas confiáveis. O que você pensa sobre x? Você gostaria de y? Qual seria a reação se nós fizéssemos $w + z$ e também $- b$? Mesmo assim, ainda não decida o que vai fazer realmente.

Faça testes de mercado para avaliar se o conceito, a tecnologia e as variações do produto podem atender às expectativas e se o produto é sustentável: se há um nível suficiente de recompra. Verifique quais balões de ensaio sobem e permanecem no alto, quais descem e aqueles que não vão para lugar nenhum. Experimente sem compromisso. Agora reveja seus planos. Faça mais experimentos. Repita tudo de novo.

Quando estiver pronto, siga em frente. Mas não até que tenha se comportado como se fosse um elétron.

A TEORIA QUÂNTICA USADA COMO UM ARÍETE

Eu considero que esses dois exemplos de abordagem da mecânica quântica em administração — a questão do ambos/e, bem como a ideia de lançar sensores antes de se mover decisivamente — são analogias

---

[3] Danah Zohar e Ian Marshall no livro *Sociedade Quântica* (Rio de Janeiro: Best Seller, 2006).

de negócios razoáveis e úteis derivadas daquele micromundo. Mas diversos autores foram além e tentaram usar a mecânica quântica como um aríete para atacar a visão de mundo "newtoniana" e dar apoio ao que eles tranquilamente denominam de uma filosofia da "nova era" empresarial e social, alegando estar baseados na física quântica. Esse uso da expressão "nova era" para a teoria quântica é interessante, enfático e coerente. Mas também é equivocado.

Depois de descrever essa nova visão, há três questões que gostaria de abordar. Uma é se a perspectiva "nova era" pode ser legitimamente derivada da física quântica. A segunda questão é se, independentemente de sua proveniência, essa nova visão merece a atenção das pessoas de negócios — se contém abordagens úteis. E, por fim, se essa nova visão é realmente consistente com as perspectivas mais importantes e positivas que podem ter sido legitimamente extraídas da mecânica quântica.

Primeiro, a descrição. Por muitos anos, o principal expoente da visão "nova era" da física quântica (embora eu ache que até ela repudiaria o rótulo "nova era") foi Danah Zohar, uma escritora que estudou física, filosofia e religião. Suas ideias foram claramente expostas em três obras intrigantes: *O Ser Quântico* (Rio de Janeiro: Best Seller, 2003), *Sociedade Quântica* (Rio de Janeiro: Best Seller, 2006) e *ReWiring the Corporate Brain* (sem tradução no Brasil). No livro *Sociedade Quântica*, ela escreve:

> *Acredito que devemos considerar que o ser, a sociedade e a natureza, tudo deriva de uma fonte comum, que cada um é um parceiro necessário de um diálogo criativo mais amplo (...) existe apenas uma realidade e somos parte dela. A física nos fala sobre os processos de criatividade e transformação no mundo natural (...) se nós entendermos a verdadeira base física da transformação, talvez consigamos nos alinhar com ela (...) A física quântica, em particular, quase grita para que usemos um modelo mais geral para formar um modo totalmente novo de pensar sobre nós mesmos e nossas experiências. Existe uma estranha e intrigante similaridade entre a maneira que os sistemas quânticos se relacionam e comportam e tudo aquilo que estamos agora começando a compreender ou esperar das relações sociais humanas.*

No livro *ReWiring the Corporate Brain*,[4] Zohar descreve a "escolha entre a administração newtoniana e a liderança quântica".

Em uma tabela chamada de "Liderança administrativa", ela diz:

---

[4] Danah Zohar, *ReWiring the Corporate Brain* (São Francisco: Berrett-Koehler, 1997).

A administração newtoniana enfatiza a certeza; previsibilidade; hierarquia; divisão do trabalho ou fragmentação das funções; poder emanado do topo ou do centro; empregados como unidades de produção passivas; ponto de vista único; única melhor maneira de realizar; competição; estruturas inflexíveis; controle forte e burocrático; eficiência; [e] operação de cima para baixo (reativa).

Por contraste:

A administração quântica enfatiza a incerteza; mudança rápida; imprevisibilidade; redes sem hierarquia; esforços multifuncionais e holísticos (integrados); poder emanado de diversos centros que interagem; empregados como parceiros cocriativos; muitos pontos de vista; muitas maneiras para realizar; cooperação; estruturas responsivas e flexíveis; supervisão sem execução; relacionamentos e serviços significativos; [e] operação de baixo para cima (experimental).

A teoria quântica dá suporte a uma nova visão da administração?

Vamos deixar, por enquanto, de questionar se a "administração quântica" é melhor do que a "administração newtoniana". O primeiro ponto é verificar se a "administração quântica" pode razoavelmente ser derivada da teoria quântica.

Anteriormente, eu afirmei que era razoável derivar da teoria quântica, na forma de analogia, dois dos onze fatores que Zohar toma para a "administração quântica", a saber: aquilo que estamos chamando de abordagem "ambos/e" e que ela define como muitos pontos de vista; e a questão sobre muitos experimentos. Também vejo que as analogias com o comportamento do micromundo podem dar sustentação aos pontos relacionados à incerteza, mudança rápida e imprevisibilidade (embora muitas outras observações tiradas do mundo natural também pudessem sustentar a questão da incerteza igualmente bem e, enquanto estiver claro que o micromundo é imprevisível para nós, não tenho certeza de que ele demonstre a tipificação de mudança rápida). Vamos, porém, dar aqui o benefício da dúvida.

Mas há algo em toda a física quântica que demonstra as redes sem hierarquia ou os esforços multifuncionais e holísticos (integrados) ou que o poder emana de muitos centros em interação ou que os empregados são parceiros cocriativos ou cooperação ou estruturas responsivas e flexíveis ou supervisão sem execução ou relacionamentos e serviços significativos ou, de fato, aquela parte da operação (experimental) de baixo para cima? Deve ser minha pouca especialização em mecânica quântica que me deixa confuso, mas, tendo lido bastante sobre o assunto, não consigo ver, de modo algum, nenhum traço de evidência para sustentar esses últimos pontos da "administração quântica".

Não há dúvida de que Zohar argumentaria que o importante não são os particulares, mas a *gestalt* geral da física quântica e das outras ciências do século XX em oposição à física newtoniana. E aqui temos uma questão. A física newtoniana realmente cristalizou e popularizou a visão mecânica do mundo, a ideia de que o mundo e suas partes são um conjunto de máquinas que se comporta de modo previsível e ordenado. Em oposição parcial, a física quântica revelou que *algumas partes* da realidade, a saber: partículas submicroscópicas inanimadas e sua turma, se comportam de maneira que dificulta a elaboração de previsões e que, certamente, não pode ser caracterizada como similar à de uma máquina. Isso é base suficiente para uma nova visão de mundo? E isso pode ser razoavelmente extrapolado para servir de base para uma nova visão da administração? Para mim, não, pelo menos, sem recorrer a muita ajuda e caminhões carregados de imaginação.

Alguma ajuda, é verdade, vem de outra ciência do século XX: daquilo que já abordamos — a relatividade e o teorema da incompletude de Gödel — e de outra parte que examinaremos na Parte 3, ou seja, os conceitos de caos, complexidade e sistemas não lineares em geral. Em conjunto, essas ideias realmente revelam que existem partes importantes do mundo natural que se comportam com padrões interessantes não lineares ou mecânicos e que são difíceis de compreender de fato. Também já vimos que a biologia dos séculos XIX e XX sustenta a importância da cooperação (mencionada por Zohar) e a variação (à qual ela não deu relevância). Mas é justo colocar tudo isso junto no coquetel zohariano da "administração quântica" (que é implicitamente boa) e em oposição a toda a "administração newtoniana" (implicitamente ruim)? Eu diria que, no mínimo, nada disso está provado. Também destaco outro ponto importante: a física quântica *não substitui* a física newtoniana, que permanece válida ou apenas levemente imprecisa, em todas as questões que sempre foram cobertas por ela. Isso implica que a "administração newtoniana" é quase perfeitamente válida para grande parte de nossas experiências também?

A "administração quântica" é melhor do que a "administração newtoniana"?

A segunda questão que devemos analisar é se a "administração quântica" é uma filosofia de negócios útil, não importa se for justa ou injustamente derivada da física quântica. A "administração quântica" é uma sacola cheia de atributos, alguns dos quais são certamente úteis em circunstâncias particulares. Mas é interessante que não há exemplo terreno de uma organização empresarial que esteja sendo gerida com mais foco na "administração quântica" do que na "administração newtoniana". Naturalmente, pode ser apenas cautela ou falta de familiaridade com o novo paradigma, mas também pode ser porque essa é uma tarefa impossível.

A "administração quântica" é realmente compatível com as abordagens válidas da teoria quântica?

Essa é a nossa terceira e última questão. Para mim, o enfoque-chave que pode ser tirado diretamente da mecânica quântica é que, onde for possível, devemos adotar uma abordagem "ambos/e" dos negócios, fugindo da tirania da visão "e/ou". E aqui é profundamente irônico que as exposições do pensamento quântico, como a de Danah Zohar, se deem ao trabalho de denegrir o pensamento mecanicista newtoniano. A consequência paradoxal é que assim teríamos apenas a "administração newtoniana" *ou* a "administração quântica". Isso é duplamente inapropriado. A escolha disponível não é entre a física quântica e a física newtoniana: nós precisamos de ambas. Não somos forçados a escolher entre uma visão newtoniana do mundo — ou a assim chamada visão administrativa newtoniana — e as perspectivas oferecidas pela teoria quântica e outras ciências do século XX. Nós podemos nos beneficiar das duas simultaneamente.

A perspectiva apropriada, certamente, é que a teoria quântica revelou outro mundo, um universo paralelo que não podemos experimentar diretamente, outro conjunto de visões e linguagem; um mundo do qual podemos trazer possibilidades e inspiração, mas que não pode e não deve substituir o mundo newtoniano do pensamento racional, dos planos, dos objetivos, da engenharia sólida, dos números, dos orçamentos e da busca pelos mais altos retornos. O pensamento quântico tem o valioso papel de suplementar essa abordagem ao chamar a atenção para suas falhas e estimular a imaginação. Mas, sozinho, o pensamento quântico não é capaz de fornecer um modo de administrar as organizações empresariais, assim como não é capaz de construir uma ponte e mandar alguém para Marte. Não estamos fazendo nenhum favor à física quântica e ao pensamento quântico quando exageramos seu alcance e abrangência, nem quando os colocamos como um substituto completo para os métodos newtonianos. A insistência de alguns autores de que a maneira quântica é a maneira real e a extrapolação de que a realidade quântica cobre toda realidade vai contra a sabedoria tolerante e mais inclusiva de Niels Bohr, provavelmente o maior físico quântico que já existiu, que insistia que "o oposto de uma grande verdade também é verdadeiro".

O mundo quântico não é melhor nem pior do que o mundo newtoniano; é apenas diferente. *Vive la différence!*

RESUMO

A mecânica quântica mostra como se comportam as menores partículas da matéria, e a resposta é: de modo "estranho, bizarro, imprevisível". Werner Heisenberg demonstrou que a incerteza é inerente à mecânica quântica: nós não podemos acompanhar a posição e o *momentum* dos elétrons. Eles parecem se movimentar em diferentes direções de modo aleatório e mesmo simultâneo. Niels Bohr explicou que a luz é, ao mesmo tempo, como uma onda e como uma partícula. Ambas as descrições são necessárias e complementares para que possamos entender o que está ocorrendo no micromundo. A parábola do gato de Erwin Schrödinger apresentou o abismo que separa as conclusões indeterminadas da teoria quântica da realidade da vida ordinária além do micromundo.

Nós devemos ter precaução ao fazer extrapolações da teoria quântica. O universo misterioso das partículas microscópicas inanimadas acrescenta uma nova perspectiva à vida, mas não invalida outras perspectivas mais diretas. Até mesmo na física, a mecânica quântica suplementa, mas não substitui, a mecânica newtoniana. A teoria quântica faz ajustes extremamente pequenos nos cálculos newtonianos, ajustes que para quase todas as aplicações práticas podem ser seguramente ignorados. A teoria quântica é um maravilhoso triunfo do intelecto e nos proporcionou o desenvolvimento dos computadores, da biotecnologia e da engenharia genética, embora seu impacto na engenharia convencional tenha sido mais discreto.

As tentativas de usar a teoria quântica como um aríete para atacar as atitudes e comportamentos "newtonianos" e "mecânicos" não são convincentes. Esse tipo de tentativa revela uma compreensão rasa da natureza da ciência e dos negócios e, provavelmente, seria repudiado pelos próprios "pais" da teoria quântica.

Duas abordagens de negócios, no entanto, podem ser razoavelmente tiradas da teoria quântica. Se a luz pode ser visualizada simultaneamente como uma série de ondas e um fluxo de partículas, então é provável que nenhuma visão de atividade dos negócios deva ser restritiva. Por exemplo, um negócio pode ser legitimamente visto como um exercício econômico para maximizar o lucro e o dinheiro, mas isso não impede que ao mesmo tempo ele também seja legitimamente visto como um negócio que estimula a atividade social criativa e agrega valor aos consumidores. Essas perspectivas parecem ser incompatíveis, mas na verdade são complementares. Por extensão, e usando uma licença poética, podemos generalizar que a teoria quântica determina que o mundo não é "e/ou" — ele é "ambos/e". As contradições podem ser superadas. Com imaginação, nenhuma escolha entre duas opções é inevitável.

A segunda abordagem válida é o valor de testar múltiplas opções possíveis. Até onde se pode afirmar, os elétrons podem e realmente vão a todos os lugares de uma vez. Nós também podemos fazer isso com experimentos mentais, o que conseguimos colocando sensores no mercado e lançando alguns balões de ensaio. Sendo assim, uma regra de ouro útil pode ser a seguinte: não comprometa grandes recursos até que tenha vivido como um elétron.

AÇÕES NECESSÁRIAS

- *Busque a abordagem "ambos/e".* Não acredite que as contradições e as escolhas entre possibilidades são inevitáveis. Seja criativo e procure a maneira para suavizá-las e eliminá-las, assim você terá o melhor de dois mundos. Fuja das limitações do pensamento e/ou. Tenha tudo.
- *Experimente em pensamento e ações antes de se comprometer com uma grande iniciativa.*

CONCLUSÃO

Na Parte 2, nós examinamos dois tipos diferentes de física, duas visões de mundo distintas e, como consequência, duas diferentes abordagens da organização e de sua administração. É estranho como a mesma ciência física pode incitar o surgimento sequencial de duas visões diversas de como o mundo funciona. E, como reflexo disso, o novo mundo da física quântica, com suas inovadoras e subversivas implicações de como o universo opera, suplementa, mas não substitui sua velha prima, a física derivada de Isaac Newton.

O Capítulo 6 celebrou o modelo newtoniano e o poder dos números, das análises e das proporções simples para comparar duas relações-chave. Aqui reside a origem dos sistemas contábeis, da análise de lucratividade e das matrizes dualistas. Não se deve zombar do poder disso. Nós analisamos uma relação poderosa: aquela existente entre a lucratividade × a distância e o tamanho relativo dos competidores. Embora a abrangência dessa relação não esteja comprovada matematicamente, nós exploramos o apelo intuitivo do conceito de "gravidade da competição", em que a competição próxima e similar deprime o retorno das unidades de negócios. Postulamos que a maneira de obter altos retornos sobre o capital é estabelecer a máxima distância possível dos competidores, juntamente com a diferenciação nas dimensões de tipo de cliente, tipo de produto e área geográfica.

A revisão da relatividade no Capítulo 7 concluiu que o tempo não deve ser pensado como uma dimensão separada de negócio. O tempo deve ser uma parte integrante crucial da oferta de qualquer empresa. Também vimos que a realidade objetiva é uma miragem. Se a realidade é um constructo sem sustentação objetiva, nossos empreendimentos comerciais e nossos mercados talvez possam determinar nosso sucesso ou fracasso tanto quanto outros atributos.

Nossa fascinante jornada pelo micromundo no Capítulo 8 revelou como as mais diminutas porções de matéria são estranhas e difíceis de compreender.

Concluindo nossa revisão da física, nós nos recusamos a permitir que a mecânica quântica ofusque a mecânica newtoniana. A nova não substitui a antiga. À parte do mundo subatômico, as teorias de Newton ainda funcionam. E, nos negócios, é possível ser muito bem-sucedido utilizando as ferramentas newtonianas e descartando todo o restante.

No entanto, a lição mais importante trazida da teoria quântica é que posições aparentemente irreconciliáveis podem ser apenas dois lados da verdade: devemos aceitar as grandes verdades como complementares mesmo quando se mostram em oposição. Isso significa que nos negócios, assim como na física, existe espaço para a nova e para a antiga perspectiva: para a verdade racional, números, raciocínio de causa e efeito e a visão mecânica do mundo; e também para os padrões imprevisíveis, probabilísticos, experimentais, abertos e paradoxais da realidade — sobre os quais temos muito mais a aprender na Parte 3 deste livro, na qual vamos abordar o mundo dos sistemas não lineares na natureza e na sociedade.

Parte 3

AS LEIS NÃO LINEARES
CIÊNCIA INTERDISCIPLINAR

INTRODUÇÃO

Na Parte 3, nosso foco recai sobre os sistemas não lineares e a ciência interdisciplinar, o que abrange o seguinte: caos, complexidade e o pensamento sistêmico em geral.

De acordo com essa abordagem, o mundo não se comporta de modo linear, com a regularidade newtoniana, com causa e efeito discretos e identificáveis. O matemático Stanislaw Ulam comentou que referir-se ao estudo do caos como "ciência não linear" é como denominar a zoologia de "estudo dos animais não elefantes". Ulam tinha razão, porque o mundo está repleto de não linearidade, mas ele estava exagerando.

É preciso destacar que algumas coisas *são* lineares e aqui a física newtoniana continua a funcionar. Porém, muitos eventos importantes e interessantes da vida são sistemas não lineares. O todo é maior do que as partes e compreende algo qualitativamente diferente do que as suas partes.

A análise linear não ajuda quando se estuda os sistemas complexos, mas as ciências interdisciplinares do **Caos** e da **Complexidade** podem ajudar. Nós vamos fazer uma revisão delas no Capítulo 9.

No Capítulo 10, descobriremos como obter mais com menos usando a ferramenta do **Princípio 80/20**. Também vamos derivar algumas visões dos sistemas não lineares a partir do "poder dos elos fracos", do teorema de Von Foerster (da cibernética), da teoria do controle e do princípio do menor tempo de Fermat.

O Capítulo 11 cobre os aspectos não lineares do crescimento, da mudança tecnológica, das redes e da "nova economia". Vamos revisitar o **Equilíbrio Pontuado** e apresentar um conceito relacionado extremamente útil, o **Ponto de Virada**, que ajuda a predizer *se* e *quando* uma tendência ou novo produto vai decolar. Esse capítulo mostra o papel-chave da tecnologia no direcionamento do crescimento. Aqui também será apresentada a **Lei dos Retornos Crescentes**, que revirou a microeconomia mais tradicional ao demonstrar que a construção de monopólios temporários pode ser inevitável e até mesmo do interesse público.

O Capítulo 12 examina como a teoria dos sistemas pode nos ajudar a sustentar o sucesso, apesar das armadilhas do **Paradoxo do Enriquecimento**, da **Lei da Entropia** e da **Lei das Consequências Não Intencionais**.

CAPÍTULO 9

SOBRE O CAOS E A COMPLEXIDADE

> *Caos é quando um sistema é tão complexo e irregular a ponto de parecer randômico, a menos que você saiba sobre ele boa parte da informação que está escondida. O Caos é adorável, é absolutamente maravilhoso. É repleto de todo tipo de formas e comportamentos intrigantes.*
> — **Ian Stewart**[1]

A TERCEIRA GRANDE RUPTURA CIENTÍFICA

Caos e *Complexidade* provavelmente são a inovação científica mais importante do final do século XX. São conceitos e campos de estudo complementares, que exploram a matemática, biologia, física, economia e muitas outras disciplinas. Embora ainda seja muito cedo para conhecer o lugar dessa teoria na ciência, muitos acreditam que ela está ao lado ou logo atrás da relatividade e da teoria quântica, representando a terceira grande ruptura científica do último século. Caos e complexidade também propõem perspectivas que são muito congruentes e complementares àquelas já oferecidas pela relatividade e a pela teoria quântica. Nas palavras de um físico:

> *A relatividade eliminou a ilusão newtoniana do tempo e espaço absolutos; a teoria quântica eliminou o sonho newtoniano de um processo de mensuração controlável; e o caos e a complexidade eliminam a fantasia laplaciana da previsibilidade determinística.*[2]

CAOS

Combinando com sua natureza Alice-no-País-das-Maravilhas ("sempre que uso uma palavra ela significa aquilo que eu quero que signifique"),

---

[1] Ian Stewart (1945-), professor de matemática na Universidade de Warwick e popular escritor de ciências e ficção científica. (N.T.)
[2] Citação de James Gleick em seu livro *Caos* (Nova York: Little Brown, 1987).

"caos" nesse contexto representa "o conceito ou campo de estudo do caos". Bem poucos cientistas que trabalham nessa área a denominam de "teoria do caos"; e o "caos" não é necessariamente nem mesmo habitualmente "caótico" no sentido ordinário da palavra. Vamos encarar o fato: caos é uma denominação ruim, porque os processos estudados geralmente revelam padrões lindos e intrincados. Os processos são apenas superficialmente caóticos; por baixo há uma profunda, apesar de irregular, ordem.

Caos é a tentativa de identificar e compreender os padrões não lineares que foram ignorados pela ciência tradicional. A graça do caos é que, se você olha para sistemas de estruturas não lineares, elas são bastante similares, não importa qual seja o fenômeno: pode ser o clima, a economia, a maneira com que as cidades se organizam, um conjunto de números, flocos de neve, litorais, estrelas no céu ou uma série de preços de ações.

O caos tem suas raízes na teoria quântica e nos trabalhos matemáticos do século XIX e início do século XX sobre acaso e probabilidade. A teoria quântica nos diz que aquilo que é muito pequeno, como os átomos e os fótons, pode não se comportar de maneira linear ou previsível. Eles são realmente caóticos. O brilhante matemático francês Henri Poincaré escreveu com profundo discernimento em 1908:

> *Uma causa muito pequena, que nos escapa, determina um efeito considerável que não podemos ignorar e, então, dizemos que esse efeito se deve ao acaso.*[3]

Dependência sensível das condições iniciais

Poincaré é realmente o intelectual precursor do caos, onde a perspectiva central está na **Dependência sensível das condições iniciais**. Muitos sistemas físicos exibem dependência sensível das condições iniciais arbitrárias e, dessa maneira, são essencialmente imprevisíveis. O exemplo clássico é o clima. Era costume acreditar que, com dados suficientes e o poder dos computadores, seria possível prever o clima confiavelmente com meses de antecedência. Agora sabemos que isso é impossível, porque o clima é sujeito a uma extrema dependência sensível das condições iniciais.

---

[3] Henri Poincaré, em seu livro *Science et Méthode*, é citado por David Ruelle em *Chance and Chaos* (Princeton: Princeton University Press, 1991). Trecho citado em tradução livre.

O efeito borboleta

Em 1972, Edward Lorenz, um meteorologista do Massachusetts Institute of Technology (MIT), deu uma palestra provocativamente intitulada de "Previsibilidade: o bater de asas de uma borboleta no Brasil pode provocar um tornado no Texas?".[4]

A questão, ele disse, era irrespondível, mas ilustra a natureza do clima. Por muitos anos, Lorenz utilizara computadores para tentar definir um padrão climático, na esperança de aprimorar as previsões. Seus trabalhos pioneiros mostraram que redemoinhos e ciclones obedecem a certas regras matemáticas, mas elas nunca se repetem. Previsões meteorológicas de longo prazo, ele concluiu, eram impossíveis por razões extremamente interessantes. Apesar de conseguir apontar as influências sobre o clima, mudanças minúsculas em algumas variáveis, extrapoladas para um mês ou pouco mais, podiam produzir resultados totalmente diferentes.

A visão de Lorenz não foi apenas que pequenas causas podem ter enormes consequências — essa é uma velha história, encarnada, por exemplo, nos versos prussianos sobre a perda de um reino pela falta de um prego na ferradura do cavalo. Sua verdadeira inovação foi demonstrar que o futuro do clima era literalmente incerto, mesmo que saibamos tudo a respeito daquilo que o influencia. O clima faz a si mesmo conforme se desenrola e evolui, assim como ocorre com as economias vibrantes.

A busca estava em compreender os complexos sistemas não lineares.

Os eventos mais interessantes do universo são sistemas complexos — e caóticos

Caos e complexidade são ambos baseados, assim como a física quântica, no entendimento de que muitos eventos do mundo não são lineares, não são facilmente compreensíveis e não representam a simples soma de suas partes.

---

[4] Apesar de ter ganhado fama rapidamente, o texto de Edward Lorenz a princípio não foi publicado, a não ser como material de divulgação à imprensa da conferência da American Association for the Advancement of Science, onde foi apresentado em 29 de dezembro de 1972, em Washington DC. A palestra sobre o efeito borboleta foi publicada pela primeira vez, junto com outros textos dele, no livro *The Essence of Chaos* (Seattle: University of Washington Press, 1993).

Os sistemas complexos — como o clima, as cidades, as economias, galáxias, colônias de insetos, bando de lobos, cérebros e a internet — não são estáveis e investem pouco ou nenhum tempo em equilíbrio. Mesmo assim, todos podem ser descritos e geralmente analisados com a aplicação de conceitos do caos (e, como veremos adiante neste capítulo, com o conceito relacionado de complexidade). Muitos desses sistemas retornam repetidamente a uma posição próxima de onde estavam antes.

Os sistemas complexos podem ter causas simples. A maior parte de seu comportamento pode ser descrita por equações simples: por exemplo, a maneira como as folhas são sopradas pelo vento. E o caos mostrou que regras de comportamento simples podem conduzir a resultados complexos surpreendentes, mas, de novo, que podem ser compreendidos em termos de um conjunto simples de subsistemas. Determinadas características-padrão são recorrentes, embora com variedade infinita e imprevisível.

PERSPECTIVAS DO CAOS SOBRE O MUNDO FÍSICO

Um marco no surgimento — e denominação — do caos foi o trabalho do matemático James Yorke por volta de 1970. Ele e outros matemáticos indicaram que, quando confrontados com sistemas não lineares, a resposta típica dos especialistas da área era tentar solucioná-los pela substituição de aproximações lineares. Yorke demonstrou que isso era desnecessário: até sistemas não lineares que fossem muito sensíveis das condições iniciais podiam realmente ser modelados. Os computadores poderiam, por exemplo, pegar dados relativos a populações de peixes e produzir um gráfico. Podiam, então, ser detectadas regularidades que eram totalmente contraintuitivas.

Qual é a conexão entre os preços do algodão e o rio Nilo?

Por volta da mesma época, Benoit Mandelbrot, também matemático, trabalhava no departamento de pesquisa pura da IBM, usando seus mais recentes e poderosos computadores para analisar dados sobre os preços do algodão. Ele mostrou que havia padrões para as mudanças diárias e mensais nos preços que coincidiam perfeitamente; o grau de variação se manteve constante por um período de mais de 60 anos. Havia uma inesperada ordem na desordem. Mandelbrot encontrou o mesmo padrão em todos os dados que analisou, incluindo as variações do nível das águas do rio Nilo ao longo de vários milênios.

Quanto mais pesquisas eram realizadas na meteorologia, biologia, geologia, física, química, economia e em muitas outras áreas, mais ficava aparente que havia regularidades insuspeitas que podiam ser descritas pela relação entre a grande e a pequena escala.

Mitchell Feigenbaum, físico do Laboratório Nacional de Los Alamos, no Novo México, logo depois conduziu uma série de cálculos para mensurar o tamanho das diferenças entre conjuntos de dados geometricamente convergentes, como os preços do algodão de Mandelbrot. Repetidamente, sua calculadora chegava ao mesmo número: 4.669. Feigenbaum havia tropeçado em uma das mais sensacionais propriedades dos sistemas caóticos: a universalidade. Isso significa que, em algumas dimensões, sistemas diferentes vão se comportar de forma idêntica. Em uma conferência em Los Alamos em 1976, um de seus colegas comentou:

> *Foi uma descoberta feliz e chocante a de que existem estruturas nos sistemas não lineares que são sempre as mesmas, se você olhar da maneira certa.*

Qual é o comprimento do litoral britânico?

Mandelbrot mostrou que não há resposta correta para essa pergunta. Na realidade, ela depende do seu instrumento de mensuração. Com uma pequena régua, medindo todo pequeno recorte do terreno, a distância se aproxima do infinito!

Similaridades fractais

Mandelbrot cunhou a extremamente útil palavra "fractal" para descrever objetos que são muito semelhantes entre si, porém não são idênticos — são "coisas" como litorais, nuvens, preços do algodão, terremotos ou árvores. Os padrões são interminavelmente repetidos, embora também com uma variedade infindável e imprevisível. A plotagem de dados de sistemas não lineares revela padrões similares contundentes, não importa que dado real seja analisado. Por exemplo, o gráfico ano a ano dos preços do algodão é assustadoramente parecido com a *forma* das variações mês a mês dos preços do algodão, mesmo que as escalas sejam diferentes.

Os negócios são como um fractal: nenhuma situação é igual à outra, mas existe um conjunto limitado de fatores-chave que os fazem sempre parecer um com o outro. Os resultados empresariais são absolutamente imprevisíveis e, por isso, a busca por uma ciência determinista da administração — se você fizer x e y, então z será o resultado — é fútil e ingênua. Mesmo assim, existem padrões recorrentes que valem a pena ser estudados e identificados. O fato de os negócios serem fractais é a melhor justificativa para o método do estudo de caso usado nas escolas de administração, embora isso pudesse ser muito mais útil se você conseguisse mapear os diferentes padrões fractais para os diferentes tipos de negócios; algo que ninguém fez até agora.

A pesquisa sobre a turbulência nos fluidos feita por David Ruelle, na física matemática no início da década de 1970, levou à ideia do estranho atrator, um objeto fractal que é um ponto e pode ser modelado matematicamente para explicar a turbulência. O estranho atrator também pode representar, com extrema precisão matemática, o comportamento caótico de um rotor. Desde então, essa teoria tem sido usada na astronomia para explicar como as estrelas formam "ilhas" e "cadeias de ilhas" no céu e, de fato, para mapear a trajetória de qualquer sistema dinâmico que seja sensível das condições iniciais.

Embora não sejam estritamente relacionadas ao caos, vamos divagar um pouco olhando para duas leis do acaso, uma da teoria estatística e da probabilidade e outra do estudo do acaso na história.

Princípio da impotência

Essa teoria afirma que é impossível inventar um sistema de jogo bem-sucedido para ser usado contra uma moeda honesta ou outro objeto genuinamente randômico. Onde o acaso está envolvido, é quase impossível que os administradores consigam fazer algo melhor do que jogar uma moeda para o alto. Mais genericamente, em que ponto você toma uma decisão importante? Quando tem 70% de certeza de que ela está correta? 80%? 95%? Qualquer que seja a porcentagem que você escolha, lembre-se de que sua estimativa pode estar longe de ser real e que, em geral, somos muito otimistas. Lembre-se também de que as análises e os atrasos têm custos.

Não tenha medo. O **Princípio da impotência** oferece uma boa desculpa para entrar em ação com base em dados insuficientes. É claro que isso não significa que você deve agir com arrogância. Por outro lado, igualmente não permita que uma decisão difícil, na qual sempre haverá grande incerteza, paralise o seu progresso.

A falta de controle na história

Há muito tempo os historiadores sabem que o acaso pode mudar o curso dos acontecimentos. O evento crucial — o "desvio" — pode ser algo pequeno, banal e inesperado. O livro de Erik Durschmied, *Fora de Controle*[5], apresenta muitos exemplos interessantes disso. Aqui estão três.

Na guerra civil norte-americana, os estados confederados poderiam ter vencido antes e com mais facilidade se o general A.P. Hill não tivesse perdido o papel com o esquema do plano de ataque desenhado por seu superior, o general Robert E. Lee. Hill usou uns pedaços do plano manuscrito por Lee para enrolar cigarros. Depois largou o papel em algum lugar qualquer, onde foi logo encontrado por um sargento do exército adversário, que o enviou a seu supremo comandante, o general McClellan. A batalha de Antietam teve como resultado surpreendente a vitória do Exército da União.

Uma mancada trivial bem parecida selou o destino do alemão Bismarck, o mais rápido e poderoso navio de guerra do mundo. Se as condições tivessem se mantido iguais, o navio teria sido capaz de bloquear o envio de suprimentos dos Estados Unidos para a Inglaterra durante a Segunda Guerra Mundial. Mas, em 1941, o almirante Günther Lutjens deixou de reabastecer adequadamente a embarcação porque estava com pressa de partir da Noruega e ir lutar contra o navio inglês Hood. Ao final da batalha, o navio inglês foi afundado causando 1.500 mortes. Esse enfrentamento, porém, provocou um ligeiro estrago em dois tanques de combustível do Bismarck, o que, somado à negligência no abastecimento na Noruega, obrigou a embarcação a seguir vagarosamente na direção da França ocupada. Foi assim que os navios de guerra ingleses conseguiram alcançá-lo em alto-mar e afundá-lo.

Por que o comunismo entrou em colapso em 1989? Além da vaidade de Gorbachev, que flertava com o Oeste quando podia simplesmente ter mantido a repressão, um catalisador muito importante foi uma resposta ocasional e imprevista durante uma entrevista televisiva com Günter Schabowski, que acabara de ocupar o cargo de porta-voz do Partido Comunista da República Democrática Alemã (a antiga Alemanha Oriental). Quando o entrevistador lhe perguntou: "Quando será permitido aos alemães do Leste viajarem livremente para o Oeste?". E Schabowski devolveu com petulância: "Eles podem ir quando bem entenderem,

---

[5] Erik Durschmied, *Fora de Controle* (São Paulo: Ediouro, 2003). Trecho citado em tradução livre.

ninguém vai deter quem quiser ir". A princípio, os telespectadores ficaram estupefatos, depois houve alguma confusão. Milhares de alemães orientais escaparam pela fronteira e o comunismo estava morto.

O caos e a complexidade — e a história — nos contam que os negócios são incertos e arriscados. O sucesso do passado não garante uma exceção. *Ergo*,[6] corra riscos: os resultados são incertos de qualquer maneira. A psicologia evolutiva afirma que, quando estamos em uma situação de conforto, nós assumimos o mínimo de riscos, mesmo se tivermos condição de assumi-los. Por outro lado, como bem poucas pessoas assumem riscos, as recompensas para quem o faz são maiores do que deveriam ser (nos negócios funciona assim, mas isso não se aplica aos jogos, onde as chances são precisamente corretas quando não existe "a banca"; já, quando alguém está ganhando a vida com aquilo, nossas chances são miseráveis). Os negócios bem-sucedidos também costumam assumir poucos riscos. Por isso, desde que você evite movimentos do tipo "apostar a empresa", assuma inteligentemente todos os riscos que puder.

CAOS, ACASO E NEGÓCIOS

O conceito de caos é que, embora o mundo contenha uma enorme quantidade de sistemas não lineares, existem padrões discerníveis nessas irregularidades. No universo, a desordem é restrita. O caos e o acaso não se prestam a traçar vínculos simples e causais, como aqueles que fazem a maioria de nós entrar em um negócio. Apesar disso, existem alguns princípios úteis derivados desses conceitos para a administração. Aqui estão oito deles:

Existe sempre algum padrão ou ordem em dados aparentemente aleatórios ou desordenados

O padrão existe. A única questão é quando vamos conseguir detectá-lo. Todos os mercados geram padrões de comportamento e resposta.

A análise talvez não seja a melhor maneira de encontrar a ordem escondida

A análise pode ser incapaz de encontrar a resposta se o sistema for razoavelmente complexo e interdependente. O cérebro humano tem a

---

[6] *Ergo*, palavra latim para "logo", "portanto", "por conseguinte". (N.T.)

flexibilidade e a imaginação para descobrir o padrão. Sendo assim, se quiser entender um mercado, mais do que buscar e analisar dados, talvez seja melhor fazer uma imersão nele e esperar que a sua inspiração venha.

Sistemas simples podem fazer coisas complicadas

Existem três ou quatro fatores-chave que, combinados com o "acaso" (também chamado de dependência sensível das condições iniciais), levam a um comportamento incrivelmente complicado. Tente isolar as variáveis-chave, as causas que interagem entre si. No entanto, resista à tentação de reduzir tudo a uma única causa ou efeito.

Sistemas complexos podem originar comportamentos simples

O comportamento é um guia melhor e mais fácil do que a análise estrutural sofisticada para tentar entender um sistema complexo. Quando estiver olhando para um sistema complexo, como mercados, consumidores ou competidores, procure as características-padrão de comportamentos simples. Por exemplo, se um competidor sempre segue a sua mudança de preço, isso é tudo que você precisa saber; fazer uma análise do processo decisório dele seria redundante. Esteja sempre atento a padrões de comportamentos simples confiáveis.

Acaso — o papel da sorte

A "sorte" e o "acaso" não são necessariamente descrições acuradas de resultados inesperados, mas a maioria dos mercados, das empresas e das unidades de negócios são sistemas complexos sensíveis das condições iniciais. Sendo assim, espere o inesperado e tenha a expectativa de que isso geralmente vai se dever a causas mínimas e indetectáveis. A seguir estão várias proposições:

- Não espere ser capaz de controlar tudo. Não seja totalmente arrancado de seu curso, quando o inesperado acontecer.
- Inclua a flexibilidade nos seus planos. Se x acontecer, faça y. Se w ocorrer, faça z.
- Quando algo não for bem, não faça um esforço enorme investigando o que deu errado e punindo quem errou. Irritantemente, talvez não

haja culpados. Ou os "culpados" se comportaram impecavelmente, de acordo com as suas instruções. Prefira focar no que fazer a seguir.

🌡 Quando algo for bem, lembre-se de que nem tudo talvez seja resultado da sua competência ou da da sua empresa. Talvez seja a dependência inicial das condições iniciais que, por um feliz acaso, foi favorável a você. Explore essa tendência ao máximo, mas não acredite na própria propaganda. A próxima "dependência sensível" pode combinar melhor com um de seus competidores.

Acaso — a necessidade de estratégias múltiplas

Onde houver grande incerteza sobre como um setor vai evoluir, faz sentido ter mais de uma única estratégia.

Eric D. Beinhocker[7] comenta que, em 1988, quando circulava pela COMDEX, a feira da indústria de computação, havia algo muito estranho e ambivalente em relação ao estande da Microsoft:

> Enquanto a maioria dos estandes dava foco em uma só tecnologia de grande sucesso, o da Microsoft lembrava um bazar do Oriente Médio. Em um canto, a companhia fazia o pré-lançamento da segunda versão do (...) Windows (...) Em outro, apregoava a última atualização do DOS. Em outro ainda, estava apresentando o OS/2 (...) {e} versões novas e completas do Word, Excel (...) {e} do SCO Unix (...).
>
> "O que eu devo fazer com tudo isso aqui?", grunhiu um comprador corporativo perto de mim. Os colunistas escreveram que a Microsoft perdera o rumo (...) {e} não tinha estratégia. Os repórteres contaram histórias sobre lutas internas à companhia enquanto um grupo (...) trabalhava furiosamente no Windows e no DOS e outros dedicavam sua energia ao OS/2 ou aplicações para Mac e no Unix.
>
> (...) em 1988, não estava claro ainda qual sistema operacional venceria. Diante dessa incerteza, a Microsoft seguiu a única estratégia robusta: apostou em todos os cavalos para vencer.

A Microsoft tinha *estratégias* em vez de *a estratégia*.

Ter foco é maravilhoso, mas as corporações em mercados dinâmicos e imprevisíveis às vezes precisam direcionar alguns recursos e ter algumas apostas colaterais com chances no longo prazo: isso é o equivalente a investir dinheiro em "opções de compra".

---

[7] Eric D. Beinhocker no artigo "On the Origins of Strategies", publicado em 1999 na revista *McKinsey Quarterly*, nº 4.

Como afirmou Beinhocker:

> *Uma empresa deve investir a maior parte de seus recursos para manter suas atividades atuais, mas os recursos dedicados a experiências mais arriscadas em áreas mais distantes são criticamente importantes, desde que possam conter as sementes do sucesso em um futuro ainda inimaginável.*

A vantagem do primeiro a chegar

Já que a maioria dos sistemas complexos é bastante sensível às condições iniciais, faz sentido participar desde o zero de qualquer outro desenvolvimento que possa vir a ser importante para todos os seus mercados-chave. A ideia da **Vantagem do primeiro a chegar** — que o primeiro a entrar tem vantagem sobre os outros igualmente qualificados que entrarão depois no mercado — é bem conhecida nos negócios, mas a ciência do caos reforça sua importância. Uma empresa que, em um mercado embrionário, lançar um produto, digamos, 10% mais atrativo do que os demais, pode acabar com uma participação de mercado 100% ou 200% maior, *mesmo que depois os competidores lancem algo ainda melhor*. A vantagem do primeiro a chegar "trava" os padrões e faz com que o mercado fique inclinado a favorecer aquele que foi o primeiro.

Uma bela ilustração disso, dada pelos teóricos do caos, é o funcionamento dos relógios. Por que praticamente todos os relógios exibem 12 horas e movem os ponteiros para a direita ("sentido horário")? Isso não era inevitável. Por que não um mostrador com 24 horas e os ponteiros indo para a esquerda? Se você acha isso uma bobagem, vá à catedral de Florença e observe seu relógio que se move no "sentido anti-horário" e tem 24 horas no mostrador. A catedral e o relógio são de 1442. Naquele tempo, a convenção ainda estava aberta. Logo depois, os relojoeiros padronizaram "nossa" convenção de 12 horas. Portanto, se 51% dos relógios sempre tivessem sido como o de Florença, poderíamos estar lendo relógios com 24 horas e com ponteiros girando ao contrário e as 13 badaladas do relógio da primeira linha do livro *1984*, de George Orwell, não teria nos chocado.

O pássaro madrugador determina a regra e, consequentemente, a vantagem competitiva. Portanto, entre rapidamente no mercado, estabeleça o padrão e agarre a vantagem competitiva, enquanto o campo ainda não estiver cultivado.

Os negócios são como os fractais

Há muita incerteza e singularidades nos negócios — na linguagem do caos, os negócios são muito fractais e sensíveis às condições iniciais — para permitir que seja possível "pintar" estratégias com base apenas nos números ou seguir cegamente regras de ouro já bastante usadas.

Isso não significa que devemos desistir e tomar a maioria das decisões jogando um dado para o alto. Uma diferença significativa entre empreendedores e executivos bem-sucedidos e os outros que não alcançaram o sucesso é a habilidade de reconhecer padrões fractais e tomar decisões de acordo com eles.

Se você passar a vida inteira observando as nuvens ou os litorais, saberá antecipar melhor que os demais se vai chover ou como a linha do mar vai se comportar além do ponto que você pode ver. Se tiver muitos anos de experiência e acompanhamento de dados para tomar boas decisões em um determinado setor e mercado, tem mais chances de continuar tomando decisões acertadas por reconhecer os padrões correntes — desde que permaneça no mesmo setor e mercado.

Um dos pontos tristes da vida corporativa moderna é que, geralmente, os gerentes de operação, que conhecem muito bem seu mercado, são desconsiderados simplesmente porque não conseguem explicar ou racionalizar seus instintos para os líderes da companhia. Um arranjo mais sensato da operação não exigiria explicações, pois seria avaliado apenas pelos resultados.

Reconhecer que os negócios são como os fractais pode lhe dar alertas importantes e enviar sinais encorajadores:

- Usualmente, a experiência e a intuição vencem a análise, porque esta não consegue nunca ser suficientemente precisa e conclusiva. Com certeza, a análise é um suplemento útil da intuição e, como já vimos anteriormente, a dicotomia entre a intuição/análise é de algum modo falsa: a boa intuição é a cristalização da análise prévia e a boa análise geralmente é a exploração de hipóteses intuitivas pela coleta de dados. Por isso, a enorme importância de reconhecer os padrões fractais e o que aconteceu previamente com eles pelos resultados apresentados — percebendo, por exemplo, que o momento agora é mais parecido com a situação A anterior do que com a situação prévia B, e que a situação A já levou a um desastre antes — pode fazer com que um ótimo administrador e

analista acabe perdendo para alguém aparentemente preguiçoso, mas que é um veterano astuto.
- 🍒 Em última instância, reconhecer que o negócio é como um fractal e que suaves diferenças de *inputs* podem levar a resultados muito diferentes, deveria nos ensinar a ser humildes quando entramos em mercados "adjacentes", mas ainda assim novos. Eles até podem parecer iguais ao antigo mercado, mas suas diferenças sutis podem trazer resultados surpreendentes! Caso duvide disso, avalie os resultados terríveis alcançados pela maioria dos varejistas quando abriu negócios pela primeira vez fora de seu país natal. Parte do problema é que a matriz tende a exportar sua própria fórmula já testada — e aprovada no país de origem — e rejeita as objeções ou os modelos alternativos sugeridos pelos administradores locais, que ainda não têm dados para produzir análises e para validar suas percepções. Assim, a matriz aparentemente razoável insiste: "Façam da nossa maneira até que possam demonstrar sua lógica". Então, a abordagem importada fracassa e ninguém sabe dizer por quê. A explicação despercebida é que os negócios são como os fractais.
- 🍒 Sempre que estiver diante de uma decisão importante, tente encontrar a situação mais parecida que você já enfrentou, ou que colegas ou amigos vivenciaram. Não salte para a decisão. Envolva-se em um debate sério sobre as possibilidades. A menos que tenha muita certeza, escreva uma lista com as três situações mais semelhantes e o que aconteceu a seguir.
- 🍒 Assim que tiver se direcionado por um caminho em particular, fique atento, pois pode ter tomado a decisão errada. Observe os sinais precoces de que você está dentro ou fora da trajetória esperada, assim como faz quando está seguindo um mapa. Se os primeiros sinais não forem o que você espera, você provavelmente escolheu a "comparação fractal" errada.

Como existem muitos tipos diferentes de negócios nos quais se aplicam diferentes regras, as empresas especialistas sempre têm vantagem sobre as generalistas. Uma unidade, empresa ou mercado especialista em geral vence aquele que é indiferenciado. Dessa maneira, e onde for possível, forme equipes, novas unidades de negócios, novas divisões e, acima de tudo, novas empresas especialistas. Os administradores geralmente são relutantes para seguir essa diretriz e ficam cada vez mais relutantes ao avançar na ordem que mencionei: uma equipe especialista, pode ser; dividir a empresa em duas, nem pensar. Apesar disso, se o negócio é como um fractal e parte de sua competência é reconhecer os padrões fractais, uma companhia especialista estará mais bem posicionada para identificar os melhores padrões e dar as respostas mais adequadas. De todo modo, uma equipe especializada vai acabar conseguindo avançar na direção desse benefício, mas ficará limitada pelo grau com que compartilha recursos e decisões com outras partes da organização, que lidam com diferentes tipos de padrão.

COMPLEXIDADE E EMERGÊNCIA

A maioria dos cientistas radicalmente inovadores que nos deu o caos agora avançou para o conhecimento mais tópico da **Complexidade**, que é o estudo dos sistemas complexos que se administram para produzir seu próprio tipo de ordem. De vez em quando, isso sugere que há profunda simplicidade por trás da complexidade, especialmente quando o mesmo padrão simples, embora desconcertante, surge em tipos completamente diferentes de sistemas complexos; uma depressão econômica, por exemplo, é muito parecida com um furacão, com causas e efeitos semelhantes e retroalimentados; assim como uma cidade em desenvolvimento se parece bastante com um embrião que está crescendo.

A complexidade de baseia nos conceitos do caos, mas acrescenta três novas questões. Primeira: o foco da complexidade são os complicados sistemas de feedback (retroalimentação) e mostra que, em geral, podem ter resultados surpreendentes. Segunda: como Philip Anderson — amplamente reconhecido como um dos fundadores da complexidade — propôs, a complexidade se refere à **Emergência**, isto é, ao modo como os grupos ou "todos" se comportam de maneira muito diferente da agregação de suas características individuais. Ao combinar unidades individuais — consumidores individualmente, moléculas de água, células do corpo, unidades de negócios, pássaros solteiros, o que quer que seja — em grupos, vemos emergir algo completamente inesperado e diferente daquilo com que começamos o processo — mercados, vapor, asa de borboleta, uma empresa, um rebanho. Terceira: a complexidade está realmente interessada nos **Sistemas auto-organizados**, aqueles que começam em um estado randômico ou similar, mas que acham um meio de se organizar, bem espontaneamente, dentro de um padrão de grande escala.

Sistemas auto-organizados

A auto-organização espontânea é algo fascinante, especialmente quando os componentes individuais são muito numerosos e aparentemente não têm relação uns com os outros. Adam Smith (embora não tenha sabido disso) foi um dos precursores da complexidade, quando falou da "mão invisível" que parecia dirigir as intenções na direção do interesse próprio de milhões de produtores para satisfazer ao interesse próprio de milhões de consumidores.[8] Pense nos bilhões de neurônios interconectados do seu cérebro, produzindo um resultado que, com certeza, um neurônio individualmente não poderia gerar e, ainda assim, se organizando com eficácia para que você possa compreender minhas palavras. Pense na maneira como uma cidade começa sendo racialmente integrada e rapidamente se divide em grupos raciais (ou sociais ou de estilo de vida); a propósito, a auto-organização nem sempre é uma força benigna. Pense na maneira como o mercado de ações despenca, ou no modo como um furacão, um terremoto ou um meteorito se organiza a partir de suas partes constituintes. Pense em como os átomos se combinam em moléculas pela formação de ligações químicas entre eles; as moléculas são muito diferentes e bem mais complexas do que os átomos que lhes dão origem.

Ou pense na internet. Ninguém planejou sua evolução de uma ferramenta de pesquisa governamental e acadêmica para o que se tornou atualmente: uma rede global que dá informação e poder aos consumidores e que disparou a maior e mais rápida mudança na indústria e na estrutura corporativa jamais vista. A internet tem vida própria e decide o que vai se tornar conforme evolui.

Sistemas complexos são adaptativos

Sistemas auto-organizados são complexos e também adaptativos. Eles se adequam ao seu entorno e tentam fazer com que aquilo que está acontecendo seja uma vantagem para eles. O cérebro se desenvolve e

---

[8] Na verdade, Adam Smith identificou diversas maneiras pelas quais a economia automaticamente se ajustava, de acordo com o que hoje chamamos de "mecanismos de feedback". Ele mostrou que os preços altos estimulavam a produção daqueles bens e que os preços baixos a desencorajavam, dessa forma, tornava a oferta mais próxima da demanda. Também demonstrou que os preços dos salários e do capital eram o gatilho de ajustes desejáveis.

aprende. As espécies evoluem. As cidades respondem a novos estímulos. Os mercados se tornam maiores e mais especializados e se adaptam à pressão de outros mercados distantes.

A complexidade está ligada à evolução pela seleção natural. Por exemplo, uma colônia de cupins ajusta o número de suas diferentes castas, expondo as larvas ao estímulo químico. Se houver poucos "cupins guerreiros", o odor liberado por eles na colônia cai a certo nível e, então, o "berçário das larvas" automaticamente produzirá mais cupins soldados, que diferem fisicamente dos demais. John Tyler Bonner mostrou como esse tipo de complexidade de autoajuste evolui por seleção natural.[9] Se isso ocorre na natureza, não é fantástico ver a emergência de sistemas complexos em cidades e economias como parte do mesmo processo de evolução por seleção natural?

Os teóricos da complexidade, como John Holland, explicam que os sistemas adaptativos complexos tipicamente apresentam muitos nichos, cada um com um papel e lugar especializado. E novos nichos estão sempre se desdobrando: nichos para novos predadores, para novas presas, para novos parceiros simbióticos, para novos parasitas. Conforme os nichos se abrem, o sistema muda. Nunca pode estar em equilíbrio.

NA FRONTEIRA DO CAOS

Os sistemas complexos estão dependurados na **Fronteira do caos**, um estado curioso entre a ordem e a desordem, entre o *status quo* e a inovação radical. Observe que os sistemas complexos têm uma combinação de ordem e aleatoriedade; sempre operam dentro de limites, dentro de uma estrutura de ordem. Quando um sistema complexo se move para além da beira do caos, é porque ele cruzou um limite e se tornou algo diferente. John Horgan afirmou que "tudo que é interessante ocorre na fronteira do caos".[10]

Os biólogos usam o "efeito de borda" para descrever a tendência de existir mais variedade e mais densidade de organismos aglomerados na fronteira entre comunidades. Na teoria da complexidade, a

---

[9] John Tyler Bonner, *The Evolution of Complexity by Means of Natural Selection* (Princeton: Princeton University Press, 1988). Trecho citado em tradução livre.
[10] Veja o artigo "From Complexity to Perplexity", de John Horgan, publicado na revista *Scientific American*, de junho de 1995. Trecho citado em tradução livre.

"beira do caos" descreve sistemas complexos, porque possuem simultaneamente elementos de ordem e elementos de fluidez. Um cristal não é um sistema complexo porque conta com uma perfeita ordem interna e não há nada lá para ser mudado. No extremo oposto, um líquido em ebulição é um sistema mais caótico do que complexo; há pouquíssima ordem ali. Por outro lado, um sistema complexo como uma ameba, o mercado de ações ou uma economia tem, ao mesmo tempo, ordem e bastante fluidez para mudar. Nas palavras do biólogo E. O. Wilson:

> O sistema que evoluirá mais rapidamente deve ficar entre — ou mais precisamente — deve ficar sobre a beira do caos, possuindo ordem, mas com as partes conectadas frouxamente para que possam ser facilmente alteradas.

A classificação de Zipf ou a lei do tamanho

O brilhante economista Paul Krugman mostrou que, de muitas maneiras, as cidades se comportam como sistemas complexos, auto-organizados e adaptativos. Muitos de seus argumentos são altamente técnicos, mas um deles que é de fácil compreensão se refere ao tamanho das cidades dos Estados Unidos,[11] que obedecem a **Classificação de Zipf** ou a **Lei do tamanho**, criada por George Zipf, professor de filologia em Harvard. Zipf afirma que em qualquer país a população de uma cidade é inversamente proporcional à sua classificação. Se a regra funcionar com precisão, então a segunda maior cidade deve ter metade da população da maior; e a terceira maior deve ter 1/3 do número de pessoas da primeira classificada e assim por diante.

Naturalmente, não devemos esperar um encaixe perfeito; isso nunca acontece com dados e leis. E você pode até protestar que Los Angeles tem bem mais do que a metade da população de Nova York, mas conforme você for descendo no ranking, a adequação vai se tornando surpreendente. A décima classificada nos Estados Unidos é Houston com 3,85 milhões de habitantes. A centésima cidade é Spokane no estado de Washington, que tem 370 mil pessoas, número bem próximo de 1/10 da população de Houston. Krugman afirma:

---

[11] Veja o ótimo livro de Paul Krugman, *The Self-Organizing Economy* (Cambridge: Blackwell Publishers, 1996). Trecho citado em tradução livre.

> *Se você fizer a regressão do logaritmo da classificação sobre o logaritmo da população, terá um coeficiente de -1,003, com um desvio-padrão de somente 0,01 — mais próximo de 1 e bem ajustado. Não estamos habituados a ver regularidades tão exatas em economia — é tão exata que chego a achar assustadora.*

Ainda mais assustador é que essa lei poderosa funcionou muito bem por pelo menos um século. A mesma forma de linha emerge no gráfico se nós analisamos o tamanho das cidades em 1940 ou em 1890.[12]

Teoria dos nódulos e das ondas de Simon

Por que as cidades se organizam desse modo? Nós não sabemos. Mas uma hipótese, que Herbert Simon trouxe à tona há quase meio século, pode muito bem estar certa: segundo ele, qualquer que seja o tamanho inicial de uma cidade, ela vai atrair para si uma proporção similar de aumentos populacionais subsequentes. Esse é a **Teoria dos nódulos e das ondas**. Cada cidade existente é um "nódulo", seja qual for seu tamanho. Quando a população cresce, o aumento acontece em "ondas"; não apenas pelo excesso de nascimentos sobre as mortes, mas por ondas de novas chegadas (pela imigração no caso dos Estados Unidos; em muitos outros países pela migração interna). Mas cada onda nova tende a se anexar a um nódulo na proporção da onda migratória. Simon explica esse movimento pela disponibilidade de emprego e pelo fato observado de que a maioria dos empreendedores (que oferecem os empregos) permanece perto do lugar onde começou seu negócio.

Lei de Gutenberg-Richter

Você pode acreditar ou não na teoria dos nódulos e das ondas no que se refere às cidades, mas o ponto estranho é que a força da lei

---

[12] Krugman observa que a Lei de Zipf não funciona muito bem em países com uma única e proeminente "cidade primária", que combina o papel econômico "normal" com o de centro político, lugares como Londres ou Paris. À esperada população "econômica", temos que adicionar o emprego proveniente das áreas burocráticas e de todas aquelas outras que gravitam em torno do poder. A lei de Zipf, então, opera com populações hipoteticamente ajustadas. Isso também funciona na maioria dos países em que não há "cidade primária".

de Zipf realmente funciona, e não apenas para as cidades mas para situações que podem parecer totalmente distintas. Ela tem a mesma aplicabilidade para terremotos, meteorito e espécies animais. A lei de Zipf aplicada aos terremotos nos dá a **Lei de Gutenberg-Richter**, que afirma que a frequência dos tremores é inversamente proporcional ao tamanho. Da mesma forma, a frequência com que um meteorito atinge a superfície da terra é — felizmente! — inversamente proporcional ao seu tamanho. Ou se fizermos a plotagem do número de espécies animais que excede um tamanho particular, vamos descobrir a mesma relação.

As cidades, a economia, os terremotos, os meteoritos e, muito provavelmente, a evolução também são sistemas auto-organizados que funcionam com padrões claros e similares e que produzem a ordem da instabilidade. Miraculosamente, o todo se junta; nós estamos de volta à "mão invisível" de Adam Smith, embora essa garra se estenda muito além da economia. As partes constituintes certamente não têm como "saber" o que estão fazendo. Ou têm? Na biologia, como explicar o fato de que as células chegam ao lugar determinado para elas? Krugman comenta:

> *Uma célula individual da mosca da fruta não pensa para si mesma: "Eu sou parte de uma asa", apesar de as células, coletivamente, parecerem, com efeito, tomar a decisão de se tornar diferentes partes de um organismo. As experiências sugerem que as células, de fato, se comportam como se elas soubessem suas próprias coordenadas polares.*

No mundo dos negócios, pense como de vez em quando as equipes se flexibilizam magicamente e definem, sem a necessidade de palavras, o papel individual de cada pessoa. Ou, por outro lado mais nocivo, como facilmente uma multidão se transforma em um grupo frenético, agindo em perfeito acordo para destruir algo odiado. O todo é mais fundamental e significativo do que as partes. A auto-organização, a emergência e a adaptação de sistemas complexos são profundamente enraizados no universo e nós agora os observamos, respeitamos e nos damos conta deles.

A lei de Parkinson

Um homem que observou as características de auto-organização de sistemas — embora o conceito de auto-organização ainda não tivesse sido inventado — foi C. Northcote Parkinson (1909-1993). Em 1958, ele publicou a *Lei de Parkinson*, um comentário sobre as organizações que era ao mesmo tempo sério e satírico. Sua lei epônima era a seguinte: "o trabalho se expande de modo a preencher o tempo disponível para sua realização".

A tese de Parkinson defendia que os chefes aumentam o tamanho de seus departamentos porque há mais trabalho a fazer e porque eles gostam de ter grandes impérios, e não porque há necessidade disso em termos econômicos. "Um oficial militar quer multiplicar seus subordinados, não seus rivais", ele comentou, observando também que "os oficiais fazem o trabalho um para o outro". O fato de haver trabalho a fazer realmente justifica e mascara o objetivo real, que não tem nada a ver com a lógica econômica.

Essa lei também funciona nas profissões. E foi observada: "A cidade que só tem um advogado: pobre advogado; a cidade com dois advogados: ricos advogados".

O próprio Parkinson foi um oficial da Marinha inglesa durante a Segunda Guerra Mundial. Ele registrou que, apesar de o número de oficiais e marinheiros ter caído 31% entre 1914 e 1928, e o número de navios ter diminuído ainda mais (em 61%), os administradores do almirantado ainda manobravam para aumentar suas fileiras em 78%. Em termos de complexidade, a administração da Marinha estava se auto-organizando, atendendo objetivos que eram bastante independentes da intenção original.

Mais tarde, Parkinson criou uma segunda lei, aplicável a pessoas e organizações: "As despesas sobem para atender às receitas". Essa ideia está intimamente relacionada a um conceito mais respeitável academicamente, inventado por volta da mesma época e que também ilustra as tendências de auto-organização das empresas: a inércia organizacional.

Teoria da inércia organizacional de Cyert e March

A *Inércia organizacional* é um conceito criado por Richard Cyert e James March, dois acadêmicos da Universidade Carnegie Mellon, Pittsburgh, apresentado no livro que escreveram em 1963, *A Behavioral Theory of the Firm*. A teoria afirma que as empresas não maximizam os lucros, mas formam coalizões de interesse e que, além disso, acumulam deliberadamente um excesso de recursos durante os períodos de sucesso, assim têm gordura para queimar e sobreviver nos tempos difíceis. Essa gordura é a "inércia organizacional".

Cyert e March não fizeram um julgamento normativo da inércia organizacional. Como sugere o título, o livro aborda a perspectiva de que isso ocorre em termos comportamentais e, assim, eles explicam o que ocorre e por quê. Eles ficariam muitos felizes com o conceito de auto-organização.

Como pessoas de negócios, no entanto, ao observar as tendências descritas por Cyert e March, talvez não possamos permanecer tão tolerantes e desinteressados. A gordura chama mais gordura; assim que um departamento ou divisão é autorizado a contratar pessoas demais, os outros vão segui-lo bem depressa. A gordura obstrui a flexibilidade e a velocidade de resposta. A gordura torna ainda mais difícil do que já é manter o negócio focado nos clientes. Portanto, a existência da inércia organizacional torna mais provável a chegada de tempos difíceis. E o contrário também vale: cortar a inércia e colocar o negócio para trabalhar para os clientes *torna mais provável que os competidores nunca sejam capazes de alcançar sua empresa*, diminuindo as chances de que exerçam forte pressão sobre os seus lucros.

O oposto da inércia organizacional é o investimento discricionário, que constrói lucros futuros, aprimorando o que é oferecido aos consumidores. De vez em quando, é difícil distinguir entre esses dois opostos: um grande departamento de Pesquisa & Desenvolvimento é um investimento para o futuro ou inércia organizacional? Provavelmente, é os dois. Os líderes da empresa sempre dirão que é um investimento; porém, se fosse assim, por que a primeira resposta, quando os lucros começam a cair, é cortar esses investimentos como se não passassem de inércia organizacional? A única maneira de ter certeza de que algo é um investimento e não inércia é fazer a terceirização. Assim, não haverá interesses escusos internos que farão a empresa cair na primeira e na segunda lei da inércia organizacional de Cyert e March.

COMPLEXIDADE E NEGÓCIOS

A teoria da complexidade trata de intrincados sistemas de feedback (retroalimentados), de como os grupos ou entidades inteiras "emergem" de partes bem diferentes, de como os sistemas complexos equilibram-se "na fronteira do caos" e de como se organizam espontânea e deliberadamente em padrões de larga escala. E daí?

Fique atento porque pequenas mudanças podem transformar o todo do sistema competitivo

Tanto a teoria quântica como a complexidade nos afirmam que a realidade de certa forma é indivisível; nas palavras de David Bohm, uma "totalidade indivisível". O caráter do todo surge da relação entre as partes e, quando as partes mudam, então o todo pode ter seu caráter radicalmente alterado. Quando lojas especializadas são inauguradas em um shopping center, isso pode estimular modestamente o negócio de todos, aumentando a circulação de novos clientes no local. No entanto, se outro shopping abrir as portas a 15 quilômetros dali, as lojas do estabelecimento anterior podem perder a lucratividade repentinamente.

Os negócios estão intrinsecamente expostos a essas chacoalhadas repentinas causadas aparentemente por influências menores. Qual é a utilidade de saber disso? Não tenho certeza. Claro, devemos manter os olhos abertos para os desafios inesperados que surgem a cada trimestre, mas poucos de nós são abençoados com visão panorâmica. A principal lição talvez seja a de que, quando o desempenho vai mal, nós não devemos supor que já sabemos a razão.

Um erro comum é assumir que algo mudou no mercado. Outro erro é inventar uma grande causa, quando uma pequena já bastaria.

Suponha que as vendas de *planners* da Filofax despenquem. Por quê? Uma explicação é que a elite está mais pobre do que costumava ser, ou que estão ficando velhos e morrendo e não compram mais Filofaxes. Se isso for verdade, trata-se de uma grande mudança no mercado e não há muito o que a Filofax possa fazer. Mas e se estiver acontecendo algo menos momentoso, como a entrada de um novo competidor que vende organizadores pessoais mais baratos? Essa é uma mudança menor e algo *pode* ser feito a respeito dela. Mesmo assim, na década de 1990, a Filofax quase foi à falência porque acreditou que seu problema era uma grande mudança mais do que uma pequena mudança na competição.

Em termos de economia global, os pequenos eventos também podem ter consequências estranhas e imprevisíveis. É pouco provável, por exemplo, que a crise da economia russa no final de 1998 e início de 1999, que quase tirou dos trilhos a economia mundial, tivesse acontecido se o presidente Clinton não estivesse totalmente preocupado com uma pequena questão local sobre seu possível *impeachment*.

Os sistemas complexos são inerentemente imprevisíveis. A economia global é provavelmente o sistema mais complexo da Terra, possivelmente de todo o universo. Não devíamos ficar surpresos pela economia global ser tão imprevisível ou sujeita a consequências não intencionais. Mesmo assim, existem padrões detectáveis bastante conhecidos dos corretores de ações e de outros investidores: "Quando os Estados Unidos espirram, o resto do mundo pega pneumonia", o que pôde ser muito bem constatado desde a crise financeira sistêmica de 2007/2008.

Busque e pratique a emergência

Os sistemas complexos se formam de baixo para cima. Eles emergem. Evoluem. Aderem. Juntam-se a partir de muitas partes constituintes. Não parecem ter problema em fazer isso. A estrutura surge da falta de estrutura ou de estruturas menores. O universo administra alguma forma para gerar estruturas mais complexas a partir de causas simples: bactérias, plantas, estrelas, galáxias.

Tudo que é mais importante no mundo — como a mente, a consciência, os mercados, as economias e a sociedade — são fenômenos emergentes. Não são planejados. Acontecem. Mais uma vez, vemos a "mão invisível" trabalhando ao longo do tempo.

Recentemente, um dos mais inteligentes escritores sobre estratégia de negócios se deu conta de que isso também deve emergir mais do que ser planejada ou ditada. Faça a si mesmo a seguinte pergunta: como foi que as mais bem-sucedidas corporações do período entre 1750 e 1960 chegaram a suas estratégias válidas antes que soubessem como planejá-las? Ou, então, faça outra pergunta: quem sabe melhor o que uma empresa deveria fazer, seus chefes ou o mercado? Os líderes ou as tropas?

Se refletirmos sobre a emergência, nós nos damos conta de que experimentos de grande valor estratégico geralmente ocorrem conforme conduzimos o negócio em seu curso normal. Nós abrimos um pequeno restaurante e ele faz um sucesso extraordinário. Uma unidade de negócios devagar e desimportante inventa um pequeno novo produto e, de repente, torna-se a última moda. Damos uma ajeitada na tecnologia e tropeçamos em um sucesso retumbante. As coisas se juntam de repente. O sucesso surge. Porém, vira e mexe os melhores planos podem dar errado...

A lição não é ficar de pernas para o ar e esperar pelo melhor. A lição é focar na emergência do sucesso e, então, dar um empurrão todo poderoso nessa direção. É melhor observar o mercado do que tentar planejá-lo. É melhor ver o que está emergindo das bases da empresa do que ditar um plano das alturas.

Pense cuidadosamente no papel da auto-organização na sua empresa

Praticamente, a única categoria de sistema complexo do universo que não é puramente auto-organizável são as corporações de negócios modernas e outras hierarquias organizacionais que as têm como modelo.

Um *laser* se organiza sozinho: os fótons (partículas de luz) se organizam espontaneamente em um feixe. Um furacão organiza a si mesmo. Uma célula viva se administra e se auto-organiza. As cidades se auto-organizam. Assim como as economias — quando deixadas em paz. Dizia-se que a União Soviética tinha 8 milhões de administradores na estrutura burocrática de planejamento econômico, o que prova que 8 milhões é demais.

Por que tantas pessoas da área de administração pregam o *laissez-faire* para a economia, mas nunca para a estrutura das empresas em que trabalham?

Não estou advogando a ideia de que você deve deixar sua empresa se auto-organizar automaticamente. O custo do autoajuste pode ser muito mais alto do que o da intervenção. Existem tendências egoístas e socialistas incorporadas ao comportamento humano e, portanto, também dentro das grandes empresas. Apenas porque as corporações *podem* se organizar sozinhas, isso não quer dizer que elas vão se organizar da maneira que você gostaria que elas fizessem ou que você não tenha o direito de intervir. Os recursos provavelmente serão desperdiçados pela auto-organização.

Todavia, você deveria reconhecer a tendência para a auto-organização. De vez em quando, isso deveria fazer você se manter de lado, deixando a equipe decidir como vai fazer aquilo que todos concordaram que deve ser feito. De vez em quando, isso deveria deixar você extremamente vigilante: atento para o fato de que um sistema que não é controlado e vigiado vai desenvolver os seus próprios interesses. De vez em quando, isso deveria fazer você evitar os sistemas complexos adaptativos de uma vez por todas: se optar por um sistema mais simples é mais provável que você consiga realizar aquilo que pretende. Quando você dobra de tamanho ou aumenta a complexidade da sua organização, não se surpreenda se ela acabar produzindo algo novo e indesejável. Isso é auto-organização!

Olhe para sua empresa como um organismo vivo, como um sistema complexo adaptativo

Se tiver vida própria, a organização é mais do que a soma de suas partes. É mais do que um conjunto de transações econômicas. É mais do que as pessoas que trabalham nela. É ainda mais do que o conjunto de relações criadas dentro dela. A organização é objeto de si mesma; pertence à sua própria espécie. Pode se reproduzir e pode morrer. É uma entidade altamente ambiciosa. Pode ser comprada e vendida, como se fosse apenas uma propriedade, um bicho de estimação ou um escravo, embora a cada vez que é comprada se transforme em algo novo — diferenças sutis ou notórias, mas ainda assim sempre reconhecível por suas encarnações prévias. É tudo um grande mistério: difícil de compreender e difícil de descrever.

Não deveria ser tão difícil. Como Peter Senge diz:

> *Será que pensamos que a vida começa e termina com a gente [humanos]? Certamente, organismos mais simples estão vivos. Por que, então, não podemos encarar os organismos mais complexos, como as famílias, sociedades ou companhias, como seres vivos também? Um coral, uma comunidade repleta de vida, está menos vivo do que as anêmonas, mexilhões ou caranguejos que o habitam?*[13]

Que diferença faria se enxergássemos a empresa como um organismo em vez de encará-la como uma máquina? Eis aqui oito benefícios:

- 🐾 *Acaba com a ilusão de controle.* Um ser vivo, mesmo um bicho de estimação ou um escravo, é mais difícil de controlar do que uma máquina. Um organismo é imprevisível e teimoso, tem sua própria mente.
- 🐾 *Destaca o papel do crescimento e da inovação.* As máquinas não crescem. Os organismos não podem fazer nada além disso (ou eles morrem).

---

[13] Prefácio do livro de Arie de Geus, *The Living Company: Growth, Learning and Longevity in Business* (Londres: Nicholas Brealey, 1977). Trecho citado em tradução livre.

- *Lembre-se de que as organizações — ou partes delas — dão a partida sozinhas.* Em uma máquina, é preciso virar a chave de liga ou desliga. As máquinas sofrem de entropia: não funcionam a menos que recebam manutenção regularmente. Os organismos, além de dar a partida em si mesmos, também se renovam sozinhos: desenvolvem novas células e regulam seu próprio metabolismo. No caso de algumas organizações em particular, podemos debater se são mais parecidas com uma máquina entrópica ou com um organismo que se renova sozinho; com certeza, existe um *continuum* entre esses dois extremos.
- *Os organismos são partes de sistemas.* Um organismo é um todo complexo composto por muitos subsistemas e parte de muitos supersistemas acima dele. A corporação será afetada por uma mudança em seus subsistemas — por exemplo, pelo recrutamento ou aposentadoria das pessoas — e pelos supersistemas — seus mercados e ambiente competitivo. As máquinas não são afetadas dessa forma.
- *Os organismos podem construir redes e relacionamentos.* As máquinas não podem. Os humanos e alguns outros organismos podem. Admito que o paralelo não é perfeito. Não é a organização que constrói relacionamentos, mas as pessoas dentro dela que fazem isso. Existe um perigo, sendo assim, em escorregar para a visão "antropomórfica" da empresa, em encará-la como se fosse uma pessoa. Pode até ser melhor olhar para uma corporação como se ela fosse uma pessoa e não uma máquina, mas está definitivamente incorreto pensar que a organização é formada basicamente por suas pessoas e que é uma extensão delas. Aqui nós precisamos de uma boa dose da indeterminação quântica. As pessoas não são propriedade da empresa ou compelidas a se manter como parte dela. Mesmo quando estão trabalhando ali, as pessoas têm uma vida fora da companhia. As redes e os relacionamentos construídos não são apenas com outros humanos, mas também com outras organizações e com a sociedade como um todo.
- *Os organismos têm seus próprios propósitos.* As máquinas têm seus propósitos prescritos por seus fabricantes ou proprietários. As organizações têm propósitos que evoluem de acordo com as características de seus fundadores e com o que ocorre ao longo do caminho. A Microsoft tem um propósito além de gerar dinheiro para seus proprietários? E a corporação Disney? Ou o McDonald's? Claro que eles têm. Não daria para imaginar essas

empresas permutando propósitos, mesmo que seus proprietários lhes dissessem para fazer isso.
- *Os organismos aprendem.* Somente os seres vivos podem aprender. Claramente, as organizações aprendem: o Greenpeace aprende, uma banda de rock aprende, uma equipe de baseball aprende, a Microsoft aprende (sobre a importância da internet, por exemplo, mesmo quando os fundadores da companhia estavam céticos), mesmo os partidos políticos Republicano e Democrata dos Estados Unidos podem aprender! Vale a pena questionar, porém, se as organizações conseguem saber mais do que sabem seus integrantes individuais no total. O conhecimento pode existir em função do trabalho em conjunto, mas o conhecimento com certeza só existe dentro dos seres humanos, não na empresa independente de seus integrantes.
- Como observa Peter Senge[14], não são apenas as organizações que aprendem, mas também a comunidade global de negócios. Aqui está outra sociedade ou outro organismo. As tecnologias e o modo de fazer dos negócios são copiados e ampliados. O autosserviço, a corporação multidivisional, a corporação multinacional, as aquisições hostis, alavancadas e outros tipos de negociações acionárias foram inventadas nos Estados Unidos e exportadas para outras economias. A administração da qualidade total foi elaborada no Japão e, então, reimportada pelos Estados Unidos e, logo depois de alguns anos, tinha se tornado ubíqua (como vimos no Capítulo 1, os organismos mudam, as espécies aprendem e as melhorias são rapidamente difundidas, porque existem apenas aqueles que aprendem e aqueles que morrem).
- Finalmente, os organismos podem ter seu próprio caráter e singularidade. É possível para uma máquina ser única, mas é bastante incomum. Uma máquina que tenha suas próprias características além daquelas pretendidas por seus projetistas, provavelmente não é uma boa máquina. Por outro lado, os organismos são singulares e os mais sofisticados exibem seu próprio caráter. Os humanos e, possivelmente, outros organismos, têm emoções. As organizações têm sua própria cultura que resulta de sua história e do acaso, assim como o projeto humano. Uma empresa é *sui generis* em sua própria espécie. Uma importante característica das espécies

---

[14] Peter M. Senge, *The Fifth Discipline: The Art and Practice of the Learning Organization* (Nova York: Doubleday, 1994).

é que cada membro desenvolve uma maneira única de realizar suas atividades, e a emoção é uma parte importante disso.

Use o poder das "paisagens"

Um dos conceitos mais úteis que emergem da ciência da complexidade é a metáfora das **Paisagens**.[15] Michael Lissack e Johan Roos afirmam que somos programados para reconhecer padrões no espaço. Eles fazem um relato emocionante do desenvolvimento do setor de microcomputadores em termos de paisagem (veja também a ilustração na página seguinte):

> *Conforme a tecnologia muda, a melhor colina para se subir também muda. Se você imaginar o tempo como uma paisagem de lama feita por uma criança, então a história dos principais eventos no mundo dos PCs fica parecida com o que aconteceria se um adulto de mau humor chegasse, pegasse o modelo da criança e desse uma torcida bem forte. Logo em cima surge uma colina onde antes não havia nenhuma e as colinas antigas parecem se dobrar sobre si mesmas. Uma vez, a IBM teve 25% da Intel, todo o Windows e teve a oportunidade de comprar a Microsoft e a Apple (...)*
> *Desenhe um conjunto de montanhas, cada uma delas um subconjunto do mundo competitivo. A IBM em um, a Xerox em outro, a AT&T no terceiro. Elas estão conectadas apenas por difíceis passagens entre as montanhas e o único transporte são as mulas. De repente, ocorrem duas mudanças. Os suíços abrem um túnel entre as montanhas e o automóvel é inventado. (...) Até ontem mesmo, caminhar entre a IBMlândia e a Xeroxlândia era jornada para uma vida inteira. Agora é feita apertando um botão na sua mesa e acaba em um instante. Como fica a paisagem agora?*
> *A interface gráfica introduzida pela Apple (aquele pequeno posto avançado) agora pode (...) tomar a colina. A IBM queria as interfaces gráficas por si mesmas (...) No processo, ela criou o Bill Gates (...)*
> *Agora, além de mudar, as paisagens estão se misturando. A montanha da IBM está sendo erodida por baixo (...) houve uma erupção vulcânica (...) a Intel e a Microsoft, dois fornecedores antes modestos, estão transformando a paisagem (...) Com o Windows 3.0, o Monte Santa Helena eclodiu. O cume da IBM não existe mais. A colina ainda está ali, mas está bem mais baixa e tem uma grande cratera no centro.*

Crie sua paisagem metafórica para descrever o que está acontecendo e pode vir a acontecer em seu próprio terreno competitivo.

---

[15] Leia o excelente relato no livro de Michael Lissack e Johan Roos, *The Next Common Sense* (Londres: Nicholas Brealey, 1999).

Sobre o caos e a complexidade

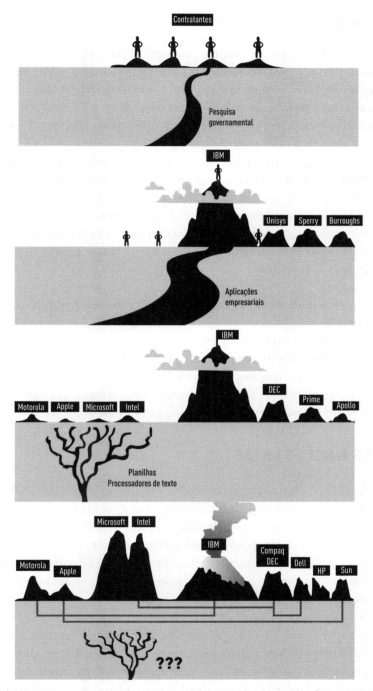

Fonte: *Michael Lissack e Johan Roos no livro* The Next Common Sense *(Londres: Nicholas Brealey, 1999). Reprodução autorizada.*

RESUMO

O caos nos diz que os eventos se desenrolam com "sensível dependência das condições iniciais". Quando não sabemos quais são essas condições iniciais, nós atribuímos os resultados importantes à sorte. Mas existe um padrão no modo como os eventos se desenrolam. Para os executivos, as duas proposições mais importantes sobre o caos são:

- Em qualquer mercado embrionário que tenha potencial para se tornar grande, agarre a vantagem de ser o primeiro a chegar.
- Os negócios são como os fractais: cada tipo de negócio tem seus próprios padrões, interminável variedade, infindável similaridade e nada nunca é precisamente repetido. Isso exige especialização, experiência e um instinto especial para os próprios padrões.

A complexidade nos afirma que pequenas mudanças podem reconfigurar completamente sistemas grandes e complexos. Grandes mudanças podem ter pequenas causas. A estrutura não é planejada; emerge por si mesma. Dando a eles metade de uma possibilidade, os sistemas complexos se organizam sozinhos. No caso das organizações, isso conduzirá a consequências inesperadas, que podem nem sempre ser bem-vindas para os proprietários e para os líderes da organização.

AÇÕES NECESSÁRIAS

- *Explore a natureza fractal dos negócios.* Ganhe experiência e habilidade, observando os padrões atuais que são peculiares ao seu espaço de negócio. Lembre-se de que é a experiência em observar padrões, e não o tempo que você investe no mercado, que é valiosa. Não espere que os padrões sejam os mesmos em outros mercados, mesmo que sejam bem próximos e pareçam semelhantes.
- *Agarre a vantagem de ser o primeiro a chegar.*
- *Seja flexível e tenha estratégias, e não uma estratégica única.* Perceba o papel do acaso e dos eventos aparentemente triviais. Inclua a flexibilidade nos seus planos e nas suas ações. Esteja disposto e pronto para mudar no meio do caminho. Direcione alguns de seus recursos para fazer apostas com chances de longo prazo: experiências que provavelmente podem chegar a nada, mas que

contêm as sementes de um grande sucesso se as condições de mercado mudarem radicalmente.
- *Quando as circunstâncias estiverem desfavoráveis, olhe para aquilo que você pode controlar.* Quando tudo vai mal, não invente a desculpa de uma grande e incontrolável mudança de mercado. Procure os pequenos eventos que podem estar errados e que você pode influenciar.
- *Pratique a emergência.* Identifique as tendências emergentes e os sucessos inesperados e siga o fluxo deles.
- *Não se organize demais, mas não deixe a auto-organização derrotar você.* Seja vigilante para detectar evidências de autoindulgência corporativa.
- *Espere a não linearidade.* Não tenha a expectativa de que as relações de simples causa e efeito sejam predominantes. Encontre os padrões recorrentes escondidos em dados aparentemente sem sentido. Faça uma imersão nos dados, na ação e permita que seu cérebro faça a classificação de padrões úteis.
- *Use paisagens metafóricas para descrever seu setor econômico e visualize as alternativas do cenário futuro.*

CAPÍTULO 10

SOBRE O PRINCÍPIO 80/20

> Por um tempo realmente longo, a lei de Pareto [o Princípio 80/20] foi um estorvo na cena econômica, como um bloco errático na paisagem: uma lei empírica que ninguém explica.
>
> — Josef Steindl[1]

> O conteúdo físico de um microchip não é muito valioso. A sílica é uma das mais baratas e mais abundantes matérias-primas do planeta: areia. Mas um microchip — sua forma, seu design, sua arte invisível — é extremamente valioso. Embora derive de uma fonte que parece quase ilimitada — o conhecimento e a inspiração que surge da mente e do espírito humanos. Esse é o mais valioso recurso e o mais abundante.
>
> — Tachi Kiuchi[2]

MAIS COM MENOS

A história da civilização é a história da conquista de mais com menos: a relação não linear mais feliz. O desenvolvimento da agricultura há cerca de uns sete mil anos levou a humanidade além da Idade da Pedra com seus humanos caçadores-coletores. O progresso da ciência desde o século XVII viabilizou saltos fantásticos e sustentáveis na agricultura e na produtividade da indústria, o que capacitou a Terra a suportar esse número enorme e sem precedentes de pessoas — centenas de milhões de indivíduos vivendo acima dos padrões historicamente reservados para uma minúscula elite. A ciência e a tecnologia nos permitiram produzir alimentos e abrigo, superar doenças, viajar, construir monumentos, desenvolver a comunicação, a arte, a diversão, em um padrão progressivamente maior, usando somente uma pequena fração dos recursos naturais e do tempo que antes costumavam ser necessários.

Reflita sobre o seguinte: há dois ou três séculos, 98% da força de trabalho estava empregada na terra, produzindo alimentos, e agora 2% ou 3%

---

[1] Josef Steindl (1912-1993), economista nascido na Áustria, que afirmava que sua produção como pensador era fruto da Inglaterra e priorizava o debate econômico sobre o político. (N.T.)

[2] Tachi Kiuchi, um dos mais conhecidos executivos do Japão, foi CEO na Mitsubishi Electric e um dos pioneiros da sustentabilidade. (N.T.)

produzem muito mais comida para muito mais pessoas com muito menos esforço. Então, pense em quanto é produzido a mais pelos computadores e pela internet e como nesse processo entram poucos recursos naturais. Há um século não havia computadores. E, conforme comenta Diane Coyle[3], um único cartão-postal, que pesa menos de um grama e tem um microchip interno que toca "feliz aniversário" ao ser aberto, contém mais poder de computação do que existia no mundo inteiro há cinquenta anos.

Fazer mais com menos é a marca registrada do progresso e da criação de riqueza através dos tempos. Mais com menos é sempre possível. E também é, felizmente, inevitável. Mais cedo ou mais tarde, em qualquer área, vamos conseguir obter mais com menos. E não importa quanto mais você consiga hoje com muito menos, pode ter confiança absoluta de que amanhã você conseguirá ainda mais do que hoje com muito menos ainda.

Além do mais, isso se aplica desde a ciência e a tecnologia até o uso inteligente do conhecimento.

Uma ampla gama de aplicações específicas e aprimoramentos incorpora a marcha avante da ciência. Mas também é válido perguntar se existem leis gerais que sustentam esse processo, pois isso pode nos ajudar a extrair mais de menos em *qualquer* aplicação ou atividade.

Na verdade, essas leis gerais existem e é delas que este capítulo vai tratar.

Linguagem, cinema e *world wide web*

O que a linguagem, o cinema e a web têm em comum? Provavelmente muito, mas um fator-chave em comum é que eles são exemplos consistentes de uma lei extremamente poderosa, aquela que sempre pode indicar a direção para que se obtenha mais com menos.

Em 1999, dois pesquisadores[4] da Xerox Corporation descobriram que uma pequena proporção de *sites* recebia a maior parte do tráfego na web: 119 sites — menos de um décimo de 1% — recebiam 32% de todas as visitas (o site em 1° lugar era o Yahoo!). Os primeiros 5% da amostra, que abrangiam 6 mil sites, recebiam 75% das visitas.

O mesmo padrão que revela alguns poucos vencedores e uma massa de perdedores desimportantes fica evidente no setor cinematográfico. Em 1997, dois economistas estudaram o faturamento e a longevidade

---

[3] Diane Coyle, *The Weightless World* (Oxford: Capstone, 1997).
[4] Os pesquisadores são Bernardo Huberman e Lada Adamic; veja a reportagem no *New York Times* de 21 de junho de 1999.

de 300 filmes lançados ao longo de um período de 18 meses. Eles descobriram que quatro deles conquistaram 80% da bilheteria total, enquanto os outros 296 tiveram que se virar para repartir a miserável fatia restante de 20%.[5] Em outras palavras, 1,3% do número total de filmes representavam 80% do faturamento: um exemplo ainda mais extremo do que o dos *sites* na web, mas a mesma distribuição geral distorcida.

O terceiro exemplo é a linguagem do dia a dia. Sir Isaac Pitman inventou a taquigrafia depois de descobrir que apenas 700 palavras compõem surpreendentes 70% das conversas. Incluindo as derivadas dessas palavras, Pitman verificou que a proporção subia para 80%. A versão resumida do *New Oxford English Dictionary* tem mais de meio milhão de palavras. Quer dizer, então, que menos de 1% do total de palavras formam 80% de nosso vocabulário usual. Esse padrão é bastante semelhante àquele encontrado no cinema.

O PRINCÍPIO 80/20

O que a *web*, o cinema e a linguagem têm em comum é o profundo desequilíbrio na forma como os espólios são repartidos. A primeira pessoa a identificar a prevalência desse padrão foi o economista italiano Vilfredo Pareto, em 1897, quando estudava a distribuição da riqueza e da receita entre a população trabalhadora.[6] Pareto percebeu que uma pequena minoria recebia uma substancial parte do total das receitas (ou desfrutava de uma significativa fatia de riqueza) e o que realmente o deixou intrigado é que a distribuição seguia quase exatamente o mesmo padrão, independentemente do período ou do país que ele pegasse como amostra. Nos últimos 50 anos do século passado, a lei de Pareto tornou-se conhecida como o Princípio 80/20 (ou regra 80/20), baseada na observação genérica de que os primeiros 20% do topo de qualquer distribuição usualmente representam 80% de sua força ou impacto.

Nos negócios, muitos estudos demonstraram que 20% dos produtos mais populares representam cerca de 80% das vendas; e que 20% dos

---

[5] *Chaos Theory Explodes Hollywood Hype*, reportagem publicada no *Independent on Sunday* em 30 de março de 1997.
[6] Vilfredo Pareto no *Cours d'Économie Politique* (1896/7). Para uma explicação completa das descobertas de Pareto e como elas podem ser aplicadas, veja o livro de Richard Koch, *O Princípio 80/20 — Os Segredos para Conseguir Mais com Menos nos Negócios e na Vida* (Belo Horizonte: Gutenberg, 2015).

maiores clientes também representam cerca de 80% das vendas; e que aproximadamente 20% das vendas significam 80% dos lucros. Dessa forma, é uma aposta segura afirmar que 80% dos crimes são cometidos por somente 20% dos malfeitores; que 80% dos acidentes serão atribuídos a 20% dos motoristas; que 80% das marcas de uso em seu carpete estarão em apenas 20% da área; e que 20% de suas roupas são vestidas 80% do tempo.

A regra "80/20" é uma fórmula mágica. É pouco provável que o padrão real seja 80/20. De vez em quando, a relação entre os resultados e as causas é mais próxima de 70/30 do que de 80/20. Pode ser até, como nos três casos citados anteriormente, que o padrão seja ainda mais extremo do que 80/20. Para o mundo da *web*, existe uma relação de 75/5: 5% dos sites atraem 75% das visitas; e cerca de 7% dos sites recebem 80%, então, nesse caso, o padrão é 80/7 em vez de 80/20. Para os filmes, é 80/1 (o número inteiro mais próximo): 1% dos filmes conquistam 80% da bilheteria bruta. O uso das palavras também apresenta uma relação 80/1: menos de 1% das palavras é usada 80% do tempo. O ponto não é se um determinado exemplo é 80/1, 80/7, 80/20 ou 80/30.

O ponto é que *a relação entre causas e efeitos é muito raramente 50/50 ou algo próximo disso*. Nesse sentido, o universo não é democrático; tampouco a *world wide web*, embora houvesse a esperança de que a internet fosse possibilitar que um grande número de competidores disputasse em igualdade de condições. Quase sempre há o fenômeno das "ovelhas e das cabras": algumas partes do cenário são enormemente importantes e a maioria do restante é somente cenário insignificante. A força do Princípio 80/20 está no fato de que ele não é completamente intuitivo. Embora se espere que alguns fatores sejam mais importantes do que outros, não temos a expectativa de que a diferença entre o que é muito importante e o que é pouco importante seja, em geral, tão grande como é. O universo é previsivelmente desequilibrado — aproximando-se de uma relação 80/20.

Em uma extensão muito maior do que a esperada, poucos fatores realmente importam. *As pessoas e as organizações realmente eficazes agarram essas poucas leis poderosas que operam no trabalho e fazem com que se tornem uma vantagem.*

Menos é mais

A expressão "Menos é Mais" tornou-se famosa por Ludwig Mies van der Rohe (1886-1969), o arquiteto alemão minimalista que dizia que o foco deveria estar concentrado no essencial da construção e não se deveria tentar esconder os materiais dos quais o edifício é construído. Na verdade, a frase vem de Robert Browning em seu poema dramático de 1855, *Andrea del Sarto*.

"Menos é Mais" é um *slogan* útil porque nos lembra de que muito do que fazemos tem valor negativo. Muitas atividades, assim como clientes, produtos e fornecedores, na verdade *subtraem* valor, o que ajuda a explicar porque seus concorrentes produzem uma proporção tão alta de valor líquido. Portanto, aqui vai um *slogan* ainda mais útil para as pessoas de negócios, uma cortesia de Bill Bain, fundador da consultoria Bain & Co: "A melhor maneira de começar a ganhar dinheiro é parar de perder dinheiro". A melhor maneira de se tornar mais eficaz é parar suas atividades negativas. Vou abordar melhor esse assunto na seção chamada "Lei da tricotomia" no final deste capítulo.

Princípio para o menor esforço de Zipf

Em 1949, George Zipf anunciou seu **Princípio para o menor esforço**, que nada mais é do que a redescoberta e uma elaboração da lei de Pareto. O princípio de Zipf afirma que tudo que é produtivo — pessoas, bens, tempo ou habilidades — tende a se organizar naturalmente para minimizar o trabalho. Isso explicou sua descoberta de que aproximadamente 20% a 30% de qualquer recurso é responsável por 70% a 80% da atividade relacionada a esse recurso.

A lei de Juran dos poucos vitais

Um dos grandes heróis do século passado — embora seja mais honrado no Japão do que nos Estados Unidos, terra de sua adoção — foi Joseph Moses Juran. Mais do que ninguém[7], Juran foi pioneiro da revolução da qualidade que tornou a segunda metade do século XX um período de avanços crescentes e sem precedentes nessa área — dos carros aos computadores. Em 1951, Juran publicou o seu livro *Controle da Qualidade*, o que tornou a lei de Pareto e a **Regra dos poucos vitais** sinônimo da busca pela alta qualidade dos produtos.

Juran afirmou que a questão-chave era sempre conseguir isolar as "poucas causas vitais" de qualquer evento — nesse caso, da baixa

---

[7] Talvez uma possível exceção seja o seu contemporâneo, W. Edwards Deming.

qualidade — que se opunham às "muitas causas triviais". Em geral, as perdas de qualidade não eram devidas a uma multiplicidade de causas. Em cada caso, algumas poucas causas vitais podiam ser identificadas.

Dois anos depois de publicar seu excelente trabalho, Juran fazia pouco progresso nos Estados Unidos, mas, em 1953, seus seminários no Japão eram uma tremenda sensação. Ele ficou no país para trabalhar com diversas corporações japonesas e aplicar a abordagem, que foi praticada até que, finalmente, o Japão excedeu os mais altos padrões de qualidade dos Estados Unidos. Foi somente entre as décadas de 1970 e 1980, quando a competição japonesa ameaçou a Europa e os Estados Unidos, que Juran e seu movimento foi levado a sério no Ocidente. Ele retornou para fazer com as indústrias norte-americanas o que já havia conseguido no Japão.

Passos de gigante na computação com o Princípio 80/20

Em 1963, a IBM percebeu que cerca de 80% do tempo de um computador era gasto com um máximo de 20% do código operacional. Essa percepção fez com que a empresa imediatamente reescrevesse seus *softwares* para tornar esses 20% mais populares mais acessíveis, rápidos e com uso mais amigável do que anteriormente. Isso deu à empresa uma vantagem significativa sobre os competidores, que, por um longo tempo, continuaram a tratar todas as aplicações de maneira mais ou menos igual. Na década de 1990, a Microsoft levou a visão 80/20 ainda mais longe, dedicando uma energia obsessiva para simplificar os usos mais populares de um PC.

Em todo o setor, a maioria dos desenvolvedores de *software* e os executivos da área de computação ficaram atentos, implícita ou explicitamente, ao Princípio 80/20. É uma coincidência que, entre todos os produtos de alta tecnologia, o PC seja o mais fácil de ser tecnicamente dominado por gente como eu?

O princípio do vencedor leva tudo (superestrela)

Uma ilustração do Princípio 80/20 é a massiva e crescente distância existente entre os ganhos dos principais vencedores - sejam eles Steven Spielberg, Bill Gates, Rupert Murdoch, Oprah Winfrey, Pete Sampras, Luciano Pavarotti ou os principais advogados de tribunais, escritores e outros profissionais que são as estrelas de seus próprios mundos — e os daqueles que estão logo abaixo deles na lista de classificação. As superestrelas ficam com uma fantástica proporção do total e a popularidade delas retroalimenta o processo.

Onde quer que o mercado funcione livremente, a tendência é que o mundo seja dividido entre alguns poucos muito afortunados de um lado e todas as demais pessoas do outro. Durante a década de 1980, uma espantosa fatia de 64% do total de receitas dos Estados Unidos era destinada àquele 1% de pessoas do topo: um princípio 64/1! Isso não é saudável, muito menos sustentável para uma sociedade, mas ilustra como o universo e os mercados livres operam.

Devo também dizer aqui que o Princípio 80/20, como todas as leis poderosas, nem sempre é benigno. É simplesmente uma força que deve ser considerada e virada a nosso favor sempre que for possível. A extensão com que usamos o Princípio 80/20 para aumentar nossa própria eficácia — imitando o modo de funcionar do universo — pode determinar não só quanto somos capazes de ampliar seus "naturais" efeitos benignos (por exemplo, obtendo níveis cada vez mais altos de produtividade e riqueza), mas também de controlar e reverter seus efeitos "naturais" malignos, que, quando deixados para operar sem supervisão na sociedade, terão a tendência de solapar a democracia.

A UBIQUIDADE, UNIVERSALIDADE E UTILIDADE DO PRINCÍPIO 80/20

Entre todas as leis poderosas apresentadas neste livro, o Princípio 80/20 é uma das mais universais. Parece que se aplica a quase tudo. Está incorporado no tecido do universo. Num sentido bem importante, é assim que o universo funciona e o progresso ocorre. A evolução pela seleção natural pode ser vista como um (tremendamente importante) subconjunto do Princípio 80/20 (e se Pareto tivesse escrito sua lei um século antes de Malthus em vez de um século depois, talvez Charles Darwin tivesse tido sua percepção sobre a seleção natural lendo Pareto e não Malthus. A teoria da seleção natural, na verdade, deriva muito mais diretamente do Princípio 80/20 do que da teoria de Malthus sobre a competição por comida entre os indivíduos[8]).

---

[8] Veja o Capítulo 1 do livro. A teoria de Darwin pode ser sintetizada em três observações: a luta pela existência entre as criaturas resulta na morte precoce da maioria

Atualmente, temos como certo que nós podemos comparar dois conjuntos relacionados de dados — como a distribuição das receitas e a distribuição das pessoas que as recebem — e observar as disparidades. Portanto, quando descobrimos que 80% do total das receitas vai para 20% das pessoas, talvez não fiquemos particularmente impressionados. Podemos dizer: e daí? Foi a genialidade de Vilfredo Pareto que o levou a fazer comparações desse tipo pela primeira vez. Mas o fato estranho e assustador é como o padrão de desequilíbrio é previsível e prevalente ao ser aplicado a quase quaisquer dois conjuntos de dados relacionados.

Na evolução, nos negócios, na sociedade e na vida em geral, incluindo nossas vidas pessoais, existem sempre algumas poucas influências poderosas, alguns poucos fatores que realmente importam — e também uma enorme quantidade de ruído ao redor, que chama nossa atenção e nos distrai, mas que deveríamos ignorar por que não tem importância. Ao prestar atenção ao ruído em volta, nós mascaramos aquilo que é importante, significativo e urgente, limitando nossa eficácia e desperdiçando a energia que deveria ser dedicada a observar e atrair (ou evitar) as forças poderosas ao nosso redor.

Se é fácil conceber que o Princípio 80/20 opera em toda a teia da vida, dificilmente conseguimos negar isso quando olhamos em detalhes para os fatos de uma situação particular. Mesmo assim, é muito difícil lembrar disso, como eu mesmo constatei, acima do burburinho da vida diária — quando somos continuamente assaltados por demandas que tomam nossa atenção e nosso tempo — o Princípio 80/20 ainda está em operação e exige uma resposta muito seletiva se quisermos ser eficazes. Nós sabemos que o Princípio 80/20 se aplica, mas ainda assim nos comportamos como se não soubéssemos disso.

Praticamente todos os negócios realizam mais atividades do que deveriam, adquirem mais do que precisam e tentam exercer influência

---

dos embriões ou irmãos (a percepção derivada de Malthus); as variações entre e dentro das espécies; e a herança da variação. Darwin, então, saltou para a conclusão de que as variações facilitavam a seleção, já que a natureza podia recompensar as variações que combinavam melhor com as condições de vida. Se tivesse partido do Princípio 80/20, Darwin poderia imediatamente ter criado a hipótese de que uma pequena minoria das variações mais poderosas iria, finalmente, formar a população de suas espécies; e que uma minoria de irmãos poderia deixar uma maioria de descendentes. Dois dos três pilares da teoria de Darwin estão, pelo menos, implícitos no Princípio 80/20 (somente a questão da herança não é uma implicação).

onde isso é infrutífero. Quase todos os executivos tentam administrar mais do que deveriam, realizam mais atividades do que deveriam e sabem muito sobre muitas questões e muito pouco a respeito daquelas poucas questões que podem determinar seu sucesso ou seu fracasso. Age dessa mesma forma a grande maioria dos administradores de organizações não lucrativas, funcionários públicos e políticos. E assim fazemos também em nossas vidas privadas: gastamos tempo, energia e dinheiro naquilo que afetará apenas marginalmente nossa felicidade e valor para os outros; falhamos em dar o devido peso àquelas poucas pessoas, eventos e objetivos que dão sentido às nossas vidas.

COMO APLICAR O PRINCÍPIO 80/20 NOS NEGÓCIOS

Existem muitos usos *táticos* úteis para o Princípio 80/20 ajudar a sua organização ou a sua carreira — por exemplo, ele pode ser aplicado em negociações, inclusive para fazer você ter um aumento de salário — e também na sua vida pessoal. Porém, como não quero repetir o que já disse em meu livro anterior[9], agora vou me concentrar nas aplicações *estratégicas* do princípio nos negócios.

A percepção-chave é que quase certamente sua empresa realiza demais. A hipótese é que 20% das atividades realizadas resultam em 80% do benefício. Se isso for verdade, então a empresa deve fazer mais desses 20% (ou atividades semelhantes), e bem pouco daqueles 80% restantes. O negócio deve fazer *bem menos*.

Muito abstrato? Deixe-me ser mais concreto. Sua empresa deve fazer menos, porém com mais lucratividade. De qualquer maneira que você faça a redução, sua organização deve estar concentrada nos elementos e nas atividades mais produtivas e lucrativas e esquecer ou se desviar do resto.

Então, o que deve ser feito menos? Para começar, tente isso:

---

[9] Veja a nota 6 acima. Já que você se importou de ler a nota, aqui está a abordagem para usar o Princípio 80/20 na negociação de um aumento de salário. É provável que 80% dos aumentos acabem sendo concedidos nos últimos 20% do tempo concedido para a negociação. Portanto, não vá direto à sua demanda. Se você começou a reunião às 17h30 e sabe que seu chefe vai ter que sair às 18h30, o momento crítico vai ocorrer por volta das 18h20. Tente não deixar que o assunto se resolva antes disso. Se o chefe lhe fizer uma proposta antes disso, mostre-se insatisfeito e mantenha sua própria sugestão até perto desse horário, quando sabe que ele vai ter que se apressar.

- A empresa deve possuir menos.
- A empresa deve adquirir menos e se livrar de mais.
- A empresa deve tentar participar de menos etapas da cadeia de valor.
- A empresa deve ter menos produtos.
- A empresa deve ter menos consumidores.
- A empresa deve ter menos fornecedores.
- A empresa deve ter menos empregados.

Possuir menos

Os administradores gostam de possuir coisas. Elas aumentam de valor e, geralmente, acredita-se que a propriedade possibilita o controle sobre o objeto possuído. Pobre de nós! Muito frequentemente, o inverso é verdadeiro, tanto nos negócios quanto na vida: nossas posses acabam nos controlando. Nos negócios, agora está claro que a obsessão pela posse ficou no passado. Não precisamos possuir bens para controlar a receita e o fluxo de lucros; e há uma série de desvantagens na propriedade quando comparada às opções de não propriedade.

Por definição, metade do total de ativos destrói valor dos negócios no mundo. Eles não conseguem obter o retorno médio sobre o capital. Sendo assim, possuir esses ativos destrói valor.

Se tudo isso soa um constructo muito teórico, veja os exemplos seguintes de captura e criação de valor sem muita propriedade.[10] Quando eu escrevi este livro, havia um canal britânico de televisão fechada BSkyB que tinha um valor de mercado acima de 10 bilhões de libras, embora tivesse uma pequena base de ativos e transmitisse programas que não eram de sua propriedade nem criados por sua equipe. Ou pegue o exemplo da Canon ou da Microsoft; como escreveu o professor de estratégia Marcus Alexander:

> *O domínio da Canon no funcionamento interno das máquinas de fax ou a posição da Microsoft como árbitro dos padrões dos PCs captura com eficácia uma quantidade desproporcional de valor com uma propriedade mínima, mas seletiva.*[11]

---

[10] Estou abordando aqui o trabalho pioneiro realizado por Ashridge Strategic Management Centre e, particularmente, por um de seus diretores, Marcus Alexander, a quem eu sou muito grato.

[11] Marcus Alexander no artigo "Managing the Boundaries of the Organization", publicado na revista *Long Range Planning (LRP)* de outubro de 1997.

Similarmente, o McDonald's e um grande número de outros negócios controlam seus fornecedores — eles dizem precisamente o que os fornecedores têm que fazer e, geralmente, têm arranjos exclusivos — sem precisar ser proprietários de nada.

Esse é um dos significados da expressão que tem predominado e sido cada vez mais usada: "companhia virtual".[12] "Fabricantes" de marcas de carros ou PCs atualmente fabricam pouco ou nada; a verdade é que eles contratam por fora não apenas a manufatura, mas, com frequência, boa parte do *design* e da submontagem. Não têm a propriedade, mas a controlam. Algumas companhias aéreas flertam com virtualidade: fazem *leasing* dos aviões; compram a engenharia, a manutenção, a alimentação a bordo, os serviços de apoio em terra, venda de passagens e em alguns casos terceirizam até mesmo os pilotos e a tripulação da cabine. Você confia que eles têm o controle dessas atividades — você confia na marca —, embora eles não sejam os donos. Setores inteiros como de exploração e produção de petróleo estão se tornando cada vez mais virtuais. Até mesmo o governo está descobrindo que pode controlar a entrega de serviços de bem-estar sem ter que ser proprietário deles.

Existem quatro vantagens de controlar sem ser proprietário. Uma é que, como exige menos caixa, o retorno sobre o capital pode subir e, em alguns casos, atingir níveis astronômicos (o exemplo extremo é a empresa de serviços profissionais que pode ser dona de praticamente nada e ainda assim controlar e entregar serviços altamente diferenciados, personalizados e de grande valor). A segunda vantagem é que você pode focar seus esforços em menos atividades e se tornar realmente soberbo na sua enxuta especialidade; ao contrário, quando você possui algo, precisa dedicar alguma atenção àquilo. Terceira, se você pode controlar em vez de ser proprietário, você garante acesso instantâneo às pessoas que são as melhores em cada atividade. Tente comparar isso com o que você disporia dentro da própria empresa. Com frequência, o fornecedor externo pode entregar um produto melhor e mais barato do que a alternativa interna e proporciona um bom lucro nessa barganha. Finalmente, e talvez mais importante, controlar sem ter a propriedade

---

[12] Como aponta Marcus Alexander, "virtual" pode ter dois significados diferentes. Pode ser falta de proximidade física ou, como aqui, ausência de propriedade. Veja o artigo do qual tirei os exemplos e que contém muito mais informações. Marcus Alexander, "Getting to Grips with the Virtual Organization", publicado na revista *Long Range Planning (LRP)* de fevereiro de 1997.

proporciona flexibilidade, velocidade e ainda evita o pagamento de excedentes à equipe interna. Se você for proprietário de uma divisão ou atividade, isso cria o que Marcus Alexander chama de "inflexibilidade da propriedade":

> *Tipicamente, as organizações evoluem em torno das necessidades de certas atividades ou processos dominantes. Isso cria inflexibilidade para acomodar as necessidades de processos menos centrais (...) isso pode ser visto nas faixas salariais infladas historicamente pagas aos trabalhadores com pouca ou nenhuma qualificação [nos setores de petróleo, químico e farmacêutico], onde os processos dominantes envolvem profissionais mais bem pagos e mais difíceis de atrair.*

A inflexibilidade também fica aparente quando se refere à propriedade de ativos, como, por exemplo, uma rede de agências bancárias ou a produção industrial baseada em tecnologia obsoleta ou em trabalho de alto custo, o que de fato impede que a empresa adote as soluções preferidas pelos consumidores. A propriedade possibilita que hoje você controle os processos à custa de renunciar aos de amanhã.

Já que saber como fazer algo melhor e mais barato para o cliente é a única base segura para as empresas ganharem a vida e já que, em última instância, esse conhecimento está com as pessoas (e como a escravidão foi abolida), eu poderia argumentar que, de qualquer maneira, é impossível possuir os componentes mais importantes do sucesso corporativo. Da mesma forma, muitas atividades que parecem envolver propriedade não precisam ser realmente assim. Prédios, computadores, linhas de comunicação, equipamentos de manufatura e quase tudo mais que parece dar substância às companhias pode ser alugado ou ser feito *leasing*.

Possua somente aqueles 20% que contribuem para 80% do controle eficaz. Caso o controle seja viável sem nenhuma propriedade, não tenha nada.

Adquirir menos

É um paradoxo pensar que é possível gerar lucros sem ter a propriedade dos meios e, ainda assim, a maneira mais fácil dos administradores gastarem enormes quantidades de dinheiro é adquirindo outras empresas, que talvez também sejam proprietárias de quase nada. Por que usar dinheiro para adquirir empresas, quando a operação subjacente pode ser conduzida com o uso de bem pouco capital?

A explicação parcial é que o acesso a um fluxo de lucros vale a pena. E é parcial, pois não explica porque a aquisição é mais prevalente do que a construção de um novo negócio do zero (onde muito menos capital pode gerar muito mais dinheiro no longo prazo) ou por que os preços pagos pelas compras (mensurado pela proporção preço/ganhos) subiram muito acima dos cálculos sensatos de valor. Nem a explicação do "fluxo de lucros" nos diz por que devemos usar o capital escasso para pagar os acionistas de um negócio existente (para quem provavelmente o negócio proporcionou bem menos capital do que seu alegado "valor" de agora) quando é mais provável que um retorno mais alto no longo prazo venha da expansão orgânica, usando pouco capital.

Acredito que o paradoxo só pode ser explicado pelo que chamo de "falso mercado de aquisições". Transações que são mais caras do que seria economicamente justificável somente porque os administradores preferem comprar em vez de vender e porque eles próprios têm um horizonte de tempo mais curto do que seria bom para os donos dos negócios (ou para mais ninguém). A construção e o desenvolvimento dos negócios demoram demais para que os administradores colham pessoalmente os benefícios.

No mercado das empresas, há mais compradores do que vendedores; ou assim deveria ser a preços econômicos mais sensatos. Os preços inflados são necessários para atingir um equilíbrio, onde o número de vendedores e compradores é igual. Isso não quer dizer que toda aquisição seja estúpida ou muito cara; apenas que, em média, as aquisições são assim (e todas as abaixo da média são). Reciprocamente, nem todo desinvestimento adiciona valor; mas mais da metade deles, sim.

Fusões e aquisições ainda são comuns (embora, caso você subtraia desse total as divisões, (des)fusões e separações, isso não seja verdade). Mas, mesmo aceitando que elas sejam corriqueiras, a forma alternativa de combinação — aliança corporativa — ganhou campo ainda mais depressa.[13] A aliança corporativa é uma opção geralmente melhor do que a aquisição.

O mercado global de automóveis atual lembra um prato de espaguete enrolado, uma rede complexa de relacionamentos. As alianças

---

[13] Baseado em um artigo de Marcus Alexander, "The Value in Corporate Alliances", preparado pelo *Ashridge Strategic Management* para ser apresentado na Câmara de Comércio de Singapura.

também são a tendência dominante no setor de serviços financeiros, no de computadores e no de telecomunicações. Tampouco as alianças precisam ficar restritas dentro de um setor: a Coca-Cola, o McDonald's e a Disney têm uma aliança global que beneficia as três empresas, combinando a marca e o marketing da Coca, os pontos fortes de distribuição do McDonald's e os personagens da Disney. A Virgin usa sua marca para entrar em outros negócios, mas geralmente sem fazer mais nada e, com certeza, sem nenhuma aquisição.

Geralmente, é mais fácil e quase sempre muito mais barato, conseguir o que você quer de outra empresa com uma aliança do que com uma aquisição.

Participar de menos etapas da cadeia de valor

A cadeia de valor é tudo que fica entre a concepção de um produto ou serviço e a chegada dele às mãos do consumidor. Portanto, envolve pesquisa e desenvolvimento; design de produto; manufatura de componentes, montagem e processamento; marca e marketing; vendas; distribuição física e entrega; serviços de pós-venda e qualquer outra etapa que seja relevante no seu setor. Se, como na maioria dos negócios, você participar de mais de uma dessas etapas, é pouco provável que seja igualmente bom, quando comparado com seu melhor competidor, em ambas ou em todas as etapas das quais participa.

Diversos negócios muito bem-sucedidos focam toda ou quase toda sua energia em uma (ou duas) etapa da cadeia de valor. As companhias que fazem apenas a exploração de petróleo ou a produção ou o marketing tendem a ser mais lucrativas do que aquelas que têm a operação integrada. Empresas como a Filofax, que costumavam realizar parte substancial dos elementos da manufatura, são mais lucrativas agora que estão focadas no design, na marca e no marketing. As companhias de carrinhos de bebês e cadeirinhas que apenas detêm a marca e fazem o marketing *ou* que apenas fazem a manufatura são mais lucrativas do que aquelas que fazem tudo. As corporações hoteleiras estão se dividindo entre aquelas unidades que possuem e administram as propriedades imobiliárias e aquelas que operam os hotéis. A lucratividade da Coca-Cola saltou depois que a empresa desinvestiu nas operações de engarrafamento e distribuição física.

Concentre-se naqueles 20% de atividades nas quais você agrega 80% do valor.

Ter menos produtos

Examine a lucratividade de seu produto. Uma boa hipótese é que 20% dos produtos vão gerar 80% dos lucros. Por definição, a metade de baixo dos produtos deprime sua média de retorno sobre o capital. É provável também que essa metade de baixo dos produtos não esteja obtendo a taxa necessária de retorno e é possível que uma porção deles esteja, na verdade, causando prejuízos.

Se seus produtos estiverem de acordo com o padrão típico, um aumento de 20% nas vendas daqueles que são mais lucrativos vai levar a um aumento de 80% na lucratividade. Até mesmo um aumento de 10% das vendas, se for concentrado nos produtos mais lucrativos, levará provavelmente a um crescimento entre 40% e 60% dos lucros. Reciprocamente, uma queda entre 10% e 20% nos produtos menos lucrativos pode trazer um aumento dos lucros, mesmo sem corte nas despesas gerais. Caso as despesas gerais possam ser cortadas em alinhamento com as vendas, então, dentro de um ano ou pouco mais, você poderá cortar as vendas em um terço e aumentar os lucros absolutos, assim como aumentar drasticamente o retorno sobre o capital.

Ter menos consumidores

A mesma lógica se aplica aos consumidores. Às vezes, os clientes são mais (ou menos) lucrativos por causa do mix de produtos que adquirem; às vezes porque pagam preços mais altos (ou mais baixos); mas, com bastante frequência, porque exigem uma quantidade diferenciada de energia e custos para serem atendidos. Atualmente, em muitos negócios, a maioria dos custos internos é alocada nessa besta indescritível chamada de "despesas gerais". Raramente, custos são atribuídos aos consumidores, embora, quando isso seja feito, mesmo que muito aproximadamente, torna-se evidente que alguns clientes exigem bem mais despesas do que outros, em comparação às compras que realizam.

Geralmente, os consumidores mais lucrativos são aqueles que têm comprado seu produto/serviço há muito tempo. Conquistar novos clientes é muito caro. Se não forem adequados logo de início ou se você os perder rapidamente, o custo de aquisição desses clientes pode ser muito maior do que o benefício trazido por eles.

Segue-se a isso que os melhores clientes são geralmente aqueles já existentes, e os esforços para retê-los e aumentar as vendas terão um efeito desproporcional sobre os lucros correntes e, até mesmo mais importante, sobre os lucros futuros. Reter e vender mais para os clientes mais lucrativos já existentes tem um enorme valor que nunca ficará aparente nos relatórios contábeis convencionais.

Perder seus piores consumidores significa que você agora pode oferecer um serviço melhor para seus melhores clientes e para outras pessoas que tenham esse mesmo perfil.

Ter menos fornecedores

É mais fácil pensar na lucratividade derivada dos clientes e dos produtos do que naquela que se origina dos fornecedores, mas ela é tão importante quanto e, além disso, é um diferencial do seu negócio. Pegue dez fornecedores. Suponha que cada um deles lhe cobre $1 milhão por ano pelos insumos. O Princípio 80/20 pode lhe dar uma hipótese intrigante: 80% do valor real está contido em 20% dos insumos. Se você partir do pressuposto de que o retorno sobre as vendas é de 10% e que isso se aplica igualmente às atividades realizadas internamente e às terceirizadas, a conclusão é que, para você, o valor real daqueles $10 milhões pagos por ano por insumos e serviços na verdade são $11 milhões. Dessa forma, a hipótese é que $2 milhões em insumos valem $8,8 milhões (80% de $11 milhões) e que os outros $8 milhões têm o valor somente dos restantes $2,2 milhões.

Não seria bom identificar os insumos em que cada $1 lhe compra $4,40 em valor? Você não tenderia a comprar mais desses fornecedores? Esse não seria um forte incentivo para vender mais dos produtos que fazem um uso particularmente intensivo desses insumos mais lucrativos? Não seria útil também parar de ter grandes perdas na maior parte dos insumos que compra, se a hipótese se mostrar correta?

Na verdade, não posso provar que isso é verdadeiro. Existem centenas de estudos sobre lucratividade sobre clientes e produtos que reproduzem aproximadamente o padrão 80/20. Mas, como é muito mais difícil mensurar a lucratividade sobre os fornecedores, tanto conceitual quanto praticamente, do que aquela sobre os consumidores e os produtos, então não posso citar nenhum trabalho empírico para dar apoio ao meu ponto em relação aos fornecedores. Essa é uma lacuna na linha de produtos das consultorias de gestão, que alguma delas deveria ocupar.

Estou confiante, porém, que alguns fornecedores *são* muito mais lucrativos do que outros. Existem estudos que mostram que negócios com menos fornecedores são mais lucrativos em comparação às empresas que têm mais.[14] Uma razão para isso é que a simplicidade tem alto valor; mas outra é que as companhias com menos fornecedores, provavelmente escolheram deliberadamente os mais lucrativos.

Outra causa da diferença de lucratividade entre os fornecedores é o seu poder de barganha. Alguns criam uma incrível quantidade de valor, mas capturam somente uma pequena parte dele: seja porque é pequeno em relação ao seu comprador ou porque tem poucos compradores ou simplesmente porque não está maximizando tanto quanto poderia. No outro extremo, há, com certeza, fornecedores que extraem mais do que entregam: seja porque são hábeis para capturar valor ou porque o custo para a empresa compradora é baixo ou porque o comprador tem pouca informação.

Ter menos empregados

Esse é um ponto delicado, mas já faz tempo que está ficando aparente — tanto nos estudos acadêmicos quanto na reflexão prática dos administradores — que em toda organização alguns indivíduos adicionam muito mais valor do que extraem da organização, sendo o contrário também verdadeiro. Onde é possível mensurar a produtividade individual facilmente, como em vendas, o Princípio 80/20 tem sido validado: tanto 80% das vendas quanto 80% dos lucros em vendas são gerados por aproximadamente 20% dos vendedores.

O que é verdadeiro para os indivíduos em qualquer função ou atividade também vale para os grupos. Em toda organização existe um pequeno conjunto de pessoas exercendo alguma função ou atividade em particular, que gera os lucros mais espetaculares em relação ao seu custo; e existe uma maioria em outras funções e atividades que agrega valor pouco acima de seu custo ou que custa mais do que o valor agregado. Nas empresas de consultoria em que trabalhei, por exemplo, o valor de verdade era agregado no topo e na base — no patamar dos melhores sócios e naquele dos profissionais mais inexperientes, porque os analistas mais jovens eram brilhantes, baratos e trabalhavam duro. Entusiasmados, os sócios pensaram: os jovens analistas fazem a maior parte do trabalho, enquanto isso os consultores médios fingem fazer algo útil e são caros.

---

[14] Estudo realizado por Gunter Rommel com 39 empresas alemãs de médio porte, relatado no livro *Simplicity Wins* (Cambridge: Harvard Business School Press, 1996).

Na maior parte das empresas farmacêuticas, há alguns poucos pesquisadores nos laboratórios que agregam valor. Na Microsoft, além de Bill Gates, provavelmente há uns poucos executivos no topo e mais alguns poucos *nerds* criativos que desenvolvem os softwares. Nos bancos de investimento, os lucros de verdade vêm de alguns poucos corretores que atuam consistentemente no mercado, uns poucos analistas que selecionam investimentos excelentes para o próprio balanço do banco e aqueles "fazedores de chuva", que trazem os grandes acordos financeiros. Em todas essas organizações, todo quadro restante e qualquer outro profissional individualmente estão sendo seriamente pagos a mais, apenas porque estão ali e porque a empresa pode pagar muito por eles.

Mantenha aqueles 20% (ou menos) de empregados que adicionam a maior parte de valor e busque como fazer a "exportação" dos demais, seja por terceirização, cisões de negócios, desgaste natural ou por meios menos agradáveis. Se isso for impossível, forme um negócio à parte compreendendo seu quadro mais valioso de funcionários.

A EMPRESA SIMPLES

As mudanças que estou recomendando têm um efeito multiplicador mesmo se você der apenas passos modestos em cada uma das dimensões. Mesmo que cada mudança seja pequena, a empresa que possuir menos, adquirir menos, desinvestir mais, reduzir seu escopo em termos de atividades de valor agregado, diminuir a linha de produtos e enxugar o número de clientes, fornecedores e funcionários vai ficar muito menos complexa do que quando começou o negócio. A complexidade adiciona custos, além de tornar a empresa como um todo e os executivos mais lentos, introspectivos e surdos aos consumidores. A simplicidade muda a proporção entre os custos úteis e os inúteis. As organizações complexas gastam a maior parte de sua energia em seus próprios processos. Somente as empresas simples conseguem devotar a maior parte de seus esforços para realizar aquilo que é útil para os clientes.

A empresa que faz mais com menos não é necessariamente pequena. Uma vez que faz mais, a companhia pode acabar se tornando, de fato, bastante grande ou, no mínimo, muito valiosa. A empresa mais valiosa do mundo é a Microsoft, que não é pequena. Embora seja uma empresa *simples*. A simplicidade é linda.

Retorno sobre a administração empregada

Provavelmente, o conceito empresarial decisivo e mais importante do século XX foi o ROCE, retorno sobre o capital empregado. Já o conceito de negócios decisivo do século XXI vai ser o ROME,[15] **Retorno sobre a administração empregada** (ou retorno sobre o esforço de administração). O ROME está se tornando cada vez mais importante que o ROCE. O recurso mais escasso, percebe-se com perspicácia, são os executivos que agregam valor, não o capital. Ideias, cérebros, conhecimento, habilidades técnicas e a feliz capacidade de fazer com que tudo que é sensato seja feito — tudo isso é mais escasso e tem mais valor do que o dinheiro.

Tendo consciência ou não disso, a empresa simples trabalha nessa direção. E tenta maximizar o ROME em vez do ROCE.

As companhias mais complexas tomariam uma boa providência classificando todos os seus segmentos de negócios em matrizes dualistas para olhar para o ROME e para o ROCE. Apenas aqueles com ROCE e ROME elevados deveriam ser mantidos como parte principal da empresa; o resto deveria ser descartado ou vendido. *Mesmo negócios com ROCE elevado não são realmente lucrativos se tiverem um ROME baixo.* E estão consumindo recursos escassos. Os controladores e os executivos

---

[15] Eu inventei o conceito de ROME, baseado no Princípio 80/20, e essa é a primeira vez que escrevo sobre isso. O ROME, para qualquer segmento de negócio, pode ser definido como a porcentagem de lucro antes dos juros e impostos dividida pela porcentagem do esforço total da administração (idealmente ponderado pelo custo total do esforço administrativo), de acordo com o segmento de negócios.
Portanto, podemos expressar o ROME aritmeticamente assim:

$$\text{ROME} = \frac{\text{Porcentagem de lucro antes dos juros e impostos}}{\text{Porcentagem dos esforços de administração}}$$

Um ROME maior do que 1,0 indica um segmento acima da média de lucratividade e quanto maior esse resultado, melhor. Um ROME abaixo de 1,0, e especialmente menor do que 0,5, deve levar a uma das ações a seguir:
- Uma redução do esforço de administração e/ou
- Um aumento nos lucros e/ou
- Retirada do segmento

A hipótese derivada do Princípio 80/20 é que segmentos que usam aproximadamente 20% do total de esforços administrativos (aqueles com o ROME mais alto) serão responsáveis por 80% dos lucros antes dos juros e dos impostos. Esses segmentos devem ser ampliados.

de finanças estão buscando um ROCE alto e são parcimoniosos com o dinheiro. Quem está buscando pelo ROME? Quem garante que ele é distribuído com parcimônia, apenas para os negócios que oferecem bons retornos?

Foque naqueles 20% dos negócios que têm um ROCE elevado e um ROME elevado, aqueles poucos que realmente oferecem ótimos retornos sobre aquilo que é realmente escasso. Se houver um conflito entre o resultado do ROCE e o do ROME, dê prioridade para o segundo.

É CHARME

Na década de 1950, os físicos que estudavam as partículas e trabalhavam na eletrodinâmica quântica (QED) começaram a desenvolver a teoria da "força eletrofraca". Nos anos 1970, Sheldon Lee Glashow (nascido em 1932), filho de um russo que imigrou para os Estados Unidos, provou que, além dos quarks subatômicos chamados de alto (*up*), baixo (*down*) e estranho (*strange*), havia um quarto, que ele apelidou de **Charme** (*charm*). A teoria explica como as partículas interagem entre si. As forças subatômicas fortes aparentemente necessitam de forças fracas como um complemento necessário.

Os sociólogos, então, desenvolveram uma teoria paralela a respeito do poder dos elos fracos.

O PODER DOS ELOS FRACOS

O elo fraco é aquele sobre o qual não há propriedade direta, interesse financeiro, controle, contrato ou afiliação; mas que tem alguma conexão resultante de conhecimento, vínculos indiretos ("um amigo de um amigo"), geografia, grupo profissional ou algum outro condutor acidental ou incidental. Um exemplo do **Poder dos elos fracos** é o modo como as pessoas descobrem vagas de emprego. Além dos anúncios e dos *headhunters*, a principal fonte de informação não está entre os amigos próximos, familiares ou empregadores existentes, mas nas redes informais, amigos dos amigos e informação acessada aleatoriamente de outras fontes.

Ou tome como exemplo duas comunidades diferentes ameaçadas pelo projeto de uma grande rodovia. A primeira estava cheia de elos fortes dentro de instituições internas monolíticas, como a igreja, algumas grandes organizações e a prefeitura, mas tinha poucos vínculos externos além das fronteiras dos elos fortes. Cada grupo vivia para si mesmo. Já na outra comunidade havia alguns elos fortes e uma multiplicidade de elos fracos entre pequenos grupos de interesse comum, nenhum dos quais era muito forte ou influente. Na primeira comunidade, os grupos monolíticos fizeram uma grande gritaria, mas não conseguiram mobilizar ninguém além de suas fronteiras e, assim, cada um dos grupos foi ignorado. Na segunda comunidade, os elos fracos gradualmente produziram uma onda de união, protestos *ad hoc* que foram muito bem-sucedidos para impedir a construção da rodovia.

O Vale do Silício é a síntese do poder dos elos fracos. Ali existe um grande número de negócios independentes que competem com fervor — está bem longe de ser uma estrutura setorial monolítica, onde há poucas e grandes companhias desfrutando de um relacionamento agradável entre elas — e, ainda assim, existem elos entre as empresas e as pessoas. Os executivos trocam de emprego frequentemente, fofocam nos bares, participam de convenções empresariais, engajam-se em colaboração à distância, praticam esportes juntos, compartilham informação, etc. Para mostrar um quadro oposto, a Rota 128 perto de Boston tem a mesma estrutura industrial — muitas empresas competindo entre si — mas muito menos desses elos fracos informais; as pessoas guardam muito mais segredos e são bem mais isoladas e se engajam muito menos em atividades com contato social.[16]

O poder dos elos fracos está intimamente relacionado com outra lei poderosa que abordamos no Capítulo 5, o princípio da fragmentação intermediária de Jared Diamond, que afirma que você não quer unidade excessiva e também não quer fragmentação excessiva; em vez disso, precisa que a sua equipe ou o seu negócio seja subdividido em grupos que competem entre si, mas que também sejam capazes de manter a comunicação relativamente livre entre eles.

E daí? O poder dos elos fracos ilumina o Princípio 80/20 e a maneira como a influência pode ser exercida além das fronteiras. Se os elos fracos fazem isso, nós não precisamos de elos fortes. Não necessitamos da propriedade. Não precisamos nem mesmo de controle. Podemos atingir 80% de nossos objetivos, usando apenas 20% da munição. De fato, os elos fortes podem ser menos eficazes do que os fracos por que

---

[16] Veja o artigo de Jared Diamond, "How to Get Rich", publicado na *Edge 56* em 07 de junho de 1999.

os elos fortes encorajam um sentido de identidade interna que acaba com o apetite por — ou a habilidade para assimilar — uma ampla gama de elos fracos externos.

O TEOREMA DE VON FOERSTER

Derivado da moderna teoria cibernética, o ***Teorema de Von Foerster*** diz que quanto mais rigidamente forem conectadas as partes de um sistema, menos influência eles terão sobre o sistema como um todo. Cada elemento rigidamente conectado será mais "alienado" do total do sistema. O controle excessivo, então, pode ser contraproducente e, com certeza, vai rebaixar o valor potencial e a coesão do sistema completo.

Por que as empresas, geralmente, consideram mais difícil lidar com coirmãs do que com as companhias com as quais não há vínculo proprietário? Por que os executivos com frequência encontram seus próprios elos fracos — sua própria rede informal mantida unida por nada mais do que o acaso, uma vaga empatia recíproca e a possibilidade de fazer bons negócios juntos — que são mais úteis do que os elos fortes da cultura organizacional e dos interesses em comum?

O PRINCÍPIO 50/5

O princípio 50/5 é muito útil e simpático. Tipicamente, 50% dos consumidores, produtos, componentes e fornecedores de uma empresa representam meros 5% ou menos das vendas e dos lucros. Esses últimos podem até mesmo ser negativos. Sendo assim, elimine clientes, produtos, componentes e fornecedores de baixo volume. Resultado: apenas uma pequena queda nas vendas, mas uma grande redução na complexidade. Pode ser que os números mostrem isso ou não, mas um aumento dos lucros reais será quase inevitável.

Por exemplo, no início da década de 1990, a Corning realizou uma análise 50/5 em duas fábricas que produziam substrato cerâmico para escapamentos de automóveis: uma em Greenville (Ohio) e outra em Kaiserslautern (Alemanha). O princípio 50/5 funcionou. Entre os 450 produtos feitos em Greenville, metade gerava 96,3% das vendas. Os outros 50% dos produtos representavam apenas 3,7%. Na planta alemã, a metade pior dos produtos gerava somente de 2% a 5% das vendas (dependendo do período analisado). Nas duas indústrias, a segunda metade gerava perdas. Esses produtos foram eliminados, resultando em negócios bem mais simples e, logo em seguida, houve uma redução de 25% nas despesas gerais em engenharia.[17]

Como é menos radical e ameaçador, costuma ser melhor começar com a análise 50/5 e, em seguida, avançar para a 80/20.

A TABELA PERIÓDICA DOS ELEMENTOS DE MENDELEEV

Uma metodologia que tem forte similaridade com o Princípio 80/20 foi desenvolvida em 1869 por Dimitri Mendeleev (1834-1907), um grande químico russo. Estudando os elementos químicos e tentando encontrar a unidade subjacente a eles, Mendeleev percebeu o que expressou assim: "o tamanho do peso atômico determina a natureza dos elementos". As propriedades químicas semelhantes estão relacionadas com pesos atômicos próximos: por exemplo, o manganês (ao qual em 1869 Mendeleev atribuiu o peso atômico relativo de 55) e o ferro (56). A *Tabela dos elementos de Mendeleev* possibilitou que ele predissesse com sucesso as propriedades de elementos que ainda não haviam sido descobertos.

A sacada genial de Mendeleev foi procurar apenas uma variável-chave que pudesse explicar as diferentes propriedades. Isso é semelhante ao conceito dos "poucos vitais" em oposição aos "muitos triviais", com a exceção de que nesse caso era apenas em uma dimensão que isso era vital. Lembre-se do paralelo com a descoberta de Newton de que a força da gravidade era proporcional à massa dos corpos pelo inverso da distância entre eles; nesse caso, apenas duas variáveis eram necessárias para dar sentido do movimento em toda parte.

Seja apenas uma variável-chave ou duas ou algumas, a questão é entender a necessidade de simplificar e identificar um número bem pequeno de causas poderosas. Nem tudo é suscetível a essa análise discreta, mas muitas situações importantes são. Sempre vale a pena tentar isolar entre as variáveis aquelas que podem estar causando tudo ou aquilo que estamos tentando explicar: por que os lucros encolheram, por exemplo. Se você não puder explicar tudo, ou pelo menos grande parte da diferença, com menos de quatro variáveis, então, provavelmente, está na hora de desistir da análise e, em vez disso, partir para os experimentos.

---

[17] "Managing Cost: Transatlantic Lessons", artigo de George Elliott, Ronald G. Evans e Bruce Gardiner, publicado na revista *Management Review*, de junho de 1996.

TEORIA DO CONTROLE

O Princípio 80/20 implica a redução do número de fatores que estamos tentando controlar. Com aquilo que é pouco e vital, no entanto, talvez seja apropriado exercitar o extremo controle.

A *Teoria do controle* pode ajudar nisso. Na física e na biologia, os mecanismos de controle regulam os processos dinâmicos para atingir os objetivos do controlador. A ideia básica é terrivelmente simples: você monitora o que está acontecendo e se o sistema não faz exatamente aquilo que é pretendido, você o coloca de volta no rumo com repetidas correções (chamadas de "feedback negativo").

Muitos processos biológicos exemplificam o feedback negativo. Se a população de uma espécie aumentar, o alimento vai se tornar escasso. A população, então, terá que diminuir até atingir um nível sustentável.

O termostato e o ar-condicionado são baseados na teoria do controle. Agora estão sendo feitas tentativas de aplicá-la para controlar sistemas complexos como batimentos cardíacos irregulares, impulsos nervosos ou satélites artificiais. Onde quer que as tentativas humanas de exercer controle sobre o ambiente tenham sido desapontadoras, essa teoria, porque é própria na natureza em si mesma, tem se mostrado uma ferramenta extremamente eficaz. De acordo com Ian Stewart:

> *No futuro, poderemos muito bem usá-la [a teoria do controle] para controlar o fluxo do ar turbulento que passa pelas asas do avião, a população de bacalhau na costa de Terra Nova ou a migração de gafanhotos no Norte da África. E será possível enviar suprimentos para a nossa recém-construída base lunar usando somente metade do combustível que hoje seria necessário.*[18]

A teoria do controle só funcionará se for possível definir precisamente os resultados pretendidos e também mensurá-los com exatidão. O orçamento é um mecanismo de controle e os sistemas contábeis que reduzem a realidade complexa dos negócios em alguns poucos números que precisam ser medidos e monitorados são um bom exemplo do valor e das limitações da teoria do controle: o sistema de controle orçamentário funciona muito bem, mas apenas se nós todos acreditarmos na validade dos números apresentados. Na realidade, a informação apresentada é necessariamente distorcida e somente uma parte daquilo que deveria ser monitorado. Os sistemas alternativos, porém, comprovaram ser muito complexos e impraticáveis.

---

[18] Ian Stewart, *Does God Play Dice?* (Londres: Penguin, Oxford: Basil Blackwell, 1991).

Sendo assim, se for tentar controlar algo, você tem que pensar seriamente sobre o valor de suas medidas e se realmente vai alcançar os resultados pretendidos. É um clichê entediante afirmar que aquilo que é medido, é feito. Apesar disso, aquilo que é realmente importante costuma ser o menos mensurado e monitorado, seja por que é inerentemente impossível ou porque não se reflete o bastante sobre o que aquela medida significa. Como exemplo da segunda situação, veja o lançamento de um produto em que o sistema monitora a taxa de teste pelos consumidores. Isso é feito com frequência, embora essa seja a medida errada: o que interessa não é experimentar o produto, mas a taxa de compra após o teste. Como essa taxa de compra posterior ao teste é muito mais difícil de medir, então é usada a medida errada — e todo aquele esforço não tem valor.

Só use a teoria do controle se tiver certeza de que vai mensurar algo realmente importante e que isso poderá ser medido com precisão. Nesse caso:

- Defina precisamente o que você quer alcançar e como vai mensurar o resultado.
- Mensure o resultado.
- Já espere que o resultado será diferente do planejado.
- Corrija o plano, usando o resultado encontrado como feedback ou, se o mercado estiver dizendo claramente para que você faça isso, mude o plano.
- Continue a repetir esse processo até que o resultado esteja alinhado com o que foi planejado.

O PRINCÍPIO DO TEMPO MÍNIMO DE FERMAT

O matemático francês Pierre de Fermat (1601-1665) descobriu que um raio de luz viajando entre dois pontos seguirá pelo caminho mais rápido, não pela rota mais curta. Sua prova matemática do **Princípio do tempo mínimo** abriu caminho para as leis da reflexão e da refração.

Ao seguir pelo caminho mais rápido, a luz está minimizando o uso de seu recurso mais escasso: o tempo. Podemos aplicar o mesmo princípio nos negócios, não pensando no tempo, mas no nosso recurso mais escasso. As atividades deveriam ser organizadas de forma a usar parcimoniosamente o recurso mais escasso; tudo deveria ser arranjado de acordo com a conveniência do recurso mais raro.

Reflita sobre qual é, realmente, o recurso mais escasso em seu negócio. Se for o tempo de uma pessoa, as atividades devem ser organizadas para aproveitá-lo ao máximo. Há uma palavra para isso e não é "empoderamento". A palavra é "delegação".

Nem sempre a delegação é importante, mas, quando o recurso mais escasso é verdadeiramente o tempo de uma pessoa, então nada pode ser mais crucial. O princípio da delegação, claro, é conhecido há muito tempo. Apesar disso, entre as centenas de empresas que conheci, só me deparei com uma que realmente praticava a delegação com eficácia.

A Bain & Company, a empresa pouco convencional de consultoria em administração da qual fui sócio já há muito tempo. Lá, havia uma ideia enraizada dentro de todo mundo: nunca faça algo que uma pessoa mais barata ou menos experiente possa fazer.

Para um sócio, essa era uma filosofia maravilhosa. Todos aqueles tediosos desafios da vida diária, desde comprar um sanduíche até escolher um terno, podiam ser passados para os assistentes mais juniores (eu ia escrever "escravos") de um tipo ou de outro. O tempo cobrado dos clientes pelos sócios — o recurso mais valioso e mais escasso — era, assim, maximizado.

LEI DA TRICOTOMIA

Minha última lei poderosa para nos ajudar a obter mais com menos é a *lei da tricotomia*, que vem da matemática. Ela afirma que todo número real é zero ou é um número negativo ou positivo. Pode parecer trivial, mas isso se reflete no contexto da criação de valor. Nós voltamos à ideia de que "menos é mais".

Geralmente, nas organizações e na vida, nossa tendência é dar foco no valor que é gerado, ignorando aquele que é subtraído. Por exemplo, a hierarquia administrativa tem claro valor ao ajudar os líderes a alcançar os objetivos da empresa. Ou individualmente os executivos acrescentam valor no desempenho de suas funções. Ou a organização se beneficia por ter um negócio correlato, que possibilita a divisão de custos como, por exemplo, uma equipe de vendas conjunta.

Só que esse não é o fim da história. Toda atividade, unidade ou pessoa que agrega valor também pode — e provavelmente, faz isso — subtrair valor. A hierarquia administrativa pode desmotivar as pessoas abaixo do topo, evitar que reflitam sobre o negócio ou fazer com que prestem mais atenção a seus chefes do que aos clientes. Individualmente, os executivos podem ter pontos fortes, mas também grandes fraquezas, que exigem a limpeza ou a limitação dos danos causados por eles. O negócio correlato divide os custos da equipe de vendas, mas também pode restringir a efetividade na comercialização de seus produtos mais lucrativos, pois isso exige foco em um perfil diferente de consumidor.

Por tudo isso, é provável que haja alguma subtração de valor. O que importa é o resultado líquido. Nós quase sempre erramos ao olhar para o lado positivo e negligenciar o negativo.

Uma das razões pelas quais é possível obter mais com menos é que temos a possibilidade de decidir não fazer aquilo que realmente tem valor negativo. Assim, nós nos beneficiamos duplamente: primeiro, porque um custo é removido e, segundo, porque eliminamos um efeito negativo que é maior do que o positivo.

A maneira mais fácil e, geralmente a melhor, de aumentar a eficácia organizacional ou pessoal é simplesmente parar de fazer aquelas atividades que subtraem valor líquido. Caso você não consiga enxergar o que você faz rotineiramente — ou o que a sua empresa faz rotineiramente — que subtrai valor, então pergunte aos seus colegas. Esteja preparado para uma longa lista!

RESUMO

Para criar riqueza, temos que fazer mais com menos.

O Princípio 80/20 descreve como o mundo funciona e nos mostra como fazer mais com menos. O segredo é identificar as forças poderosas que têm mais efeito do que seria proporcional ao seu impacto. Se forem forças que podem nos ajudar, devemos tentar maximizá-las e surfar na onda. Caso sejam forças danosas, é preciso eliminá-las ou evitá-las.

Como aproximadamente 80% das decisões, atividades e ativos corporativos levam a somente 20% dos lucros ou do valor, então as empresas deveriam ser muito mais seletivas e cuidadosas. Deveriam possuir menos, adquirir menos, desinvestir mais, dar foco em menos etapas da cadeia de valor e reduzir o número de produtos, consumidores, fornecedores e empregados.

O lado positivo é encontrar aqueles 20% das atividades que acrescentam 80% de valor e ainda fazem novos acréscimos.

O Princípio 80/20 também se aplica aos indivíduos e à sua eficácia na carreira e, da mesma forma, na vida privada.

As corporações e os executivos deveriam tentar controlar muito menos, buscando manter sob controle muito mais rigoroso aqueles poucos fatores que realmente são importantes. A teoria do controle pode ajudar nesse ponto, mas somente se houver muito cuidado e precisão em relação às medidas e aos resultados.

O melhor caminho para começar a fazer mais com menos é parar todas as atividades que subtraem mais valor do que acrescentam.

AÇÕES NECESSÁRIAS

- *Obtenha mais com menos.* Faça dessa uma de suas resoluções ano após ano, mês após mês, semana após semana e dia após dia.
- *Comece aplicando o Princípio 50/5.* Identifique a metade menos importante ou menos lucrativa do seu total de produtos, consumidores e fornecedores, que contribui apenas com 5% das vendas. Elimine-a.
- *A seguir, aplique o Princípio 80/20.* Identifique aqueles 80% do seu total de produtos, consumidores, fornecedores e empregados que contribuem apenas com 20% de valor. Se for possível, torne-os muito mais lucrativos ou produtivos; caso contrário, elimine-os ao longo do tempo.
- *Direcione toda sua energia para aumentar aqueles 20%* — seja dos consumidores, produtos ou qualquer outra medida — *que contribui para 80% do valor.* Tente vender mais do mesmo produto ou dos similares para os clientes mais relevantes ou para aqueles com características semelhantes.
- *Seja extremamente econômico com aquilo que possui,* o capital que usa, as aquisições que faz, o que tenta controlar e o número de etapas da cadeia de valor das quais participa. Ao longo do tempo, torne sua empresa mais virtual e mais focada naquela minoria de atividades que entrega a maior parte do valor.
- *Torne a sua empresa o mais simples possível.*
- *Desenvolva a habilidade de exercer e administrar sua influência além das fronteiras de sua organização.*
- *Identifique os recursos mais escassos e mais valiosos de sua companhia* e organize todo o restante para dar o melhor uso a esse recurso raro.
- *Avalie e mensure o valor subtraído da mesma forma que o valor agregado.* Identifique as atividades ou conexões que subtraem mais do que adicionam valor e elimine-os. Pare qualquer atividade que você ou outros profissionais estejam realizando cujo valor subtraído é quase igual ou maior do que o valor adicionado.

CAPÍTULO 11

SOBRE O EQUILÍBRIO PONTUADO, O PONTO DE VIRADA E OS RETORNOS CRESCENTES

> *Primeiro, há uma montanha*
> *Depois, não há montanha*
> *Em seguida, há de novo*
> — Provérbio zen

EQUILÍBRIO PONTUADO

No início do Capítulo 4, nós abordamos brevemente o **Equilíbrio pontuado**, a teoria que afirma que a evolução consiste em longos períodos de estabilidade, pontuada por curtos intervalos de rápida transição. Quando uma espécie evolui, as condições podem se manter estáveis por milhões de anos. Então, de repente, há um salto que ocorre muito rapidamente e novas espécies são formadas. A evolução se processa por uma série de guinadas e tudo fica diferente.

Aqui vamos explorar essa lei poderosa em mais detalhes, com ênfase especial nas mudanças de tecnologia que seguem o padrão do equilíbrio pontuado.

As invenções do século XIX, como as estradas de ferro, a gasolina, a eletricidade e os automóveis, foram fatores de pontuação provavelmente quase tão importantes quanto os avanços do final do século XX, com o surgimento do poder da computação, das telecomunicações, da engenharia genética e da internet.

A mudança tecnológica é *o principal* fator determinante do crescimento de longo prazo em todos os setores. Além de abrir novas possibilidades e criar novas necessidades, a tecnologia oferece mais por menos; e ainda eleva os padrões e reduz drasticamente os custos. Cotado a $100 na década de 1930, o custo do transporte aéreo por milha e por passageiro caiu para cerca de $17 em 1980. O encargo para a utilização de satélites baixou de $100 na década de 1980 para cerca de $15 nos anos 1990. O custo de três minutos de ligação telefônica de Nova York para Londres diminuiu de $100 na década de 1940 para cerca de $2 atualmente.

As mudanças mais importantes são o "propósito geral" ou as tecnologias "viabilizadoras", que transformam as economias e as sociedades, pontuando o equilíbrio. Os destaques históricos das tecnologias viabilizadoras incluem o domínio do cultivo dos grãos e a domesticação dos animais, o desenvolvimento da escrita, a produção do bronze e do ferro, a roda d'água, o moinho de vento, o navio com três velas, a tipografia, os teares automáticos, o motor a vapor, a eletricidade, o motor de combustão interna e o computador. Em grande parte, o crescimento é função da extensão e da velocidade com que as tecnologias viabilizadoras são usadas, adaptadas e disseminadas.[1]

Lembre-se do grande Joseph Schumpeter, que insistia que o capitalismo avançava pela "destruição criativa", trazida pela mudança tecnológica. Quando um momento de pontuação é alcançado, as implicações podem ser emocionantes ou assustadoras, dependendo de que lado da mesa você está sentado. Por exemplo, se você for um fazendeiro determinado a seguir a maneira com que os grãos são plantados e cultivados há mil anos, então a chegada dos grãos geneticamente modificados vai lhe parecer uma ameaça. Porém, se você for um adepto dos novos métodos, que vai poder triplicar a produtividade enquanto aumenta a resistência das plantas às doenças, vai considerar o mesmo fato uma oportunidade.

O "período de alerta" da mudança embrionária

O equilíbrio pontuado tem algumas características intrigantes e potencialmente lucrativas. A tecnologia pode permanecer latente ou quase inexplorada por muitos anos antes de decolar repentinamente. A roda do oleiro, por exemplo, foi inventada em 1500 a.C., mas só foi colocada para girar 2500 anos mais tarde. Os óculos foram criados no século XIII pelo monge Roger Bacon (que morreu em 1294), mas só começaram a ser utilizados em larga escala nos tempos modernos. Leonardo da Vinci desenhou o protótipo do helicóptero, além de muitos outros projetos, mas lhe faltavam os mecanismos de propulsão.

O avanço do capitalismo no século XVIII reduziu muito o período entre a invenção e a rápida aplicação das novas tecnologias. Em questão

---

[1] Veja a reportagem "Putting the Paradigm to the Test", de Martin Wolf, publicada no *Financial Times* de 10 de novembro de 1999. Os índices de custo mencionados foram derivados de uma pesquisa da OCDE (Organização para a Cooperação e Desenvolvimento Econômico), realizada pelo professor Richard Lipsey, da Universidade Simon Fraser (Canadá).

de décadas, a força do vapor foi aplicada a todo tipo de uso concebível: fábricas, embarcações, locomotivas. Os mercados fornecem os incentivos para a introdução e a difusão das novas tecnologias.

Mesmo atualmente, no entanto, as tecnologias não decolam imediatamente após sua invenção. Em vez disso, passam anos escondidas no limbo, sem lucratividade, entre entusiastas e pioneiros antes de explodir no mercado de massa: telefones celulares, gravadoras de vídeo e a própria internet são exemplos disso. O padrão não é simplesmente estabilidade / pontuação / novo equilíbrio, e sim a estabilidade por um longo período seguida de um intervalo muito mais curto, mas significativo, de mudança embrionária, a seguir a pontuação e, só então, a rápida transição para um novo equilíbrio. A mudança realmente não ocorre como se caísse do céu azul. Há um período de "alerta" ou "aquecimento" ou "gestação pré-pontuação", quando a natureza embrionária da mudança ainda não aconteceu, mas já é visível aos olhos atentos.

TEORIA DA DISSEMINAÇÃO DAS EPIDEMIAS

A *teoria da disseminação das epidemias* mostra como as doenças infecciosas se alastram, desde a peste negra até a AIDS passando por infecções menos graves. O avanço pode ser projetado com boa precisão pelo cálculo da proporção da população relevante que foi infectada em diferentes pontos de tempo (anos, meses ou dias). Em seguida, é possível extrapolar o que acontecerá se a taxa de expansão da doença, como foi mensurada pela proporção entre a população infectada e a não infectada, permanecer constante. É razoável assumir que a taxa de infecção continuará praticamente igual se fizermos o ajuste para a proporção da população que, em determinado ponto do tempo, estava infectada ou saudável.

Vale a pena explicar a fórmula porque ela é particularmente útil para estimar a velocidade com que uma nova tecnologia ou novo método de negócio será disseminado. Suponha que, em um mês, 100 pessoas foram contaminadas entre uma população de 1 milhão; portanto, 999.900 não estão doentes. No segundo mês, 500 pessoas estão infectadas e 999.500, não. No terceiro mês, 2.500 estão doentes e 997.500 continuam saudáveis. Considerando apenas esses três momentos, há uma boa possibilidade de que podemos prever quantas pessoas estarão contaminadas entre o 4º e o 48º mês. No quarto mês, é provável que cerca de 12.300 pessoas tenham a doença e que 987.700 ainda não tenham sido infectadas. A fórmula para essa projeção é a seguinte:

$$X = \frac{f}{1-f}$$

Em que:

X = o fator pelo qual se mensura a disseminação

f = a porcentagem da população relevante contaminada pela doença

e $1 - f$ = a porcentagem da população ainda não infectada pela doença

A teoria sustenta que a taxa de disseminação x se manterá constante. Tipicamente, o que ocorre é que a proporção da população afetada pela epidemia cresce rapidamente e a uma taxa acelerada, então atinge um ponto de inflexão e desacelera rapidamente; uma típica curva em S. O rápido crescimento inicial ocorre quando o número de pessoas infectadas, que podem contaminar as outras, atinge um determinado nível crítico. A taxa de crescimento da epidemia desacelera quando a maioria suscetível à doença já foi contaminada e a infecção busca novas pessoas para colonizar.

O ponto de virada

Se forem tomadas providências para manter a doença abaixo de determinado nível crítico, pode ser que a epidemia nunca atinja o ponto de rápida aceleração. Assim, a proporção da população atingida talvez acabaria sendo uma fração da estimada inicialmente. O ponto em que a aceleração rápida começa é chamado de **Ponto de Virada**, quando a doença "deixa de ser" um surto de pequena dimensão e se torna uma explosão completa, uma crise de saúde pública. Nós podemos pensar nisso também como o momento em que a doença atinge a "massa crítica".

O ponto de virada é, dessa forma, bastante semelhante ao momento de "pontuação" do equilíbrio pontuado. A metáfora é mais gráfica: em um determinado momento você está levando água montanha acima. Então, você atinge o ponto de virada e, a partir dali, toda a água desce a montanha.

Toda nova tecnologia que pontuou um equilíbrio existente e, então, o substituiu por outro equilíbrio, tem que passar pelo ponto de virada. Se não passar, nunca será dominante ou causará mudança significativa no sistema corporativo. A mesma ideia pode ser aplicada a qualquer novo produto, novidade ou tendência. Um novo hábito social como fazer corrida, tomar ecstasy, andar de patins ou seguir uma nova banda de rock inicialmente pode ter baixa adesão, permanecendo confinado em uma pequena área ou a uma subcultura. A seguir, pode começar a reunir energia para seu *momentum*. Se cruzar uma linha invisível, nunca mais vai olhar para trás. Mas, se não cruzar essa linha, vai continuar sendo de interesse de uma pequena minoria. Essa linha invisível é o ponto de virada.[2]

A ideia do ponto de virada é extremamente valiosa quando você está tentando lançar uma nova tecnologia ou um novo produto, ou quando ainda está tentando avaliar o impacto que a inovação de outra empresa terá sobre o mercado. A questão-chave é que em nenhuma etapa o esforço ou os custos são proporcionais aos resultados. Nos estágios iniciais, uma enorme quantidade de dinheiro e energia deve ser investida, aparentemente, com uma pequena recompensa. Nesse momento, muitos pioneiros cortam suas perdas. No entanto, se o ponto de virada puder ser alcançado, dali em diante tudo se desenrola. As vendas e os lucros formarão uma bola de neve, com um investimento incremental relativamente pequeno.

Os lucros da Microsoft eram insignificantes durante seus primeiros dez anos. Mas, assim que o ponto de virada foi alcançado, por volta de 1985, a lucratividade explodiu. Foi assim também com a Federal Express. Além do ponto de virada, no início da década de 1980, era impossível não contabilizar loucamente os lucros.

O PODER DO INESPERADO

Peter Drucker pontifica que a oportunidade de inovação mais fácil e mais simples reside nas ocorrências inesperadas.[3] No final da década de 1940, todo mundo achava que o único uso sensato dos computadores era em trabalhos científicos avançados. A IBM, porém, selecionou uma inesperada fonte de interesse: algumas grandes companhias, que jamais haviam usado computadores, poderiam querer uma máquina que as ajudasse a rodar a folha de pagamento. A IBM era muito menor do que a UNIVAC (UNIVersal Automatic Computer) — a primeira a oferecer um computador digital desenhado para aplicações comerciais genéricas —, mas, ao entregar uma máquina pensada especificamente para as tarefas da folha de pagamentos, conseguiu superar a UNIVAC em cinco anos. Os sucessos inesperados, astutamente construídos pela observação, podem transformar um setor e revirar a classificação dos competidores.

Drucker demonstra que os *fracassos* inesperados também podem ser uma fonte de inspiração fértil, assim como os sucessos. O Ford Edsel foi o mais

---

[2] Malcolm Gladwell, *The Tipping Point* (*New Yorker*, junho, 1996).
[3] Veja o artigo clássico de Peter Drucker, "The Discipline of Innovation", publicado pela primeira vez em 1985 e reeditado pela *Harvard Business Review* em sua edição de novembro/dezembro de 1998

bem desenhado e planejado produto da história do automóvel. No entanto, surpreendeu o setor ao se revelar um de seus maiores fracassos. Muito sabiamente, a Ford quis descobrir por quê: o que aconteceu no setor que desafiou a compreensão de todo mundo? O pessoal da Ford descobriu que a segmentação prevalente por grupos de renda média mensal estava dando lugar a uma nova segmentação por estilo de vida. Como consequência disso, a Ford desenvolveu o Mustang, um carro desenhado com base na personalidade do motorista, o que restaurou o faturamento da companhia.

Geralmente, o inesperado é uma excelente diretriz para desenvolvimentos capazes de alcançar seu ponto de virada.

CRUZANDO O ABISMO

Na década de 1950, os teóricos de marketing propuseram um modelo útil sobre como as novas tecnologias e os novos produtos eram adotados: primeiro, pelos inovadores; a seguir, pelos primeiros a adotar; depois pela maioria de usuários precoces; só então chegava a maioria dos usuários tardios e, finalmente, os retardatários troglodas. Uma evolução desse modelo geral muito útil e original foi proposta na década de 1990 por Geoffrey Moore, um guru do marketing da alta tecnologia que vive na Califórnia.

Moore[4] argumenta que, no início, é fácil para uma nova tecnologia ou produto se vender, já que as pessoas que comprarão são as "inovadoras", aquelas que amam tecnologia e tudo que é novo e lhes traga algum benefício. Em geral, o fundador de uma empresa de alta tecnologia é, ele próprio, alguém sintonizado nas novidades técnicas, um entusiasta e um evangelizador da área. Para ele, vender para os inovadores é natural, mas depois há necessidade de reformatar a mensagem.

Quando se trata de vender para os primeiros a adotar e, ainda mais, para a maioria dos usuários precoces, há uma grande barreira ou lacuna a ser cruzada: o que Moore chama de "abismo". Essa lacuna está lá porque o mercado formado pela maioria mais convencional não se impressiona com a tecnologia por si mesma; isso quando não fica intimidado por ela. Esse mercado quer melhor desempenho, preço mais baixo e todos aqueles outros critérios normais e chatos de compra. Além disso, querem ter certeza acima de tudo de que o novo produto e a nova tecnologia são confiáveis, estão aqui para ficar e fazem parte do mercado convencional

---

[4] Geoffrey Moore em seu brilhante livro, *Crossing the Chasm: Marketing and Selling Technology Products to Mainstream Customers* (Oxford: Capstone, 1991).

como um todo, não se tratando de um brinquedo para "tecnófilos". Isso requer uma abordagem de marketing e vendas bem diferente daquela inicial; o entusiasmo tecnológico se torna contraintuitivo: a mensagem agora deve ser sobre os benefícios funcionais e o melhor desempenho. Esse é o abismo que muitas tecnologias incipientes e companhias muito jovens não conseguem cruzar. Se não puderem atravessar o abismo, vão desaparecer dentro dele e nunca mais se ouvirá falar nelas novamente.

O modelo de Moore ajuda a explicar porque existe aquilo que chamo de período de alerta ou aquecimento, durante o qual a nova tecnologia é evidente, mas ainda não conquistou o mundo. Esse modelo também oferece a um observador astuto as ferramentas para predizer se a nova tecnologia irá decolar ou não, bem como alguma percepção de quando isso pode acontecer. A menos que a tecnologia possa se vender por si mesma para os consumidores do mercado convencional, o que é bem improvável, vai ser preciso ter cuidado com o design e o marketing do produto para torná-lo bastante amigável para os usuários. A tecnologia só conseguirá cruzar o abismo se estiver "vestida" para parecer muito menos inovadora e subversiva do que realmente é. A tecnologia precisa de um cavalo de Troia para entrar no mercado convencional e persuadir os consumidores convencionais a deixá-la fazer parte de suas vidas. A menos, e até, que isso fique evidente, a nova tecnologia estará na imensidão selvagem. Os carros devem parecer carruagens puxadas por cavalos (embora, sejam "sem cavalos"). Os aviões têm que lembrar os trens (com corredores e janelas e um motor na frente) e não os pássaros ou os morcegos. O PC tem que ser semelhante às máquinas de escrever. A internet precisa parecer uma extensão das primeiras ferramentas de software, ligadas ao já bem conhecido PC.

CRESCIMENTO EXPONENCIAL

Ao ser questionado sobre qual era a maior força do mundo, Albert Einstein respondeu sem hesitação: "os juros compostos".

É preciso um gênio para realmente entender a natureza e o impacto do crescimento ao longo de um período de tempo. Experimentos têm mostrado que até mesmo pessoas com boa formação e alto conhecimento matemático tendem a subestimar profundamente o impacto do crescimento. Por exemplo, em um estudo[5] foi pedido que as pessoas estimassem a capacidade necessária de uma fábrica que começou produzindo 1.000

---
[5] Dietrich Dörner, *The Logic of Failure: Why Things Go Wrong and What We Can Do to Make them Right* (Nova Iorque: Metropolitan Books, 1996).

tratores por ano em 1976 e cuja demanda crescia a 6% ao ano: quantos tratores por ano a fábrica deveria produzir para atender à demanda em 1990, 2020, 2050 e 2080? A resposta típica mostrou um aumento linear e gradual e a estimativa da produção para 1990 ficou bem próxima da resposta verdadeira. Mas, dali em diante, a resposta correta saltava "exponencialmente", enquanto as estimativas mostravam crescimento constante. Para 2080, a resposta típica estimou que cerca de 30 mil tratores seriam necessários para atender à demanda, mas a resposta correta estava em torno de 350 mil — mais de dez vezes acima do nível estimado!

Ou tente este quebra-cabeça. Uma vitória-régia, cobrindo um metro quadrado, está em um lago com uma área de aproximadamente 13 mil metros quadrados. Depois de uma semana, há duas vitórias-régias. Após duas semanas, quatro. Faça a estimativa de quanto tempo levará para o lago todo estar coberto.

Depois de 16 semanas, metade do lago estará coberta. Agora, faça uma nova estimativa: quanto tempo antes que todo o lago esteja coberto pelas plantas?

Foram necessárias 16 semanas para cobrir metade do lago. Portanto, a resposta certa é que será preciso somente mais uma semana para cobrir o lago inteiro, já que as vitórias-régias estão dobrando seu domínio a cada semana — 17 semanas no total.

Lembra da parábola do rei indiano que queria recompensar o inventor do jogo de xadrez? Tudo o que o inventor queria eram alguns grãos de arroz: um para o primeiro quadrado do tabuleiro, dois pelo segundo, quatro pelo terceiro e assim por diante até o último quadrado. O rei achou que o inventor era modesto — até que foi computado que só pelo último quadrado seriam pagos 9.223.372.036.000.000.000 grãos de arroz: cerca de 153 bilhões de toneladas ou mais de 2,5 milhões de navios cargueiros (60 mil toneladas) cheios de arroz até as amuradas. Isso ocorre por causa do crescimento "exponencial", que dobrava o arroz a cada quadrado do tabuleiro.

O que é exatamente crescimento exponencial?

Um expoente é um número que indica por quantas vezes algo vai ser multiplicado por si mesmo. Por exemplo: se o expoente for 3 e o número, 4, então, a expressão 4^3 significa $4 \times 4 \times 4$, que é igual a 64. Na expressão matemática y^2, 2 é o expoente e quer dizer $y \times y$.

Qual é a diferença entre o crescimento linear e o exponencial? No crescimento linear, algo aumenta de tamanho pela mesma quantidade de cada vez, não pelo mesmo múltiplo. Se eu começar poupando $1.000 e aumentar esse capital em $100 a cada ano, depois de dez anos, terei dobrado meu capital para $2.000. Isso é crescimento linear, a mesma quantidade por ano. Mas, se eu começar com $1.000 e aumentar em 10% a cada ano, depois de dez anos, eu vou ter $2.594. Isso é o crescimento exponencial, um múltiplo constante (1,1) de crescimento por ano. Se eu poupar novamente por mais dez anos, o crescimento linear me dará um total de $3.000, enquanto o exponencial vai chegar a $6.727.

Qualquer mercado ou negócio que cresça 10% ou mais por um intervalo significativo de tempo terá um efeito, em termos de criação de valor, maior do que aquele que estimamos intuitivamente. Algumas empresas — como a IBM ou o McDonald's no período entre 1950-1985 ou a Microsoft na década de 1990 — foram administradas para crescer mais do que 15% ao ano, produzindo um fantástico aumento de riqueza. Se você começar com $100 e fizer a quantia crescer 15% ao ano por 25 anos, terá $3.292 no final, aproximadamente 33 vezes mais do que a quantia inicial. Um ganho percentual só um pouco mais alto resulta em uma grande diferença.

Por exemplo, o corretor de ações norte-americano William J. O'Neil administrou um fundo para seus colegas que começou com $850 em 1961 e acabou com $51.653 em 1986, depois de recolhidos todos os impostos.[6] Ao longo de 25 anos, isso dá um rendimento médio anual de 17,85%, gerando um total que é 61 vezes maior do que o original. Sendo assim, um aumento anual de 15% ao longo de 25 anos produz 33 vezes a posição inicial, enquanto um pequeno acréscimo de 3 pontos percentuais na taxa de crescimento, elevando-a para apenas 18%, vai resultar em uma quantia final 61 vezes maior do que a inicial.

O crescimento exponencial provoca mudanças quantitativas e também qualitativas. Por exemplo, quando um setor cresce depressa — para Peter Drucker, isso quer dizer cerca de 40% em um período de dez anos —, sua estrutura muda e novos líderes de mercado vêm à tona. Os mercados crescem depressa por causa da inovação, da descontinuidade, do lançamento de novos produtos e novas tecnologias ou o surgimento de novos consumidores. Por definição, os inovadores são aqueles que realizam algo de modo diferente. E essa nova maneira raramente está adequada aos hábitos, às ideias, aos procedimentos e às estruturas das companhias já estabelecidas.

---

[6] William J. O'Neil em seu livro *How to Make Money in Stocks* (Nova York: McGraw-Hill, 1991).

Os inovadores poderão fazer a festa por vários anos antes que os líderes tradicionais contra-ataquem e, então, pode ser que já seja tarde demais.

Os coelhos de Fibonacci

Aqui está um quebra-cabeça fascinante sobre o crescimento exponencial. Em 1220, Leonardo de Pisa, que foi apelidado de "Fibonacci" 600 anos mais tarde, construiu o seguinte cenário: comece com um par de coelhos. A seguir, imagine que cada par deu à luz outro par no primeiro ano e a um segundo par no ano seguinte. Depois, ficaram muito velhos para se reproduzir. Como progride o número de pares de coelhos? Há algo intrigante nessa progressão?

Você pode tentar resolver, mas aqui está a resposta. O número de pares de coelhos a cada ano será o seguinte:

1, 2, 3, 5, 8, 13, 21, 34, 55, 89, 144 ...

Você vê algo estranho nisso?

Na verdade, existem aqui duas questões: uma é que, a partir do terceiro número em diante, cada número que se segue é a soma dos dois precedentes. A outra é que o total de cada ano é maior do que o do ano anterior (depois do 3º ano) em uma proporção praticamente constante, que logo se aproxima bastante de 1,618. Em outras palavras, há uma taxa constante de crescimento pouco acima de 60%.

Existem ótimas explicações matemáticas para os coelhos de Fibonacci, para as quais, felizmente, não temos espaço neste livro.[7] Os coelhos, porém, realmente ilustram o poder do crescimento exponencial, assim como o fato de que nem mesmo um aumento aparentemente razoável como esse pode ir longe demais. Depois de 114 anos de crescimento, os coelhos de Fibonacci teriam mais volume do que o universo e todos os seres humanos estariam mortos, esmagados sob o peso do traseiro dos bichinhos. Sufocados de pelos, na verdade!

Big Bang

Uma forma mais extrema de crescimento exponencial provavelmente foi responsável pelo início do universo. Os astrônomos e os físicos

---

[7] Para quem tem inclinação matemática, sugiro o livro *Mathematics for the Curious*, de Peter M. Higgins (Oxford: Oxford University Press, 1998).

geralmente aceitam a teoria do Big Bang, segundo a qual o universo em seu princípio teria um tamanho inimaginavelmente pequeno e, então, aumentou 100 vezes em uma fração de segundo, o bastante para torná-lo do tamanho de uma laranja. A seguir, o período de "inflação" ou crescimento exponencial terminou e teve início o crescimento linear, com uma bola de fogo em expansão criando o universo que nós conhecemos hoje.

A criação, qualquer que seja ela, envolve o crescimento exponencial. A lição interessante aqui é a seguinte: com o crescimento exponencial, você não precisa começar sendo grande. Na verdade, podemos começar sendo extremamente pequenos. Se o universo pode ter sido inimaginavelmente pequeno e se expandiu até seu atual tamanho, que é igualmente inimaginável, então o tamanho inicial do seu novo negócio é totalmente irrelevante. O requisito-chave é o intervalo do crescimento exponencial, seguido de um período ainda mais longo de crescimento linear.

Percepções sobre o crescimento

As melhores oportunidades para a criação e o crescimento ocorrem nos momentos de equilíbrio pontuado ou, caso prefira pensar de outro modo, no momento imediatamente após o ponto de virada.

Os pontos de virada e pontuações não ocorrem sem enviar alertas. Existe sempre um período, às vezes bastante longo, de aquecimento pré-pontuação, quando o sistema existente dá sinais de instabilidade e o novo sistema está construindo silenciosamente o seu *momentum*. Para novas tecnologias e novos produtos, o ponto de virada não ocorrerá até que a inovação seja atraente para a maioria do mercado convencional, o que significa que aquilo deve ser vendido em termos de benefícios convencionais e que a natureza revolucionária da mudança (se houver uma) deve ser minimizada.

Os períodos de rápida mudança e de alto crescimento exponencial, tipicamente, não duram muito. Logo um novo equilíbrio com uma nova tecnologia dominante e/ou novo competidor provavelmente se estabelecerá. Portanto, esses momentos de pontuação são estimulantes e exibem um grau extra de incerteza. Sendo assim, a recompensa por conquistar uma posição dominante nesse curto intervalo de tempo é extraordinariamente alta. A dominância, no entanto, pode derivar mais da habilidade e do posicionamento em marketing do que somente da melhor tecnologia.

A maioria das inovações fracassa. Para reverter a tendência, ela tem de "cruzar o abismo" — ou ultrapassar o ponto de virada — para alcançar a maioria do mercado convencional. A aceleração é a chave. A menos que um novo produto ou tecnologia esteja em aceleração, é pouco provável que consiga passar para o outro lado do abismo.

A LEI DE SAY DA ARBITRAGEM ECONÔMICA

Em 1803, o economista francês Jean-Baptiste Say (1767-1832) produziu uma notável obra que chamou de *Tratado de Economia Política*, sobre a qual Thomas Jefferson fez o seguinte comentário:

> Um trabalho realmente superior (...) suas articulações são luminosas, as ideias claras, o estilo perspicaz e toda a obra ocupa a metade do volume do livro de [Adam] Smith.[8]

A obra contém muitas inovações surpreendentes, entre elas a criação da palavra "empreendedor" e, na mesma sentença, a primeira teoria da arbitragem econômica:

> O empreendedor leva recursos econômicos de uma área com produtividade mais baixa para outra com produtividade e rentabilidade mais altas.

Muito antes de a noção de retorno sobre o capital ser anunciada, Say havia identificado uma das mais importantes forças motrizes da criação econômica e da geração de progresso. Os recursos são essencialmente finitos, então o crescimento não depende tanto da descoberta e exploração de recursos naturais, mas em conseguir fazer com que cada unidade de recursos renda mais. Em parte, isso é função de métodos e tecnologias melhores, mas também da habilidade do empreendedor para mover os recursos para onde eles podem ser mais produtivos.

O princípio da realidade de Freud

Em 1900, Sigmund Freud (1856-1939) publicou o livro *A Interpretação dos Sonhos* e fundou a nova ciência da psicanálise. Um de seus conceitos-chave é o **Princípio da realidade**, que afirma que o que nos impede de usar as pessoas para nossos fins é que elas estão tentando fazer o mesmo conosco. Confrontados com a realidade, temos que acomodar

---

[8] Thomas Jefferson em uma carta para Joseph Milligan em 6 de abril de 1816. É um texto esplêndido que tenho usado em meu benefício.

as necessidades das outras pessoas e as demandas do mundo exterior para obter alguma satisfação de nossos instintos.

O conceito de Freud é claramente válido, mas uma perspectiva bem diferente da mesma ideia foi dada por seu contemporâneo, o dramaturgo George Bernard Shaw:

> *O homem razoável se adapta ao mundo [em linha com o princípio da realidade de Freud]: já o homem que não é razoável insiste em adaptar o mundo a si mesmo. No entanto, todo o progresso depende dos homens que não são razoáveis.*

A criação e o empreendedorismo exigem um suprimento de novas ideias, novas métodos e abordagens que não são razoáveis. Ao insistir que os automóveis poderiam ser comprados pelos trabalhadores e não apenas pelos ricos, Henry Ford estava sendo razoável ou pouco razoável? Ele certamente não estava seguindo o raciocínio da demanda, já que não existia demanda por carros a não ser pelas pessoas ricas. Ford se recusou a aceitar o mundo como ele era; ele insistiu em adaptar o mundo à sua visão. Ao usar a linha de montagem e a padronização máxima, Ford cortou os custos do modelo T de $850 em 1908 para $300 em 1922 e foi bem-sucedido em sua missão de "democratizar o automóvel".

O empreendedor bem-sucedido

O *Livro do Gênesis* e a teoria do Big Bang estão de acordo em um ponto: em toda a história, houve somente uma criação genuína. Dali em diante, o progresso trata de rearranjar as peças. Não há nada de novo sob o sol.

Bem longe de ser uma visão sombria, tal constatação deveria ser inspiradora. *Tudo* que é necessário para adicionar riqueza à humanidade é pegar um conjunto de recursos e deslocá-lo de uma área de baixa produtividade para outra de alta produtividade. Todo progresso econômico reside em arbitragens desse tipo. Essa é uma boa notícia. Arbitrar é mais fácil do que criar. Todo mundo é capaz de pensar em algo que se beneficiaria com a arbitragem econômica, da identificação de recursos que poderiam ser usados de modo mais eficaz.

Os verdadeiros empreendedores não esperam que as pesquisas de mercado lhes digam o que deve ser feito. Eles têm uma visão do que pode ser feito de modo diferente e melhor, trabalham sobre a ideia de fazer mais com menos, deslocam os recursos das aplicações de baixo para alto valor e são persistentes e pouco razoáveis até que o mundo se curve à sua visão.

A LEI DOS RETORNOS DECRESCENTES

Uma das ideias mais influentes e duradouras a respeito da operação dos mercados e dos negócios é a ***Lei dos retornos decrescentes***, desenvolvida por volta de 1767 pelo economista francês Robert-Jacques Turgot.

Essa lei afirma que, a partir de certo ponto, o aumento de esforço ou investimento resulta em retornos decrescentes; ou seja, o valor incremental declina. Para uma mulher faminta, um pão tem alto valor. O segundo pão terá menos. O décimo poderá ter um valor bastante pequeno. Se você contrata lavradores adicionais para arar o mesmo pedaço de terra, além de um determinado ponto, os retornos decrescentes vão surgir.

Um século mais tarde, os economistas clássicos britânicos, liderados por Alfred Marshall, estenderam essa ideia para os mercados e as empresas. Os produtos e as companhias que lideram um mercado acabam tendo retornos decrescentes. O valor de ser maior nos negócios — ter uma participação de mercado maior, uma fábrica maior, uma gama de produtos maior — atinge um pico e, então, entra em declínio. De novo, isso deve soar apenas como senso comum.

Mas os economistas clássicos foram ainda mais longe: eles afirmaram que um equilíbrio previsível entre preços e fatias de mercado seria atingido e que essa competição perfeita e os retornos decrescentes deveriam, por fim, entrar em operação para que os retornos excepcionais fossem impossíveis. Essa teoria justificou a regulação governamental dos mercados: se retornos altos estivessem sendo obtidos, só poderia ser porque os monopolistas estavam manipulando o mercado e obstruindo a competição perfeita.

Consultores hereges atacam a microeconomia

Por quase um século, Marshall e sua escola dominaram o pensamento econômico. Sobrou para alguns consultores dissidentes, como Bruce Henderson e seu Boston Consulting Group (BCG), fundado no início da década de 1960, a missão de desafiar o consenso. A BCG demonstrou que:

- Normalmente, as empresas não têm custos iguais. Os custos da líder de mercado são, em geral, significativamente mais baixos do que os das seguidoras.
- Os custos e os preços não atingem um equilíbrio estático. Em mercados competitivos, os custos e os preços continuam sempre

a cair. Os custos e os preços decrescentes são características, em especial, dos mercados de alto crescimento.

♠ Uma empresa com alta participação relativa de mercado deve ter — e usualmente tem — alto retorno sobre o capital e vantagens competitivas intrínsecas em comparação às outras companhias do mesmo mercado. Longe de estar sujeita aos retornos decrescentes, a grande participação de mercado possibilita reforçar a vantagem competitiva, oferecendo melhores produtos e serviços por preços mais baixos, enquanto ainda obtém ganhos mais altos do que os competidores. A grande participação de mercado pode levar a um ciclo virtuoso, que forma vantagens adicionais para o líder.

A lei de Moore

Na mesma época em que a BCG estava publicando essas ideias, Gordon Moore, um dos fundadores da Fairchild Semicondutores em 1957 e da Intel em 1968, anunciou sua lei. Em sua forma original, de 1965, a lei de Moore anunciou que a capacidade dos computadores iria dobrar a cada ano sem custo extra, assim como a densidade dos semicondutores dobrava. Ele explicou:

> Olhei para aqueles primeiros circuitos integrados que a Fairchild [produzia] (...) e por acaso consegui enxergar que nós tínhamos praticamente dobrado o número de componentes de um circuito integrado a cada ano. Então, dei um tiro no escuro ao extrapolar isso para dez anos, estimando que passaríamos de cerca de 60 para 60 mil circuitos em um chip — uma longa extrapolação — e que se mostrou incrivelmente precisa.[9]

A *lei de Moore* foi atualizada em 1975 para afirmar que o número de componentes de um chip dobraria a cada dois anos e isso também se provou bastante preciso. Em 1999, ela predisse que o gradiente mudaria novamente e que "dobraria a cada quatro ou cinco anos por um longo período de tempo".

A lei de Moore era consistente com uma poderosa lei geral anunciada no final da década de 1960, que foi a curva de experiência da BCG, que diz que os custos caem entre 20% e 30% toda vez que a produção acumulada de um item dobra. A mudança na queda da lei de Moore — em que

---

[9] Palavras de Gordon Moore, de acordo com a reportagem de John Naughton, "No Goodbyes for World's Mr. Chips", publicada em *Observer* de 8 de agosto de 1999.

inicialmente o valor dobrava a cada ano e, então, a cada dois anos — apenas reflete a passagem do hipercrescimento para o alto crescimento ou um aumento nos meses necessários para que a indústria dobre sua produção.

Alguns observadores setoriais começaram a sugerir que a "economia de TI" era diferente do resto, porque parecia não estar sujeita aos retornos decrescentes. A BCG, no entanto, tinha um cenário intelectual que sugeria que o mundo da TI era apenas uma versão de crescimento mais rápido da economia como um todo. Essa perspectiva da BCG, porém, não atingiu o ponto de virada e permaneceu amplamente ignorada.

Para a BCG faltaram dois fatores: ela não tinha profissionais com credenciais acadêmicas para ser levada a sério pelos economistas, tampouco encontrou um nome charmoso para embalar essa sua nova versão sobre a economia.

A lei dos retornos crescentes

Então, por volta de 1980, surgiu W. Brian Arthur, um economista da Irlanda do Norte que trabalhava nos Estados Unidos, fortemente influenciado pelas ideias relacionadas ao caos.

Brian Arthur tinha, além de credenciais profissionais, a brilhante ideia de criar uma "marca" para seu conceito, chamando-o de "retornos crescentes". Ele também teve o bom senso de não entrar em confronto com o pensamento econômico estabelecido. Sua ***Lei dos Retornos Crescentes***, segundo ele, devia ser vista como um complemento para as ideias de Marshall a respeito dos retornos decrescentes, não como um substituto para elas. Alfred Marshall era aquele cara brilhante, cujas ideias eram adequadas para sua época e que continuam relevantes para as indústrias modernas: esse foi o discurso de Arthur. Mas a nova economia, especialmente aquela do mundo da alta tecnologia, essa é uma questão diferente. Esse admirável mundo novo está sujeito aos retornos crescentes.

Brian Arthur mostrou seu ponto de forma vigorosa e persuasiva.[10] E se os produtos e os negócios que estão à frente fossem ainda mais longe? Arthur deu o exemplo do mercado de sistemas operacionais dos PCs. No início da década de 1980, havia três competidores, todos com boas chances: o CP/M, o DOS da Microsoft e o sistema Macintosh da

---

[10] O melhor resumo está no artigo "Increasing Returns and the New World of Business", de W. Brian Arthur, publicado na *Harvard Business Review* de julho/agosto de 1996.

Apple. O CP/M tinha a vantagem de ter sido o primeiro. O Mac era provavelmente o melhor e, com certeza, o mais fácil de usar.

Mas os sistemas operacionais para PCs exibiam retornos crescentes. Se um sistema pegasse a dianteira, mais fabricantes de hardware e desenvolvedores de software iriam adotá-lo, fazendo com que fosse ainda mais longe. O evento-chave ocorreu em 1980, quando a IBM fez um acordo exclusivo com a Microsoft para que escrevesse o sistema operacional para o seu PC. Embora não fosse uma ótima máquina, a base crescente de usuários do DOS/IBM atraiu os desenvolvedores independentes de software, como a Lotus, para que passassem a escrever para o sistema DOS. Assim que o DOS/IBM estabeleceu uma clara liderança, isso a levou ainda mais longe, pois os custos para trocar para outro sistema eram muito altos. A Microsoft, então, se beneficiou da economia de escala, sendo capaz de distribuir seus custos por uma base maior de usuários do que a de seus competidores. Isso possibilitou que a Microsoft desfrutasse de margens mais gordas e também que investisse mais para aprimorar o sistema.

Os retornos crescentes, afirma Arthur, são característicos sempre que um mercado tiver os seguintes atributos:

- *Altos custos iniciais*, especialmente em Pesquisa & Desenvolvimento mais do que na produção. A primeira venda do Windows custou $50 milhões à Microsoft; a segunda, $3. Esses fatores econômicos tornam a liderança extremamente valiosa e difícil de desafiá-la.
- *Efeitos em rede.* Muitos produtos de alta tecnologia devem ser compatíveis com uma rede de usuários. Sendo assim, um produto ou sistema mais popular tem mais chance de se tornar o padrão. Além disso, as redes econômicas são diferentes da economia tradicional (os efeitos dessas redes são tão importantes que falarei um pouco mais sobre eles).
- *Adesão dos clientes.* Os produtos de alta tecnologia são difíceis de usar e, além disso, têm diversas gerações de lançamentos. Os usuários têm que investir em treinamento — e isso é o que "adere" ou trava o cliente no produto líder.

A LEI DE METCALFE

As redes compreendem uma parte do nosso mundo cada vez mais importante e elas têm suas próprias e peculiares características econômicas. É mais fácil perceber isso em produtos como o telefone, o celular, o sistema operacional dos PCs, o sistema postal da FedEx ou a internet. Um telefone ou celular ou um endereço de e-mail é inútil. Dois têm algum valor. Desse ponto em diante, todo aumento no tamanho da rede tem um crescimento mais do que proporcional no valor para cada usuário.

Bob Metcalfe, o inventor da Ethernet, tecnologia de rede local, observou que as redes de pequena escala não são viáveis, mas que a junção de várias pequenas redes locais aumenta acentuadamente seu valor. Em 1980, nascia a **Lei de Metcalfe**: o valor de uma rede é igual a n ao quadrado ($n \times n$), em que n é o número de pessoas que fazem parte da rede. Portanto, uma rede com dez usuários vale 100, mas uma com 20 vale 400: você dobra a rede e quadruplica o seu valor. Um aumento linear dos usuários significa um ganho exponencial (para ser mais exato, geométrico) no valor.

A economia das redes, assim, exibe uma forma extrema de retornos crescentes, tanto para todos os membros da rede quanto para seus fornecedores líderes. Uma rede em expansão se torna um ciclo virtuoso que se retroalimenta. Cada novo membro aumenta o valor da rede, que, por sua vez, atrai novos usuários. De fato, os seus membros não são pagos, mas são muito bem recompensados para serem evangelistas da rede. Em geral, as redes demoram um bom tempo para atingir seu ponto de virada, mas depois nada as detém.

O monopólio é desejável em uma rede. Quem quer uma companhia aérea diferente para cada rota? Ou três sistemas operacionais de PCs competindo entre si?

Nas redes, o valor deriva da abertura e da proliferação. Tradicionalmente, o valor é resultado de um sistema de propriedade fechado e da escassez. Não é mais assim. Pergunte à Apple se manter a propriedade do sistema Mac foi uma ideia inteligente. Pergunte aos bancos se deveriam manter a propriedade dos caixas eletrônicos ou compartilhá-los. Quanto mais redes conseguem se aliar, mais valiosas elas se tornam. O ganho em cobertura e criação de valor excede em muito a perda da exclusividade na captura de valor.

O economista Paul Krugman observa que "na economia das redes, a curva da oferta desce em vez de subir, e a curva da demanda sobe em vez de descer". Quanto mais você tem, mais você quer: o exato oposto da utilidade decrescente. Quanto mais você produz, mais fácil e mais barata se torna a produção. Essa é a beleza da economia das redes. É simultaneamente deflacionária, já que os preços sempre caem, e expansionária, já que mais e mais produtos úteis são criados e usados.

Há uma "nova economia" e um "novo paradigma"?

As possibilidades das redes em geral e da internet em particular levaram alguns observadores a afirmar que os competidores na liderança podem chegar perto de gerar retornos praticamente infinitos. Uma razão é simplesmente o baixo custo das transações pela internet: para um agente de viagens tradicional, a emissão de um bilhete aéreo custa $8, enquanto pela web o custo é de $1; uma transação bancária típica custa $1, mas na rede sai por menos de um centavo.

Como o valor marginal da rede aumenta com a escala, então o custo médio do software diminui, já que o custo marginal é quase zero. Os negócios que não operam em rede podem ter custos fixos altos, mas o custo marginal para atender às demandas dos consumidores nunca chega perto de zero: vendas, marketing e serviços aos clientes são operações caras. Em oposição a isso, as redes, e em particular a internet, podem adicionar clientes e vendas por custos extras que são negligenciáveis.

E não é só isso. Tradicionalmente, existe um dilema entre o padrão de negócios de grande volume e aqueles que têm oferta customizada. Esses últimos exigem despesas adicionais e assim só eram viáveis para consumidores dispostos a pagar mais. No entanto, após a chegada da internet, o custo da customização pode se tornar trivial — e, se a customização aumentar significativamente o volume, isso poderia, na verdade, baixar o custo médio.

A internet também separa o fluxo de informação do fluxo físico. Tome como exemplo um comércio: um supermercado ou uma livraria. Uma loja é simultaneamente uma entidade física — um armazém — e uma fonte de informação para o comprador — o que está nas prateleiras é o que está disponível e pode ser inspecionado. A internet, no entanto, faz uma separação entre os dois. Inicialmente, a Amazon.com fornecia a informação sem envolvimento com o fluxo físico. Dessa forma, pode ter ampla oferta com inventário zero, escapando da tradicional opção entre custo e escolha. A economia da web também possibilita que os *consumidores* da informação se tornem *produtores* não remunerados de nova informação, como ocorre quando os clientes da Amazon.com publicam resenhas no site da empresa, por exemplo.

Finalmente, observe que o custo da venda cruzada de diferentes produtos cai drasticamente com a internet. Se você estiver vendendo bilhetes aéreos, também pode comercializar de forma fácil e barata a hospedagem em hotéis, o seguro-viagem, um carro de aluguel e muitos outros serviços. É até difícil exagerar o valor de uma base de clientes leais.

Mas a internet e a economia de rede nem sempre são uma bonança para todos: embora a quantidade de novo valor gerado possa ser enorme, a maior parte dele vai para alguns poucos *players* do setor. Ocorre um reforço a mais, além da tendência normal de que os retornos sejam distribuídos assimetricamente, por causa da emergência de "pontos ideais" na cadeia completa do setor.

A TEORIA DO PONTO IDEAL (*SWEET SPOT*)

A separação que a internet propiciou entre o fluxo físico e o fluxo de informação, torna a integração vertical desnecessária e tende a dividir os setores econômicos em um grande número de "camadas", andares separados da cadeia de valor agregado nos quais empresas independentes se especializam. Mas onde tradicionalmente havia um setor inteiro ou um líder de segmento que obtinha altos retornos, agora há apenas o líder em determinadas camadas, provavelmente só uma ou duas, que conquista altos retornos — e todo mundo mais no setor, incluindo os líderes das camadas não favoráveis, vai lutar para conseguir, pelo menos, cobrir o custo do capital. A Boston Consulting Group denomina essas camadas favoráveis de **Ponto ideal** (*sweet spot*).

Uma excelente circunstância em que o ponto ideal de uma empresa assume uma fatia bastante desproporcional dos lucros totais de um setor é o caso da Microsoft com seu sistema operacional para PCs. O quase monopólio da empresa na camada de software lhe proporciona uma grande fatia do lucro total do setor, apesar de o Windows representar apenas 2% do total da estrutura de custo do setor. A real produção dos PCs abrange 75% da estrutura de custos do setor e capital empregado, mas somente uma pequena porcentagem do total de lucros do setor.

A corrida para estabelecer o padrão dominante no ponto ideal

O estabelecimento de vantagem competitiva em um novo ambiente requer o reconhecimento das camadas estratégicas do setor — os pontos ideais — e, em seguida, sua dominação, se for necessário, em aliança com outro player poderoso. Para conquistar a dominância no ponto ideal, porém, é preciso estabelecer um padrão dominante. Consequentemente, será necessária uma cuidadosa "orquestração" dos players em outras camadas do setor: os fornecedores e usuários dos produtos do ponto ideal. Para impedir que os "orquestrados" se tornem poderosos, você terá que dividir, impor regras e assegurar que nenhuma outra empresa forneça um produto tão valioso e diferenciado quanto o seu. De outra forma, os "orquestrados" vão morder de volta.

No final das contas, isso foi o que aconteceu na década de 1980, quando a IBM orquestrou a Microsoft, terceirizando com ela o design do software do sistema operacional do seu PC. Mais tarde, o equilíbrio de forças mudou decisivamente, porque o tamanho e o valor de mercado da Microsoft cresceram mais depressa do que o da IBM (por causa da arquitetura aberta, que permitiu à Microsoft fornecer também para os competidores da IBM) e porque não havia alternativa atraente aos produtos da Microsoft.

Vantagem competitiva baseada em padrão, não em custo, pode ser temporária

Como a vantagem competitiva acaba se baseando mais no padrão dominante do que nos custos mais baixos, pode ficar mais difícil mantê-la. Existe sempre o risco de que um competidor inovador encontre o próximo ponto ideal do setor. A Microsoft não pode deitar sobre os louros. Basta lembrar de quando a Netscape e seus amigos começaram a promover a rede de computação, na qual o sistema operacional dos PCs, incluindo o Windows, tornou-se subordinado a uma nova camada de alto valor estratégico, controlada por um browser habilitado para Java. Para defender sua posição dominante, a Microsoft teve de se virar para incorporar a tecnologia de browser em seu sistema operacional.

PORTANTO, O QUE MUDOU NA "NOVA ECONOMIA"?

O número e a diversidade dos segmentos competitivos crescem, enquanto a integração vertical se desintegra. Existem mais camadas. A dominância ainda proporciona retornos bem altos — de fato, mais altos do que nunca, porque pode ser oferecido mais valor ao cliente por um custo incremental mais baixo. No entanto, escolher que parte da cadeia de valor dominar — de preferência, os pontos ideais — é crítico. Construir essa dominância é mais uma questão de estabelecer o padrão dominante do que ter os custos mais baixos. A defesa dessa dominância exige a orquestração dos players das outras camadas setoriais para que nenhum deles se torne tão diferenciado e competente a ponto de se transformar no novo orquestrador, oferecendo uma nova fonte de valor ao cliente e um novo padrão dominante.

As redes — e particularmente a internet — elevaram as apostas: o vencedor assume a maior parte do espólio, não somente — como antes sempre foi verdade — dentro de sua própria esfera de atividade, mas também dentro do setor como um todo, incluindo áreas onde não há ativos empregados. A base da vantagem competitiva desloca-se da escala pura e dos custos mais baixos para a escala desfrutada por ter produtos melhores e padrões dominantes, além da oportunidade de capturar uma participação bem maior de valor agregado dentro de uma pequena camada do setor como um todo. Para manter retornos extraordinários, é preciso inovação eterna.

Em resumo, a dinâmica do sistema tornou-se mais rica, a desigualdade dos retornos ficou maior e a escolha de onde competir tornou-se ainda mais importante; mas a liderança continua crucial. Do ponto de vista macroeconômico, um longo período de grande crescimento — enquanto as novas tecnologias viabilizadoras passaram a ser integralmente adotadas — foi viabilizado; as estruturas industriais e a liderança se transformaram; os retornos sobre o capital subiram; e os monopólios temporários podem ter se revelado algo essencial para o bem comum. Mas esse "novo paradigma" não foi realmente novo — apenas representou mais um momento de pontuação dentro da longa história humana de pontuações econômicas — e a jornada continua sendo tão acidentada como sempre foi.

Existem duas economias e duas teorias econômicas?

Brian Arthur argumenta que existem, na verdade, duas economias diferentes e cada teoria econômica e de administração é aplicável a uma delas:

> *Pode ser útil pensarmos em dois regimes econômicos ou dois mundos: aquele da produção de massa, rentabilizando produtos que, em essência, são recursos cristalizados e pouco conhecimento e que opera de acordo com o princípio dos retornos decrescentes de Marshall; e aquele que rentabiliza produtos que são, em essência, conhecimento cristalizado utilizando poucos recursos e que opera com retornos crescentes (...).*
>
> *Como esses dois mundos de negócios — produzir em massa e agregar conhecimento aos produtos — diferem na economia subjacente a eles, consequentemente diferem também no caráter da competição e na cultura de administração. É um equívoco considerar que o que funciona em um mundo também é apropriado para o outro.*

Em uma tese interessante, Arthur vai em frente no raciocínio e pergunta por que a ideologia da nova administração das hierarquias enxutas, missões, estratégias flexíveis, reengenharia e "re-tudo-mais" surgiu. A resposta dele é que não se trata de modismo, pois corresponde à constante reinvenção do mundo da alta tecnologia; da mesma forma que a pirâmide da hierarquia e o velho estilo de administração são apropriados às indústrias que ainda têm chaminés:

> *O mundo de Marshall tende a ser aquele que favorece a hierarquia, o planejamento e o controle. Acima de tudo, é o mundo da otimização.*

Arthur admite que existe um patamar intermediário entre o velho e o novo mundo. Ele questiona onde o setor de serviços, como seguros, restaurantes e bancos, se encaixa. E ele mesmo responde que os serviços têm um pé em cada campo. Por um lado, a maioria dos serviços usa baixa tecnologia e consiste em "processos", estando por isso sujeitos aos limites da demanda regional — todas características da economia dos retornos decrescentes. Por outro lado, a maioria dos serviços pode contar com a força das marcas e estar sujeita aos efeitos das redes — as franquias do McDonald's atraem uma fatia maior de clientes porque sua marca é bem conhecida e confiável. Ao longo do tempo, os serviços estão se movendo na direção da nova economia. "Nos serviços", ele diz, "tudo está virando software". A informação é a chave e atualmente é processada mais pelo software do que pelas pessoas. Portanto, "vinculados às redes de software, os prestadores de serviços ficam com as limitações regionais enfraquecidas e entram em cena os efeitos da rede de usuários".

Brian Arthur está certo? Seus exemplos sobre o novo mundo são precisos. Mas existe realmente uma "velha" economia que se encaixa no princípio dos retornos decrescentes de Marshall? Será que não seria melhor pensarmos que há uma economia "padrão" e uma "nova" e que as duas estão sujeitas ao princípio dos retornos crescentes em diferentes graus?

Por fim, o princípio de Marshall funciona?

A microeconomia como um todo é um constructo intelectual impressionante, erigido com elegância matemática e com consistência e coerência internas aos termos de seu sistema. O problema é que ela não pode ser empiricamente observada, pois não corresponde ao mundo real, nem mesmo ao mundo de Marshall. Aquele também era um tempo de alta tecnologia: as inovações daquela época, como o motor a vapor, as estradas de ferro, a eletricidade, a gasolina e o automóvel foram, no mínimo, tão transformadoras quanto as nossas indústrias de alta tecnologia e estavam sujeitas aos efeitos da rede e dos retornos crescentes.

O que foi a Ford, se não a Microsoft dos nossos dias? Cada vez que a Ford fazia um novo modelo T em quantidades crescentes, o custo de cada unidade diminuía. Cada comprador aumentava a demanda por novas estradas, hotéis e restaurantes à beira das estradas, mobilizando o suporte para iniciativas que tornavam o carro a motor ainda mais popular. Quando o governo começou a construir estradas, esse efeito de rede acelerou a disseminação do automóvel. Nitidamente, os carros foram uma manifestação dos retornos crescentes em vez dos decrescentes.

Mas o problema dos princípios marshallianos é mais profundo do que não conseguir notar os efeitos da rede ou da alta tecnologia. Se a economia clássica tem, por fim, alguma validade, ela está no mundo pré-industrial, relacionado às *commodities* e à agricultura antes de ser mecanizada. Ouro, prata, ferro; batata, trigo, algodão — esses produtos podem ser sujeitos ao princípio dos retornos decrescentes (lembre-se de que a lei dos retornos decrescentes foi desenvolvida na França pré-industrial). Quando a oferta sobe, os preços caem, mas os custos, não; portanto, o aumento da oferta é ruim para os produtores. E como todos os produtores utilizam os mesmos meios de produção e não há economia de escala ou experiência, então os mercados vão se comportar como Marshall previu, chegando a um ponto de equilíbrio em que o capital não consegue obter nenhum diferencial de superlucro.

A economia clássica, porém, não é válida quando se aplica qualquer uma das seguintes condições:

- Há economia de escala ou experiência, de modo que o maior produtor tem os custos mais baixos e a alta da oferta abaixa os preços, o que resulta no aumento da demanda e em preços ainda menores, formando um ciclo virtuoso que pode prosseguir indefinidamente.
- Existem diferenças entre os meios utilizados, de forma que uma tecnologia pode vir a ter preços mais baixos do que outras — outra razão para que os competidores tenham custos diferentes.
- Algum competidor encontra uma maneira melhor ou mais barata para fazer algo, contribuindo mais uma vez para que haja margens desiguais entre os fornecedores.

- Os bens deixam de ser *commodities* porque um dos fabricantes adiciona valor extra por meio de marca, da diferenciação de produto ou do melhor serviço.
- Há custos fixos altos na produção.
- Existem barreiras de entrada substanciais para novos fornecedores.
- Existem efeitos de rede.
- A engenhosidade humana pode fazer mais com menos e, portanto, o custo da matéria-prima se torna uma pequena parte do total (assim como o chip de silício fez com a areia).
- Os recursos — como a informação — são aprimorados em vez de esgotados, conforme a produção se expande.

A maioria dos negócios, desde o século XIX, apresenta pelo menos uma dessas características e, sendo assim, requer uma análise dinâmica da economia.

Existem somente alguns níveis em que a economia clássica não se aplica e está equivocada, assim como existem outros em que a "nova economia" é aplicável e útil.

Para aqueles de nós que já foram apresentados às ideias de Bruce Henderson sobre o valor da participação de mercado e o valor astronômico das "estrelas" empresariais — as líderes em mercados de alto crescimento — a "nova economia" nem é tão nova assim.

Diferentes estilos de administração para diferentes tipos de negócios?

Uma observação final sobre a hipótese de Brian Arthur é a de que a "nova economia" precisa de novas estruturas de administração, como hierarquias enxutas e "re-tudo-mais". Essa hipótese também não é nova; é essencialmente a confirmação e a atualização do argumento de Tom Burns e G. M. Stalker no clássico livro, *The Management of Innovation*, publicado em 1961. Stuart Crainer afirma que o livro "identificou a organização 'orgânica' caracterizada pelas redes, valores e visão compartilhados e trabalho de equipe".[11] Burns e Stalker também argumentaram que eram justamente as organizações de alta tecnologia e grande crescimento que precisavam de uma nova abordagem de administração;

---

[11] Veja o livro de Stuart Crainer, *The Ultimate Business Guru Book* (Oxford: Capstone, 1998).

e que as empresas em ambientes de crescimento mais lento e mais previsíveis eram mais adequadas aos métodos de comando e controle.

Mas será que Arthur, Burns e Stalker estão certos? Caso haja, de fato, somente graus da "nova economia" e praticamente todos os negócios pertençam, em maior ou menor extensão, à "nova economia" — que, na verdade, não é nova, mas somente uma descrição melhor do mundo após a Revolução Industrial —, então diferentes tipos de companhias talvez não necessitem de estilos muito diferentes de administração. Todas as empresas, afinal, não precisam de "observação, posicionamento, estruturas mais horizontais, missão, equipes e astúcia"?

Igualmente: *todas* as organizações não necessitam de hierarquia e têm essa hierarquia? A Microsoft não é uma ditadura meritocrática administrada por Bill Gates, que valeria muito menos se não fosse assim? O que gera valor é a percepção somada à hierarquia.

A Microsoft é um modelo ideal para qualquer tipo de negócio: uma ditadura dos fins, uma meritocracia da execução e um colegiado em estilo "democrático" que respeita a inteligência e a percepção em todos os níveis, contanto que isso não desafie a estratégia básica.

Observações sobre as redes, a "nova economia" e os retornos crescentes

A microeconomia tradicional sempre foi um mau guia para a economia real dos negócios.

Sempre que os produtos deixarem de ser *commodities* indiferenciadas; sempre que um competidor tiver e mantiver uma vantagem em produto/serviço sobre os demais fornecedores; sempre que as marcas e os padrões forem importantes; sempre que existirem custos fixos altos e baixo custo incremental; sempre que houver barreiras substanciais de entrada detendo o ingresso de novos competidores no mercado — sempre que uma ou mais dessas condições estiver presente, estaremos em uma economia dinâmica onde o equilíbrio é uma ilusão e a vantagem vai para o líder, que poderá desfrutar e acumular altos retornos.

Mesmo há 100 anos, a maioria das empresas vivia em uma economia dinâmica desse tipo. Atualmente, é o que ocorre para a mais vasta maioria.

Houve mudanças. Embora quase todos os negócios tenham sido parte de uma economia dinâmica por muito tempo, a extensão com que eles estão sujeitos às leis desse dinamismo é cada vez maior. Os custos fixos subiram. O custo operacional, na forma de profissionais altamente qualificados e caros, também aumenta continuamente; o custo dos materiais e do trabalho sem qualificação tem declinado gradualmente. Os custos incrementais caíram. A tecnologia e o *know-how* tornam-se cada vez mais importantes. Os riscos e os retornos dos negócios aumentaram. O valor da liderança em mercados de alto crescimento, que é sempre substancial, subiu ainda mais.

O deslocamento para a economia do tipo "o vencedor ganha a maior parte" é mais pronunciado nos negócios de rede e, ao extremo, no setor eletrônico. Aqui, as apostas subiram. Os poucos vencedores podem obter retornos fantásticos, conquistando a maior parte do valor agregado do setor, apesar de participar apenas de uma pequena camada estratégica, o chamado ponto ideal. Os muitos perdedores estarão presos em suas armadilhas financeiras.

Duas estratégias de negócios já duradouras tornaram-se mais importantes. Faça o que for necessário para se mover à frente dos competidores. E corte suas perdas quando alguém atingir esse ponto. A essas, nós podemos acrescentar mais duas regras novas: (1) Identificar e dominar os pontos ideais do setor, estabelecendo novos padrões, orquestrando os outros para que façam o trabalho duro na indústria de massa; e (2) Defender a dominância dividindo e dando as regras para os "orquestrados", buscando continuamente a inovação para encontrar o próximo ponto ideal do setor.

RESUMO

A mudança de tecnologia direciona o crescimento e a prosperidade, mas a mudança tecnológica é instável: percorremos um longo período de equilíbrio, seguido de intervalos de pontuação curtos e precisos. Apesar dessa aparente imprevisibilidade, a transformação tecnológica segue um padrão previsível. Qualquer mudança que vá se tornar significativa dá muitos alertas. E acelera, quando se aproxima do ponto de virada, além do qual fica ainda mais fácil e mais rápida.

O melhor e mais óbvio indício da transformação são as ocorrências inesperadas — os sucessos e, igualmente, os fracassos inesperados. Esse ambiente sempre apresenta enormes — e geralmente negligenciadas — oportunidades.

O mercado de rápido crescimento costuma perturbar a ordem da liderança entre as companhias estabelecidas.

O valor de uma empresa que pode estabelecer uma nova liderança no mercado e manter um alto crescimento por, pelo menos, 10 a 15 anos, é normalmente bastante subestimado.

A entropia pode ser vencida pelo empreendedorismo. Cada um pode ser um empreendedor bem-sucedido, se puder detectar os recursos subutilizados e deslocá-los para um contexto de alto valor.

Praticamente todos os negócios são sujeitos ao princípio dos retornos crescentes. Os negócios de rede são um exemplo extremo disso. Mas, embora o aumento dos retornos seja para o mercado como um todo e todos os clientes se beneficiem, o benefício para as empresas é fortemente direcionado para alguns poucos líderes do setor que estão nos pontos ideais. A maioria dos players nos setores de grande crescimento será de perdedores, assim como em qualquer outro ramo. A única diferença é que as apostas são mais altas.

AÇÕES NECESSÁRIAS

- *Identifique os pontos ideais nas redes emergentes e domine-os, criando um novo padrão de valor.* Encontre o melhor aliado — ou aliados — e celebre um acordo com ele antes que alguém faça isso. Restrinja sua participação no setor aos pontos ideais escolhidos e orquestre os fornecedores cuidadosamente. Assegure-se de que nenhum deles consiga desenvolver seu próprio padrão distintivo do qual você se tornará dependente.
- *Não entre em mercados de rede a menos que possa vencer* ou a menos que tenha uma boa chance de vencer e esteja usando o dinheiro dos outros para entrar no setor.
- *Encontre um mercado de grande crescimento que você possa dominar,* mesmo que não seja um mercado de rede. Comece por identificar a tecnologia ou uma maneira melhor de operar um negócio que esteja se aproximando, mas não tenha ainda alcançado, o seu ponto de virada. Torne-se o maior expoente dessa nova abordagem.
- *Encontre um recurso subestimado e o aplique em um novo mercado.*
- *Corte suas perdas se não puder superar o líder,* especialmente nos mercados com altos custos fixos e baixo custo incremental.

CAPÍTULO 12

SOBRE O PARADOXO DO ENRIQUECIMENTO, ENTROPIA E CONSEQUÊNCIAS NÃO INTENCIONAIS

> *Nada fracassa tanto quanto o sucesso.*
> — Richard Pascale[1]

O PODER DAS LEIS DA PRUDÊNCIA

Em apenas 13 anos, entre 1970 e 1983, um terço das 500 maiores empresas norte-americanas no ranking da *Fortune 500* desapareceu no Triângulo das Bermudas corporativo. Algumas delas, na verdade, declararam falência. A maioria foi comprada ou passou por uma fusão com outras companhias, mas mesmo assim a taxa de fracassos foi notável.

Em 1982, o livro de negócios de mais sucesso de todos os tempos foi publicado: *In Search of Excellence* [Em busca de excelência], de Tom Peters e Bob Waterman. Dois anos depois, a revista *Business Week* publicou uma reportagem de capa com a manchete "Oops", relatando alegremente a queda em desgraça de muitas daquelas 75 "excelentes" companhias. Um pouco depois, uma das empresas aparentemente mais inexpugnáveis e superbem-sucedidas, a IBM, quase foi à falência. Apesar disso, Peters e Waterman haviam sido cuidadosos em sua seleção.

A expectativa de vida média de uma empresa multinacional, de acordo com Arie de Geus, um ex-executivo da Shell, gira em torno de 40 e 50 anos.[2] Um estudo realizado entre companhias de todos os tamanhos, abrangendo o Japão e a maioria dos países europeus, mostrou uma expectativa de vida média de apenas 12,5 anos.[3]

---

[1] Richard Pascale, *Managing on the Edge* (Nova York: Simon & Schuster, 1994).
[2] Arie de Geus, *The Living Company*.
[3] Ellen de Rooij realizou esse estudo, "A Brief Desk Research Study into the Average Life Expectancy of Companies in a Number of Countries", em 1996, pelo Stratix Consulting Group (Amsterdã) e foi citado no livro *The Living Company*, de Arie de Geus.

295

Esses três exemplos demonstram aquilo que talvez todos nós já saibamos de algum modo: é difícil manter o sucesso e até mesmo as empresas mais bem-sucedidas sofrem o risco intrínseco ao negócio — vivem e morrem pelo mercado e a competição; e a competição não se refere somente àquela pelos clientes, mas também pelo controle corporativo por aquisições. Nenhuma outra instituição importante é tão exposta ao fracasso quanto as empresas.

E assim deve ser. Se as companhias não fossem expostas, nós não desfrutaríamos de altos padrões de vida. E os frutos da manutenção do sucesso são tão altos — especialmente para os investidores e os principais executivos — que deve ser difícil manter-se à frente.

Os sistemas de pensamento podem nos ajudar aqui? A resposta é um qualificado "sim". Não há uma única recomendação simples e abrangente. Em vez disso, temos que reunir partes de ideias de uma série de "leis poderosas da prudência". Ao fazer isso, aprendemos a lidar com o sucesso com precaução e humildade.

Existem três principais leis da prudência:

- *O Paradoxo do Enriquecimento*
- *A Lei da Entropia*
- *A Lei das Consequências Não Intencionais*

O PARADOXO DO ENRIQUECIMENTO

Os estudos ecológicos confirmam que o número de predadores e presas tende a oscilar juntos em ciclos bastante regulares. Por exemplo, a Hudson's Bay Company mantém o registro do número de linces (predadores) e lebres (presas) desde 1850, e os gráficos desses dados mostram uma simetria notável: movem-se para cima e para baixo em conjunto depois de um breve intervalo de tempo.[4]

A presa depende tanto do predador quanto o predador dela: sem o predador, a presa se torna muito numerosa e passa fome. As duas populações se beneficiam do que podemos chamar de "ciclo oscilante", em que os números sobem e descem sem atingir picos ou depressões insustentáveis — o ciclo fica em torno de um ponto central ou "equilíbrio oscilante".

---

[4] Veja mais em Karl Sigmund, *Games of Chance* (Londres: Oxford University Press/Penguin, 1993).

Aqui entra o paradoxo do enriquecimento: se alguma mudança ambiental aparentemente benigna possibilita que a população das presas aumente de modo substancial, isso pode, estranhamente, ser prejudicial para a presa e para o predador. Um grande aumento de presas pode levar a um aumento ainda maior dos predadores, que logo acharão que não têm presas o suficiente para se alimentar. De início, o número de predadores dispara para logo em seguida despencar; e o número de presas segue o mesmo padrão — na ausência de predadores, haverá muitas presas que não encontrarão o que comer. Assim, um ciclo estável, ou equilíbrio oscilante, se torna instável e pode acabar em desastre tanto para a presa quanto para o predador, caso um dos picos de baixa se aprofunde demais e a população inteira de presas ou predadores seja eliminada.

Como a natureza segue em ciclos, o paradoxo do enriquecimento significa que você pode realmente ter algo muito bom em excesso. Vejamos outro exemplo: as árvores são pulverizadas com inseticida para eliminar os insetos nocivos. Mas é pulverizado um pouco demais nas folhas e, em seguida, chove. O excesso de inseticida é lavado das folhas e cai no chão, onde mata também insetos predadores. Resultado: mais inseticida provoca o aumento de insetos.

O paradoxo do enriquecimento tem um paralelo claro na teoria econômica clássica: quando um mercado está muito lucrativo, atrai novos entrantes e a lucratividade vai tender a zero, conforme o novo equilíbrio for se estabilizando. Havia algumas empresas no mercado e logo depois havia demais. Se você está lendo este livro seguindo a sequência dos capítulos, sabe que não sou muito fã da economia clássica, já que raramente corresponde aos mercados da vida real. O equilíbrio raramente ocorre. O que acontece no mercado são três ciclos, que podemos dividir em três tipos: equilíbrio oscilante, ciclo virtuoso e ciclo vicioso.

Equilíbrio oscilante

O equilíbrio oscilante é o que chega mais próximo do sonho dos economistas clássicos. O equilíbrio quase nunca acontece, mas o sistema oscila para cima e para baixo de maneira funcional e previsível, assim como a teoria do controle afirma que ele faz. Esse é o mundo das lebres e dos linces canadenses, da sala com a temperatura controlada por um termostato ou do mercado de ações entre as oscilações de alta e baixa (embora no último caso, haja uma tendência secular de alta).

Na minha experiência, somente uma pequena parte do mundo dos negócios segue esse padrão. O preço das *commodities* é um bom exemplo. Os mercados só se comportam assim se tiverem poucas barreiras de entrada e saída, se os produtos e serviços forem indiferenciados, e se não for possível obter vantagem por escala, tecnologia ou por conseguir fazer algo de uma maneira mais inteligente do que os outros. Alguns mercados estão bem perto disso e suas colheitas são tão escassas quanto a teoria clássica prevê: podemos pensar, por exemplo, no mercado de acomodações mais em conta, como *bed-and-breakfast*, isto é, "cama e café da manhã", nos trabalhos sem necessidade de capacitação ou, no caso dos países pobres, na venda de fogos de artifício ou de melancias à beira das estradas. Felizmente, a maior parte da vida econômica não é assim.

Ciclo virtuoso

A busca pelo sucesso empresarial é a busca pelo ciclo virtuoso. Isso ocorre quando um player diferencia seu produto ou serviço e pode, assim, desfrutar de uma margem mais alta do que a de seus competidores e, além disso, conquista uma participação maior de mercado; ou quando consegue o mesmo efeito com custos muito mais baixos do que seus concorrentes (e, portanto, margens mais altas, apesar dos preços mais baixos), como resultado de maior escala, melhor tecnologia, astúcia ou custos de produção mais baixos e defensáveis. A empresa com margens mais altas pode fazer mais investimentos para consolidar sua liderança; pode pagar mais para ter os melhores profissionais ou os sistemas mais produtivos; pode pagar por publicidade e comercializar com custo mais baixo e eficácia mais alta; pode entregar mais valor e tornar intransponível a distância entre ela e os competidores.

Isso é o que acontece com as companhias bem-sucedidas e muito lucrativas. Você deve se lembrar de que esse é o mundo dos retornos crescentes. Em uma economia sofisticada, as empresas com ciclos virtuosos sempre ficam com a maior parte dos lucros.

Ciclo vicioso

O ciclo vicioso é o oposto do virtuoso, é aquele que é experimentado pelos competidores que não são bem-sucedidos. Aqueles que estão muito além da queda. Os retornos diminuem. São Paulo foi um grande expoente dos ciclos viciosos e virtuosos: ele escreveu que aquilo que vai, volta. Por exemplo: "Aquele que semeia pouco, pouco também ceifará; e o que semeia em abundância, em abundância ceifará".[5] As empresas bem-sucedidas conseguem bancar uma semeadura abundante; já as de menos sucesso têm de ser mais comedidas.

Quando o ciclo virtuoso vira vicioso

O perigo que ronda as empresas bem-sucedidas é o de que algo aconteça no sistema e transforme o ciclo virtuoso em vicioso. Como isso pode ocorrer? Uma das maneiras é pelo paradoxo do enriquecimento — quando você tem em excesso aquilo que é muito bom.

O sucesso em demasia pode te transformar em um profissional arrogante, complacente ou ganancioso. Você ignora uma nova tecnologia que teria o potencial de lhe proporcionar um serviço melhor ou mais barato só porque o seu sucesso foi construído sobre a velha tecnologia. Você tem lucros tão gordos que seus administradores ou os sindicatos conseguiram aumentar os custos de produção acima dos competidores. Você para de ouvir os consumidores; já sabe o que eles querem e, de qualquer forma, eles estão sempre reclamando. Você deixa de contratar novos talentos ou até continua a contratá-los, mas não permite que eles façam nada de novo. Você paga por ações supervalorizadas para adquirir algumas empresas acima do que valem e, em seguida, destrói valor, obrigando-as a produzir tudo do seu jeito. Você diversifica com novos produtos e serviços dentro de mercados em que não tem vantagem competitiva. Você torna a empresa maior, mais complexa, mais heterogênea, menos administrável e menos parecida com um clã. Se você assumir uma dessas atitudes, nada fracassará tanto quanto o sucesso. Esse é o paradoxo do enriquecimento.

Quando o paradoxo do enriquecimento opera nos negócios, há uma falha moral. No entanto, com a segunda lei da prudência, a lei da entropia, existe uma força física amoral prestes a arruinar nosso *momentum*.

A LEI DA ENTROPIA

A palavra "entropia" foi cunhada pelo físico alemão Rudolf Julius Emanuel Clausius para indicar a tendência que todos os elementos têm de serem usados e se desgastarem. Ele escreveu em 1865:

---

[5] Coríntios, Capítulo 9, versículo 6.

> *Eu proponho denominar de magnitude S [energia indisponível para o trabalho] a entropia de um corpo, da palavra grega [entropeia] transformação (...) A energia do universo é constante (...) a entropia do universo tende ao máximo.*

As pessoas amadurecem. As casas desmoronam. As estrelas queimam. Os penhascos escorregam para dentro do mar.

A lei da entropia é uma reafirmação das duas primeiras leis da termodinâmica, desenvolvidas pouco antes de 1850 na busca pelo aprimoramento dos motores a vapor. O físico francês Nicholas-Leonard Sadi Carnot percebeu que, quando o calor é perdido, é possível obter trabalho fora do processo. Já o inglês James Prescott Joule descobriu o inverso: quando há trabalho, também surge calor extra. Separadamente, Joule e o cientista alemão Julius Robert von Mayer chegaram à primeira lei da termodinâmica, que afirma que a energia não pode ser criada e nem destruída — ela só pode mudar de forma. Então, em 1850, Clausius, com base no trabalho de Carnot, nos deu a segunda lei da termodinâmica: qualquer sistema químico, seja sólido, líquido ou gasoso, tenderá à máxima desordem. A energia flui, em uma única direção, para o equilíbrio térmico. O calor é transferido de um corpo para outro e essa transferência não pode ser revertida. O calor só pode ser usado uma vez — flui para o corpo mais frio e não pode ser retirado dele (sem a adição de mais energia ainda). Como observou o grande cientista escocês James Clerk Maxwell (1831-1879):

> *Se você jogar um galão cheio de água no mar, não pegará de volta o mesmo galão de água.*

A lei da entropia tem paralelo com dois conceitos biológicos que abordamos na Parte 1: o efeito dama de copas e a corrida armamentista evolucionária. O mundo muda e, para preservar o que tínhamos antes, é preciso fazer mais do que fizemos ontem. Tudo pode ser mantido e até melhorado (por exemplo, a pintura de uma casa pode estragar, mas o imóvel pode ser pintado de novo e ficar ainda melhor do que estava antes), mas isso exige uma nova ação. A energia de um sistema é dissipada e perdida, por isso a vida exige infusões de energia nova.

A manutenção do sucesso requer esforço constante. A condição natural não é o equilíbrio: é a entropia. A posição competitiva de uma empresa está em um conjunto exclusivo de recursos e relacionamentos, que são vívidos e irrequietos; assim como todos os sistemas e relacionamentos, se eles não forem cuidados, reforçados e renovados, vão enfraquecer e se desintegrar. É inteiramente possível combater a entropia — de que outra forma poderíamos ter acumulado riqueza da maneira notável como fizemos nos últimos 250 anos? —, mas isso exige inovação constante e o uso aprimorado da energia disponível.

As leis de Murphy

Intimamente relacionadas com a entropia estão as leis atribuídas a "Murphy". Elas não têm validade científica, exceto talvez como exemplos de entropia, mas com certeza têm bastante repercussão e são úteis para qualquer organização bem-sucedida, ajudando a extirpar a complacência e preparar o contingenciamento.

Murphy pode ter sido apócrifo, como o ubíquo Kilroy[6] durante a Segunda Guerra Mundial, ou possivelmente foi o Capitão Ed Murphy, da Base Aérea de Edwards, que afirmou sobre um mecânico incompetente: "Se existe um jeito de fazer isso errado, ele fará".

Atualmente, existe um grande número de **Leis de Murphy**. Eis aqui uma seleção útil:

- Se algo pode dar errado, vai dar.
- Se várias coisas podem dar errado, aquela que vai causar mais estragos será a primeira a dar errado.
- Se não há como algo dar errado, vai dar errado do mesmo jeito (por exemplo, o navio Titanic).
- Se existem quatro maneiras de algo dar errado e você toma as providências para evitá-las, surgirá inesperadamente uma quinta.
- Deixadas por si mesmas, as coisas vão de mal a pior.
- Se tudo vai indo muito bem, você está negligenciando algo.
- A Natureza é sempre aliada das falhas escondidas.
- Nada é tão simples quanto parece.
- Tudo leva mais tempo do que você espera.
- É impossível fazer algo à prova de tolos; os tolos são muito engenhosos.
- Se os especialistas demoraram e não conseguiram encontrar a resposta, aquilo será imediatamente óbvio para a primeira pessoa sem qualificação a quem você perguntar.

---

[6] Kilroy, personagem de narigão e olhos arregalados, desenhado em paredes e muros de toda a Europa e até no Japão durante a Segunda Guerra Mundial, tendo embaixo a inscrição: Kilroy esteve aqui. (N.T.)

- Quando algo dá errado em algum lugar, vai dar tudo errado em todos os lugares.
- Antes de fazer o que você quer, terá de fazer outra coisa.
- Os números que estão obviamente corretos contêm erros. Uma casa decimal sempre estará fora do lugar. Esse engano causará um erro enorme nos cálculos.
- Se você partir da premissa certa, mas tiver o argumento errado, chegará à resposta errada; ao passo que se partir da premissa errada e assumir o argumento certo, também chegará à resposta errada. É pouco provável que você consiga a premissa e o argumento certos.
- A probabilidade de algo acontecer é proporcional ao tamanho do estrago que vai causar.

A LEI DAS CONSEQUÊNCIAS NÃO INTENCIONAIS

A terceira maneira de transformar um sucesso em fracasso é pelas consequências não intencionais ou pelas ações bem-intencionadas. Eis aqui um simples erro de cálculo resultante da falta de compreensão sobre como os sistemas operam.

Dietrich Dörner, professor de psicologia da universidade alemã de Bamberg, escreveu um livro fascinante, *The Logic of Failure*[7], que explora por que as instituições e as pessoas inteligentes podem agir com cautela e boa vontade e, ainda assim, frequentemente causar resultados desastrosos. Ele afirma que o problema está em nosso padrão de pensamento, que é linear e analisa um fator de cada vez, raciocinando em termos de causa e efeito. Visto que não pensamos em termos de sistema e de suas inter--relações, perdemos a visão do quadro geral. Assim, vamos empilhando pequenos erros até que tudo culmine em consequências não intencionais geralmente trágicas. As ideias de Dörner derivam do pensamento sistêmico e estão relacionadas aos conceitos que exploramos sobre a mecânica quântica (Capítulo 6) e o caos e a complexidade (Capítulo 9).

Dörner apresenta muitos exemplos de desastres: por que os tão bem qualificados engenheiros que projetaram a Barragem de Assuã, cujo simples objetivo era fornecer energia barata para o Egito, não se deram conta de que as enchentes anuais do Rio Nilo, que eles quiseram deter, eram o que mantinha as terras do vale ricas e férteis há milênios? Por que

---

[7] Dietrich Dörner, *The Logic of Failure: Why Things Go Wrong and What We Can Do to Make them Right* (Nova York: Metropolitan Books, 1996).

os planejadores dos programas de saúde dos países pobres não levam em conta que elevar o número de pessoas vivas também aumenta a demanda por comida e que, sem uma produção extra de alimentos, melhorar a atenção à saúde resultará em desnutrição e, às vezes, em fome? Por que os operadores do Reator 4 da usina atômica de Chernobyl, que haviam acabado de ganhar um prêmio de segurança, deixaram acontecer aquela horrenda explosão de 26 de abril de 1986?

Em uma escala menos terrível, o que dizer da prefeitura e do departamento de trânsito de uma cidade que, para lidar com os congestionamentos e a poluição do ar, coloca redutores de velocidade no chão e impõe o limite de 50 quilômetros por hora? O que pode dar errado aqui?

Muito. Os carros têm que rodar em segunda marcha e, então, ficam mais barulhentos e expelem mais gases pelo escapamento. Fica mais demorado ir fazer compras e, na verdade, o número de carros no centro da cidade acaba aumentando. Mas isso se corrige sozinho. Depois de um tempo, menos pessoas vão fazer compras no centro, preferindo o novo e grande shopping center que fica na fronteira com a cidade vizinha. Isso solucionou o problema do barulho e da poluição, mas fez com que muitas lojas do centro fechassem. A receita tributária municipal despenca. É preciso aumentar os impostos dos negócios que continuam no centro, o que reforça o ciclo de declínio. Tudo provocado por alguns redutores de velocidade instalados nas ruas em nome de uma nobre causa.

A teoria do segundo melhor

O exemplo dos redutores de velocidade combina muito bem com uma teoria adorada pelos economistas, especialmente por aqueles que atuam no setor de políticas públicas. É a ***Teoria do segundo melhor***, que afirma que atingir um resultado ótimo em mercados individuais pode levar a resultados gerais subótimos. Por exemplo, se o livre mercado leva a uma posição ótima em todos os mercados de produtos individuais, mas deixam a economia com 40% de desemprego, então isso não é realmente ótimo. Sendo assim, a teoria afirma que, em vez de buscar o ótimo em cada parte da economia, deveríamos procurar a melhor solução geral, o que pode implicar a opção pela "segunda melhor" solução nos mercados individuais.

Descontada a habitual obsessão dos economistas pelo equilíbrio e pela otimalidade, dois objetivos ilusórios, a teoria do segundo melhor é, na verdade, apenas dizer que a economia é um sistema e que as ações em uma área podem ter consequências não intencionais em outra.

É uma ideia útil porque nos mostra que temos de ter visão abrangente e que a busca por um objetivo pode nos tornar míopes: os redutores de velocidade não devem ser pensados puramente dentro dos limites de seus próprios objetivos.

A propósito, embora a lei das consequências não intencionais dê foco nos resultados danosos, existem evidentemente as consequências não intencionais positivas, como a "mão invisível" de Adam Smith:

> *Todo indivíduo trabalha necessariamente para tornar a receita anual da sociedade a maior possível. Em geral, ele nem pretende, de fato, promover o interesse público, tampouco sabe quanto o promove (...) Ao perseguir seus próprios interesses, no entanto, o indivíduo com frequência promove os da sociedade de maneira mais eficaz do que quando intenciona fazer isso.*[8]

Dinâmica dos sistemas

Jay Forrester, do Massachusetts Institute of Technology (MIT), foi um pioneiro da computação e desenvolveu a **Dinâmica dos sistemas** entre as décadas de 1960 e 1970 (conhecida por outros praticantes como pensamento sistêmico, desenvolvido desde a década de 1950). Forrester foi um dos primeiros a chamar a atenção para as consequências não intencionais das políticas bem-intencionadas em questões relacionadas com a decadência urbana ou com o ambiente. Em geral, as políticas atacam os sintomas do problema, aliviando-os, mas com frequência exacerbando os distúrbios fundamentais, que são "sistêmicos" em vez de questões isoladas.

O pensamento sistêmico tem muito em comum com os conceitos de caos e complexidade. A intenção em todos os casos é identificar o sistema subjacente em operação com o objetivo de encontrar soluções de longo prazo em vez de paliativos imediatos.

Evitando as consequências não intencionais

- *Estabeleça objetivos claros, explícitos, positivos e múltiplos.* Se possível, formule metas concretas (se não for, é melhor se atrapalhar um pouco do que permanecer na inação).
- *Busque vários objetivos ao mesmo tempo.* Se der foco em um único objetivo, vai gerar todo tipo de subprodutos não pretendidos. Você

---

[8] *A Riqueza das Nações*, de Adam Smith. Trecho citado em tradução livre. (N.T.)

pode contrapor que perseguir diversos objetivos simultaneamente pode causar conflito entre eles. É verdade. Mas o conflito é construtivo, pois nos força a considerar as prioridades relativas e as opções implícitas nos objetivos.

Por exemplo, é melhor instalar os redutores de velocidade e ter um centro da cidade limpo, silencioso e livre de poluição ou um comércio florescente num centro repleto de negócios à custa de algum congestionamento e fumaça de escapamentos? Conseguimos pensar em uma maneira realista para ter a maior fatia do bolo e também conseguir comê-la?

Nem sempre conseguimos perceber todos os nossos objetivos de uma vez só, porque eles podem estar parcialmente em conflito. Temos que nos preparar para pensar de forma abrangente. Devemos ter sempre um conjunto claro de prioridades, mas estar dispostos a mudá-las se ficar claro que elas nos levarão a resultados que realmente não eram pretendidos.

- *Proponha hipóteses e teste-as.* Se fizer x, isso resultará em a, b e c. Se gostar de a, b e c, pode tentar realizar x. Caso não tenha o resultado esperado, pelo menos já terá mais dados sobre a questão. As hipóteses equivocadas devem ser corrigidas.
- *Use analogias para ir do que você sabe para aquilo que você ainda não conhece.*
- *Pense em tudo como um sistema* e tente identificar todos os elementos importantes. Trace um modelo do sistema. Pode começar com um único elemento, mas então o coloque em um contexto. Pegue como exemplo uma piscina e comece com um peixe. O peixe respira, come, excreta. Precisa de oxigênio. O que vai acontecer com os resíduos? Assim, podemos começar a ver como tudo se combina.
- *Pense sobre os problemas que você não tem agora, mas que podem surgir como efeitos colaterais de suas ações.* Reflita sobre o que pode ocorrer ao longo do tempo. Imagine as potenciais armadilhas.
- *Não atribua apressadamente tudo que acontece a uma única causa central.* Isso raramente é assim.
- *Faça simulações.* Ao fazer jogos, com muitas variáveis afetando o sistema, você vai aprender como ele funciona e poderá cometer erros sem penalidades na vida real.

Algo que Dörner não diz, mas que me parece evidente é que, em última instância, o antídoto mais eficaz contra as consequências não intencionais é a criatividade e a adaptabilidade humanas. As consequências não intencionais surgem porque vivemos em sistemas não lineares e porque fazemos mudanças, isto é, porque nós *agimos*. Somos incansáveis como a natureza, como a evolução. Cada ação gera novas instabilidades e assim sempre será. As consequências não intencionais nunca serão eliminadas. Devemos estar atentos porque elas surgirão. Temos de estar prontos para percebê-las antes que causem muitos estragos. Além disso, é preciso que sejamos criativos ao corrigi-las (e atentos para o fato de que as correções levarão a outras consequências não intencionais, que vão exigir novas correções...).

Como perpetuar o sucesso

O modelo e os exemplos de Dietrich Dörner são úteis para quem está à frente de negócios bem-sucedidos; eles nos ajudam a refletir sobre o que poderia dar errado. Pense nisso com relação a três aspectos:

- O que acontece se algo mudar unilateralmente no sistema do negócio?
- Que novas ações adotadas no atual sistema do negócio podem trazer consequências não intencionais?
- Como planejar novas iniciativas tão bem-sucedidas quanto as atuais e que não tenham consequências não intencionais?

O que acontece se algo mudar unilateralmente no sistema do negócio?

Um sistema bem-sucedido só pode se transformar em um malsucedido (do nosso ponto de vista), caso entre em cena um desses dois fatores: ou nós fizemos algo de maneira diferente ou algo no sistema mudou desfavoravelmente para nós.

Sendo assim, se estivermos fazendo tudo igual e algo começar a dar errado, então é porque deve ter ocorrido uma mudança (ou mudanças) em outros elementos do sistema do negócio.

Portanto, comece pela pergunta: O que mudou? Os consumidores mudaram de ideia sobre o que querem? Algum competidor está conquistando uma fatia maior do mercado? Por quê? A tecnologia ou a definição do negócio está mudando? Alguém encontrou um jeito de cortar custos enquanto os nossos continuam os mesmos?

Elabore diversas hipóteses, sejam complementares ou competitivas. Lembre-se de que é pouco provável que haja uma causa única. Mesmo se esse for o caso, existem efeitos secundários e terciários que precisam ser identificados.

Teste e refine as hipóteses até que haja uma boa probabilidade de que estejam corretas. A seguir, entre em ação para recuperar sua vantagem. Se não funcionar, repasse o ciclo inteiro novamente.

Que novas ações adotadas no atual sistema do negócio podem trazer consequências não intencionais?

O que estamos fazendo de maneira diferente? Se souber a resposta, ótimo. Caso contrário, pergunte para outras pessoas. A introspecção não será precisa ou completa.

Mapeie todos os elementos do sistema do negócio, incluindo (sem ficar necessariamente restrito a eles) seus consumidores (de todos os perfis importantes), fornecedores, distribuidores, outros colaboradores, colegas, estruturas de custos, tecnologias, reguladores e assim por diante. Imagine todos os impactos possíveis que as mudanças podem ter tido em cada parte do sistema e os consequentes resultados, particularmente os negativos, que podem ter surgido.

Elabore e teste hipóteses. Suspeite das soluções "simpáticas" que envolvem apenas uma variável. Para que o sistema tenha sofrido uma alteração fundamental, é provável que vários aspectos tenham mudado.

A seguir, entre em ação e, caso isso não torne o sistema favorável a você novamente, repasse todo o ciclo mais uma vez.

Como planejar novas iniciativas tão bem-sucedidas quanto as atuais e que não tenham consequências não intencionais?

Aqui precisamos injetar algum ceticismo no modelo de Dörner. A maior chance é que as novas iniciativas não sejam tão bem-sucedidas quanto as atuais. A única base razoável para acreditar que possam ser é se usarem a mesma fórmula, além das habilidades, competências, tecnologias e qualquer outro atributo-chave (como uma fantástica base proprietária de clientes) que direcionou o sucesso do negócio atual.

Mas vamos supor que isso possa ser verdadeiro. E daí? Bem, o modelo de Dörner é bom para refletir sobre onde podem estar as consequências não intencionais. Em especial:

- Que consequências não intencionais o novo negócio pode ter sobre o existente agora? Pense a respeito de todos os elementos do sistema e na relação entre cada um deles.

- Que outras consequências não intencionais podem ocorrer no novo sistema? De novo, rastreie todos os elementos.
- Se realmente houver consequências negativas, elabore hipóteses e faça testes, como já falamos antes, até que tenha uma resposta que funcione.

RESUMO

O sucesso sustentável é baseado em um ciclo virtuoso. Todavia, o sucesso geralmente já contém as sementes de sua própria destruição. Um ciclo virtuoso pode se transformar em vicioso, principalmente se o sucesso mudar as condições que viabilizaram o próprio sucesso. Esse é o paradoxo do enriquecimento: a riqueza corrói a disposição de agradar o cliente. As empresas de sucesso se tornam flácidas e complexas. Com a entrada da ganância, da complacência ou da arrogância, o sucesso sai de cena.

Mesmo que não haja nenhuma falha ética, dois outros perigos rondam a área: a entropia e as consequências não intencionais. Como tudo mais, os elementos do negócio — ideias, tecnologias, indivíduos, equipes e corporações — estão sujeitos à entropia. Sem manutenção ou renovação, todos esses elementos entram em decadência. As condições em torno das empresas estão sempre se tornando mais rigorosas. Tudo está sempre se transformando em algo diferente. A entropia atinge mais duramente os vencedores de ontem. O sucesso precisa ser reinventado, ainda que o sucesso do passado torne mais difícil o sucesso do futuro. As companhias que conseguiram extrair mais valor do que agregaram ficarão especialmente vulneráveis; a piscina dos colaboradores vai secar.

As consequências não intencionais também podem intervir. Os negócios são um sistema com componentes inter-relacionados. A mudança em qualquer um deles pode passar despercebida até que quebre o encanto do sucesso. Precisamos antecipar as consequências inesperadas. E, quando chegarem mesmo assim, temos que modelar cuidadosamente suas causas.

Em última instância, a sustentabilidade do sucesso é uma questão moral. Embora possamos desejar que fosse diferente, nosso negócio é a arte de agradar os clientes que escolhemos com mais instinto, economia e estilo do que qualquer outro competidor. É uma missão difícil. Aqueles que fazem sucesso contam com grandes vantagens *técnicas*, mas igualmente com grandes desvantagens *atitudinais*. Conseguem mostrar o melhor instinto e estilo aliados à melhor economia quando as condições e os competidores mudam? O sucesso pode manter um serviço superior? O sucesso consegue manter a simplicidade? O sucesso pode manter o foco? O sucesso consegue continuar enxuto?

A experiência responde: às vezes. Frequentemente, não. Pelo menos não para sempre. Não sem a perpétua reinvenção e a entrega de valor superior.

AÇÕES NECESSÁRIAS

- *Mantenha o sucesso criando novo valor diariamente.*
- *Mantenha o seu negócio e a si mesmo humilde, focado no serviço, enxuto e faminto.* Evite a complexidade corporativa. Jogue fora a arrogância, ganância e complacência.
- *Espere e corrija as consequências inesperadas.* Aprenda a antecipá-las e a lidar com elas. Pense em seu negócio como um sistema cujos componentes estão sempre mudando, no qual uma mudança importante em apenas um componente pode alterar o sistema inteiro, onde sempre haverá consequências não intencionais e onde o monitoramento contínuo, a adequação e a criatividade precisam ser empregadas para detectá-las e superá-las.

CONCLUSÃO

Um tema comum na Parte 3, compartilhado com as Partes 1 e 2, é a instabilidade do mundo. Nós esperamos e buscamos relações lineares e nos rejubilamos quando as encontramos; porém, nossa tendência é ignorar as relações não lineares, que são as mais frequentes, porque são inconvenientes e nos deixam perplexos. Apesar disso, a mensagem da Parte 3 é que as relações não lineares podem ser compreendidas e são muito práticas.

O conceito de caos é muito útil porque nos mostra a importância das "condições iniciais": mercados, relações e corporações evoluem por causa de eventos iniciais fortuitos e depois se congelam rapidamente nos padrões formados. O caos também nos fala sobre a natureza fractal dos negócios, uma percepção que, se adequadamente compreendida, pode evitar uma grande quantidade de problemas.

A teoria da complexidade demonstra como os sistemas emergem e se organizam em algo que é diferente de suas partes componentes: um fenômeno ao mesmo tempo incrível, construtivo e destrutivo.

O Princípio 80/20 também é uma lei poderosa fantasticamente útil, pois nos mostra que um determinado tipo de instabilidade está profundamente incorporado no universo, e isso nos possibilita, quase infalivelmente, extrair mais de menos.

A natureza não linear e irregular do crescimento do mercado e da mudança tecnológica também é algo que, quando considerada, pode nos ajudar a separar os modismos passageiros das tendências, nos apontando como direcionar um novo produto ou negócio para o ponto de virada e detectar o que pode se tornar um megassucesso. As percepções em relação à natureza das redes e dos negócios eletrônicos nos mostram onde existe escopo para a criação de um enorme valor novo e como podemos ficar do lado certo da captura extremamente assimétrica do valor criado.

Finalmente, o paradoxo do enriquecimento, a lei da entropia e a lei das consequências não intencionais destacam as armadilhas sistêmicas do sucesso e como podemos nos manter no auge evitando-as sistematicamente.

Um segundo tema comum da Parte 3 foi a tensão entre *laissez-faire* e a intervenção. Em sistemas não lineares lidamos com algumas forças naturais extremamente poderosas. Tivemos a oportunidade de abordar muitas "mãos invisíveis" diferentes em funcionamento, de vez em quando produzindo resultados muito benéficos e, outras vezes, derrotando enfurecidamente nossos planos mais bem traçados. Assim como as forças da biologia e da física, porém, temos que buscar o equilíbrio entre os dois erros opostos: aceitar automaticamente a força das leis por um lado e ignorá-las de outro. As leis existem, estão lá e é melhor nós percebermos isso. Só que a força não está certa; o que ela é, não é o que deveria ser; a natureza não é infalível ou inerentemente virtuosa, tampouco o são os mercados, os fenômenos de grande crescimento, as corporações bem-sucedidas ou a auto-organização. O progresso requer que nós saibamos canalizar a natureza e suas forças para usá-las na obtenção de nossos próprios fins e também para intervir quando houver ameaça à nossa civilização e a seus frutos.

No final da Parte 3, o tema se refere aos negócios e a suas forças internas e externas, que não são essencialmente diferentes do resto da "vida, do universo e de tudo mais". Todas as leis poderosas, que se aplicam à vida em geral, também se aplicam aos negócios porque eles são parte da vida. Sendo assim, podemos usar as percepções reunidas além das fronteiras do comércio. Também como consequência disso, a visão dos negócios como um domínio separado — um enclave com suas próprias convenções e leis, uma área misteriosa interditada para o resto da sociedade, uma guilda quase medieval com sua própria governança, um campo de estudo que requer suas próprias faculdades, uma paisagem na qual podemos ignorar com segurança as percepções gerais sobre como ser feliz, ter uma vida plena e agir de modo responsável com os outros — está profundamente equivocada. Os negócios são uma parte intrínseca da realidade confusa, que é governada por forças não lineares.

Nós tivemos a corporação e o mercado sem fronteiras. Agora é a vez do negócio, do conhecimento e da tecnologia sem fronteiras; essa é a visão sobre como tudo funciona e sobre como podemos chegar ao sucesso, que se aplica igualmente às empresas e a todas as demais partes da vida.

Parte 4

E DAÍ?

INTRODUÇÃO

Esta parte final responde à pergunta: "E daí?", questionando aonde a ciência dos últimos quatro séculos nos leva. De certa forma, temos mais perguntas do que respostas: quanto mais sabemos, mais percebemos como sabemos pouco.

INTRODUÇÃO

FINAL

O EVANGELHO SEGUNDO AS LEIS PODEROSAS

> *Somos melhores para prever eventos na fronteira das galáxias ou dentro do núcleo de um átomo do que para saber se vai chover na festa no jardim da titia daqui a três domingos, porque o problema se revela diferente (...) É o melhor momento para se estar vivo, quando quase tudo que você achava que sabia está errado.*
> — Tom Stoppard[1]

> *Todos os aspectos dos negócios — todos os produtos, todas as atividades, todos os métodos — têm uma estrutura de informação em sua essência que tem ficado escondida, assim como o código genético das plantas (...) os executivos terão que criar uma nova estrutura genética para seus negócios.*
> — Jay Walker[2]

AS LEIS CIENTÍFICAS DIRECIONANDO O PROGRESSO

Em 1859, Charles Darwin concluiu suas considerações sobre a evolução pela seleção natural fazendo um hábil contraste entre a exuberância da natureza e a economia das leis científicas que havia produzido um resultado tão agradável:

> *É interessante contemplar-se uma vertente verdejante revestida de diversos tipos de plantas, com pássaros cantando nos ramos das árvores, uma variedade de insetos adejando pelo ar, além dos pequenos seres vivos rastejando naquela terra úmida e então refletir que essas formas construídas de maneira tão elaborada, cada qual tão diferente da outra, e, contudo, de uma interdependência tão complexa, teriam todas sido produzidas por leis que prosseguem atuando neste nosso mundo.[3]*

---

[1] Tom Stoppard (1937-), dramaturgo inglês no texto de sua peça *Arcádia*, de 1993. (N.T.)
[2] Jay Walker (1955-), inventor e empreendedor norte-americano, presidente do conselho do Walker Digital, laboratório especializado em redes digitais para a criação de sistemas de negócios. (N.T.)
[3] Citação do início do último parágrafo da obra de Charles Darwin, *A Origem das Espécies* (Belo Horizonte: Villa Rica Editoras Reunidas, 1994, p. 352. Tradução de Eugênio Amado).

Aquilo que realmente sabemos

As considerações de Darwin a respeito da evolução pela seleção natural são uma obra maravilhosa da inferência e da percepção na qual Deus é gentilmente colocado de escanteio, e a criação desde a primeira forma de vida até a rica complexidade de incontáveis espécies é reduzida a um processo dialético único e simples: expansão pelo sexo, hereditariedade, variação, uma proporção de aumento populacional alto a ponto de levar à luta pela vida e, dessa forma, à seleção natural, divergência de características e extinção das formas menos adaptadas.

Revisando os mais importantes triunfos da ciência nos últimos quatro séculos, fomos capazes de identificar fatos ainda mais maravilhosos do que aqueles revelados por Darwin, mas igualmente possíveis de serem reduzidos a algumas leis simples e poderosas.

Nós vimos os notáveis triunfos da física, que apresentaram não somente as mesmas regras do movimento aplicadas nos céus e na Terra, mas também a maneira surpreendente como as menores partículas de matéria funcionam, além da poderosa força que pode ser gerada por essa compreensão. Entendemos que o espaço e o tempo não são duas dimensões separadas, mas que estão intimamente ligados.

Sabemos como opera a evolução pela seleção natural de Darwin e o incrível poder das informações incorporadas exatamente da mesma maneira nos genes de todos os seres vivos. Sabemos que os genes se reproduzem usando os organismos como veículos. E suspeitamos que nossos genes não estejam integralmente em sintonia com nossos próprios objetivos e nem com os da nossa sociedade urbana e comercial. Vemos a apropriação e a criação humana de conhecimento como uma forma adicional e alternativa como aquela da reprodução dos genes, justamente aquela que possibilita que os humanos conduzam partes do processo evolucionário na direção desejada.

Nós temos alguma ideia sobre como podem emergir sistemas complexos daqueles mais simples, como tudo no universo tende a se auto-organizar e como os mais intrigantes fenômenos seguem padrões intrincados e previsíveis, ao mesmo tempo similares e diferentes entre si. Sabemos que sobre a distribuição de qualquer população, seja de pessoas, nuvens, doenças, eventos ou tudo que está vivo ou morto, ou de tudo que seja bom, ruim ou neutro do nosso ponto de vista, uma pequena minoria de forças terá uma influência muito maior do que a grande maioria e nós sabemos como distinguir as poucas forças vitais daquelas muitas triviais.

A matemática nos deu percepções brilhantes sobre a força do crescimento exponencial e como os mesmos padrões são recorrentes nos números, não importa qual seja o fenômeno observado.

Sabemos como uma nova tecnologia evolui de maneira irregular e como prever quando é mais provável que o mercado vá se mover de uma tecnologia dominante para outra. As mesmas ferramentas possibilitam a observação, e frequentemente a previsão, de como e quando haverá uma fase de transição, seja uma grande mudança social, uma tendência ou moda, uma crise atingindo proporções epidêmicas ou a alta da lucratividade de uma empresa.

Embora a economia e as ciências sociais tenham sido geralmente um desapontamento, os últimos três séculos nos deram algumas lições muito úteis: os mercados e as empresas são sistemas dinâmicos auto-organizáveis com sua própria maneira de classificar tudo; a riqueza é criada pela divisão de trabalho e pelo comércio baseado mais na vantagem comparativa do que na absoluta; os retornos podem ser crescentes ao longo do tempo, assim os custos e os preços podem ser sempre menores; como as redes aumentam o valor; como a arbitragem econômica cria mais com menos, conforme os recursos vão sendo deslocados dos usos de baixa para alta produtividade; e como a sociedade evolui por meio do aumento da especialização, da reciprocidade, do comércio, da tecnologia e de níveis cada vez mais altos de cooperação e interdependência.

Aquilo que sabemos que não sabemos

Nós também sabemos mais agora sobre os limites do nosso conhecimento e percepção. Há um domínio desconcertantemente amplo sobre o qual sabemos ser impossível ter certezas. Sabemos que não existe verdade objetiva e que nós continuamente distorcemos e adicionamos informações à realidade. O que podemos criar de mais importante são conceitos, ideias e hipóteses, e vemos que tudo isso assume vida própria: a informação e a imaginação são nossos coringas no jogo com o universo inescrutável, que até agora tem monopolizado as melhores cartas.

Sabemos que a incerteza é o coração do universo. Embora tenhamos encontrado leis para descrever o que acontece, elas são mais estocásticas do que determinísticas: precisamos pensar mais em termos de probabilidades do que de certezas. Sabemos que o acaso é central para tudo que é vivo.

Sabemos que nós, humanos, mantemos uma relação muito estranha com o ambiente: suspeitamos que nossos genes estejam fora de sincronia com a sociedade que criamos e que nossas emoções não estão de acordo com nossa razão. Não temos certeza se nossos genes nos controlam ou se nós é que os controlamos: a maior chance é que uma batalha fascinante esteja em andamento dentro de cada indivíduo e na sociedade como um todo.

Também não sabemos se nosso universo é o único em que existe "vida inteligente", ou se existem outros universos dos quais fomos originados e enviados pelo tempo e/ou espaço ou nem quanto a Terra e o universo vão durar.

Ah, claro, e Tom Stoppard está certo: não sabemos se vai chover, ou não, na festa no jardim da titia.

Darwin ficaria encantado com o que sabemos a mais e com o que ainda não sabemos.

AS LEIS PODEROSAS MUDANDO NOSSA PERSPECTIVA

A ciência moderna mais interessante é aquela que unifica seus diferentes campos de estudo, possibilitando que a gente entreveja as mais poderosas leis universais. Mas existe uma unificação mais fundamental que está ocorrendo. Como afirma o biólogo de Harvard Edward O. Wilson:

> *O maior empreendimento da mente sempre foi e sempre será a tentativa de relacionar as ciências e as humanidades.*[4]

Wilson também defende a "crença na unidade das ciências — uma convicção, muito mais profunda do que uma mera proposição, de que o mundo é ordenado e pode ser explicado por um pequeno número de leis naturais". Com o estudo das nossas leis poderosas, eu considero que podemos observar alguns temas que conectam as ciências, as humanidades e os negócios.

As leis poderosas jogam uma nova luz sobre os negócios. Sem ser leviano, notamos que os negócios operam da mesma maneira que os sistemas complexos e estão sujeitos às leis, assim como as outras partes do universo. Nós descrevemos as leis mais importantes e não são muitas: evolução por seleção natural, leis genéticas, as leis de Gause, a psicologia evolucionista, o dilema do prisioneiro, as leis de newton, a relatividade, a mecânica quântica, caos, complexidade, o Princípio 80/20, equilíbrio

---

[4] Edward O. Wilson, *Consilience: The Unity of Knowledge* (Nova York: Alfred A Knopf, Londres: Little, Brown and Company, 1998). Trecho em tradução livre.

pontuado, o ponto de virada, a lei dos retornos crescentes, o paradoxo do enriquecimento, a lei da entropia e a lei das consequências não intencionais. Entre essas, apenas o dilema do prisioneiro e a lei dos retornos crescentes se aplicam *especificamente* aos negócios e a outras questões humanas; quanto às demais leis, elas se aplicam aos negócios porque estão relacionadas à vida e à natureza, e as empresas fazem parte de tudo isso. Entre as 17 principais leis poderosas, existem seis que são ainda mais importantes e cinco delas se aplicam aos negócios precisamente da mesma maneira que valem para todo o universo; no sexto caso, a genética, a lei se aplica, mas de um modo ligeiramente diferente.

As seis leis poderosas mais preeminentes são: evolução pela seleção natural, as leis da genética, as leis de Gause (essas três formam um conjunto de leis biológicas que se encaixam perfeitamente uma na outra), caos, complexidade e o Princípio 80/20, que abrangem outro ótimo conjunto das leis não lineares.

As leis biológicas

Os negócios evoluem pela seleção da mesma maneira que a natureza: ambos progridem pela variação, inovação, rejeição das variações mais recentes e propagação daquelas poucas bem-sucedidas. As generalidades levam às diferenciações. As diferenciações se tornam generalidades das quais surgem outras diferenciações. O desenvolvimento depende do codesenvolvimento — na natureza, dos outros genes e organismos; nas empresas, dos outros elementos da informação e dos veículos de negócios animados e inanimados. As chances contra a sobrevivência são altas, levando à luta pela vida. As condições de vida determinam se as espécies e os indivíduos vão sobreviver. Por fim, o processo de seleção natural é arbitrário e aleatório, porém muito eficaz.

A melhor garantia de sobrevivência e boa fortuna é ter bons genes, que são poderosos pacotes de informação que desejam se reproduzir ao máximo possível, buscando os veículos apropriados. Esses veículos protegem os genes — que são, essencialmente, forças massivas de informação empacotadas em uma pequena e frágil casca física — com uma robusta capa física. Os bons genes gravitam na direção dos veículos que forem melhores para eles e para seus colegas genéticos.

Os negócios têm um processo genético paralelo. As empresas são orientadas por ideias e informações (os "genes de negócios"), que buscam veículos para sua expressão e replicação. Esses veículos incluem pessoas, tecnologias, produtos, serviços, corporações e toda a parafernália física da economia moderna. Tudo que foi escrito no parágrafo anterior sobre os genes se aplica aos genes dos negócios.

A diferença entre a genética biológica e a genética dos negócios está aqui. Os organismos são recipientes passivos dos genes. Nos negócios, existe um grau de escolha disponível para pessoas e grupos de pessoas proativos: eles podem identificar os melhores genes de negócios e até mesmo criar novos. No entanto, essa não é de fato uma diferença entre os negócios e a natureza; essa diferença surge porque os humanos são uma parte ímpar do universo, uma parte capaz de criar "memes" — em essência, a humanidade tem sua própria versão dos genes, que são as ideias que podem ser replicadas da mesma maneira que os genes. Como os humanos são parte da natureza, e os negócios, por sua vez, são uma extensão dos humanos, os genes de negócios, assim como os próprios negócios, podem ser vistos como parte da rede ininterrupta da natureza e do universo.

As leis de Gause destacam as lições específicas da evolução e da genética. Com recursos limitados, uma espécie ou indivíduo deve ser diferente dos outros para sobreviver. A diferenciação permite que encontremos diferentes maneiras de ganhar nossa vida e, dessa forma, evitar o confronto direto pelo mesmo espaço e pelo mesmo alimento.

As leis não lineares

Partes importantes da vida e dos negócios são "sistemas não lineares" nos quais causa e efeito estão combinados, os padrões existem, mas são irregulares e amplos. O caos nos fala sobre a importância das "condições iniciais" para determinados resultados e, sendo assim, para obter a vantagem do primeiro a entrar em um mercado. O caos também nos indica que os negócios (como as nuvens, árvores e litorais) são "fractais" — cada tipo de empresa tem seus padrões e regras recorrentes para levar ao sucesso; reconhecê-los requer respeito pelas diferenças, experiência, habilidade na detecção de padrões e especialização.

A complexidade revela como os sistemas complexos, como uma ameba, o Vale do Silício ou os meteoritos, emergem automaticamente, como se houvesse uma mão invisível. Como os negócios são um sistema complexo, são sempre dinâmicos e estão sempre se ajustando às novas realidades. O caos e a complexidade também demonstram o papel do acaso nas empresas e, portanto, a importância da flexibilidade e a dedicação de alguns recursos para estratégias com possibilidades de longo prazo.

A mais útil das leis não lineares é o Princípio 80/20. Ele mostra como algumas poucas forças muito poderosas quase sempre determinam a maior parte dos eventos. Dessa forma, as criaturas espertas e sortudas encontram essas forças poderosas e ignoram a grande massa da existência que preenche o universo com insignificância.

As leis poderosas apresentam uma visão coerente da realidade

As leis biológicas e as não lineares se complementam e também são consistentes umas com as outras. A evolução é um processo extremamente não linear; é um exemplo da teoria do caos em ação. As espécies (e combinações de espécies) emergem como sistemas complexos. A evolução também é o melhor e mais importante exemplo do Princípio 80/20.

As outras leis poderosas também concordam com as leis biológicas, com as leis não lineares e entre si. Por exemplo, a relatividade e a mecânica quântica têm muitos paralelos com o caos e a complexidade; a psicologia evolucionista deriva da teoria da evolução e da genética; o dilema do prisioneiro e as demais teorias associadas, que demonstram a importância da cooperação, ressoam fortemente com a evolução e os sistemas não lineares; o equilíbrio pontuado é uma teoria evolucionista que tem um claro paralelo com as teorias "econômicas" do crescimento pela mudança tecnológica e o ponto de virada; esse, por sua vez, e a teoria dos retornos crescentes se relacionam proximamente com o Princípio 80/20; e a lei das consequências não intencionais pode ser vista como um corolário da teoria do caos.

O conhecimento incorporado nas leis poderosas está, ele próprio, "na fronteira do caos", posicionado entre as teorias coerentes com o suporte de dados dispostos em boa ordem de um lado e as especulações abertas com muitas pontas soltas de outro. Se essas teorias devem ser realmente poderosas, como poderia ser de outra forma? Alguma ordem é necessária para que uma lei possa ser útil; mas alguma desordem também é necessária para possibilitar a melhoria do nosso grau de conhecimento para que possamos atingir outras realidades — já conhecidas e ainda desconhecidas.

O que mais me impressiona sobre as leis poderosas é a consistência entre a *gestalt* delas e o valor em contextos não corporativos e a sua aplicabilidade aos negócios. As leis poderosas nos ajudam a entender a "vida, o universo e tudo mais", mas simultaneamente nos ajudam a compreender os negócios e nos mostram como eles são muito diferentes de outros aspectos da vida. As organizações não vieram de um planeta alienígena; fazem parte do contexto da vida na Terra, e as regras para o sucesso são bem semelhantes àquelas que regem o restante da existência.

Então, quais são essas regras para o sucesso? Como as leis poderosas mudam nossa visão sobre os negócios?

Os negócios são direcionados pelas ideias e informações

- Lá fora circula a visão de que a "administração" e "os negócios corporativos" são o centro da criação de valor para as empresas.
- *Aqui está a visão de que deveríamos olhar um pouco mais para trás. O valor é criado por ideias de negócios e tecnologias poderosas e nós somos apenas arrastados pelo seu fluxo. Os gerentes e as corporações são simples peças de xadrez — geralmente, peões — no fluxo da informação dentro das ações de criação física.*
- Lá fora circula a visão de que as corporações criam valor e lucros ao estabelecer vantagem competitiva.
- *Aqui está a visão de que a informação direciona o valor, os lucros e a vantagem competitiva; as corporações que parecem estar em vantagem competitiva têm apenas um acesso temporário e não proprietário à melhor informação, o que leva ao valor e aos lucros.*
- Lá fora domina a visão do papel central da competição corporativa.
- *Aqui está a visão de que a unidade fundamental de valor nos negócios é a informação econômica, abrangendo os genes de negócios. As forças diretrizes são ciência, tecnologia no mais amplo sentido, outras formas úteis de informação, mercados abertos e pessoas, como cientistas, técnicos, empreendedores e executivos. Cada empresa é uma informação de negócio, que obtém sucesso na extensão em que consegue ser um veículo superior para a informação poderosa.*
- Lá fora circula a visão de que o progresso nos negócios ocorre pela competição corporativa e que esse processo se assemelha à evolução pela seleção natural.
- *Aqui temos a visão de que, exceto em negócios muito pequenos ou muito jovens, a competição corporativa é uma guerra de mentira. Geralmente, a luta pela vida ignora as corporações ou ocorre de modo invisível dentro delas. A luta pela vida importante ocorre entre os genes de negócios e os sistemas auto-organizados simples; entre tecnologias e subtecnologias em competição, produtos e componentes de produtos e na maneira pela qual os produtos e os serviços são concebidos, construídos e entregues.*

O valor é criado onde a luta pela vida é maior. Mas o valor também é capturado, por corporações e pessoas, onde a luta pela vida é mínima.

O processo de criação de valor ocorre pela inovação e seleção natural

- Lá fora está a visão de que a inovação é uma atividade minoritária.
- *Aqui temos a visão de que a inovação é a essência do negócio e que ela ocorre pela constante variação, seletividade, especialização e experimentação. Se você não se mantiver experimentando, variando e mudando constantemente os elementos, então não estará criando valor e não alcançará o sucesso.*
- Lá fora está a visão de que as corporações podem controlar seu destino e determinar seu próprio sucesso.
- *Aqui nossa visão é de que os indivíduos e as corporações são parte de um processo aleatório onde o acaso é a única constante; onde a influência sobre os eventos é possível, mas o controle, não; e onde o sucesso, mesmo que deliberadamente engendrado, é mais um acidente momentâneo do que resultado de uma previsão, acurácia e competências. O sucesso nunca é uma contribuição para a perpetuidade. O sucesso sempre é conquistado pelo alinhamento com forças externas maiores. Podemos achar que estamos aproveitando essas forças, mas o mais provável é que estamos sendo usados por elas.*
- Lá fora circula a visão de que a maioria dos empreendimentos deve dar certo.
- *Aqui, nossa visão é de que a maioria dos empreendimentos acaba fracassando.*

Um novo veículo de informação ameaça provocar um desequilíbrio pontuado

- Lá fora circula a visão de que os negócios avançam de acordo com as leis imutáveis da economia e da estratégia.
- *Aqui consideramos que as leis da economia e da estratégia são duradouras, mas que ocasionalmente o contexto dos negócios muda tão drasticamente que elas precisam ser reformuladas. A natureza do negócio muda fundamentalmente quando se altera fortemente o meio dominante de comunicação (por exemplo, a escrita, a imprensa, a televisão) ou a tecnologia dominante (por exemplo, a agricultura, o motor a vapor, a linha de montagem, a tecnologia da informação). A internet representou ao mesmo tempo uma nova tecnologia dominante e um novo meio de comunicação dominante. Ela foi e é uma das maiores disrupções nos negócios desde a máquina a vapor.*

- Lá fora circula a visão de que os negócios têm mais poder do que os consumidores e que as grandes empresas têm mais poder do que as pequenas.
- *Aqui temos a visão de que o consumidor e o empreendedor vão ganhar poder à custa dos grandes negócios.*

Variação cria singularidade; singularidade cria monopólio

- Lá fora circula a visão de que você deve liderar seus competidores.
- *Aqui temos a visão de que você deve criar seu próprio espaço de negócio, onde não haja competidores e onde a gravidade da competição não possa comprimir seus retornos.*
- Lá fora está a busca pelo monopólio por modelos de negócios dominantes e aceitos.
- *Aqui nossa visão é que a busca pelo monopólio ocorre com a criação de singularidade.*

Encontrar o crescimento adequado requer grande habilidade e seletividade

- Lá fora circula a visão de que é difícil obter crescimento.
- *Aqui temos a visão de que a maior parte do crescimento é fútil e não lucrativo.*
- Lá fora domina a visão de que o crescimento deriva da entrada em novos mercados.
- *Aqui temos a ideia de que o crescimento lucrativo deriva da criação de novos mercados tirados de novos insumos que estão ao nosso redor sem uso. O crescimento lucrativo surge da identificação de tecnologias, modos de produzir e tendências sociais, que estão se acelerando bastante, embora ainda não tenha chegado ao ponto de virada.*
- Lá fora domina a visão de que o crescimento é uma questão de mobilizar recursos corporativos para conquistar novos mundos.
- *Aqui nossa visão é que o crescimento vem da criação de novo valor para os consumidores, que é obtido com ideias melhores, isto é, como usar menos ou recursos mais baratos para satisfazer mais a determinado consumidor.*
- Lá fora está a visão de que a integração vertical é sensata ou que a empresa deve operar na maioria ou em todas as etapas da cadeia de valor.

🍂 *Aqui consideramos que existem pontos ideais (sweet spots) em todos os setores, capazes de propiciar a maior parte dos lucros de uma cadeia de valor pela participação em somente um pequeno número de suas atividades.*

Menos é melhor

🍂 *Lá fora está a visão de que mais é melhor.*
🍂 *Aqui temos a visão de que menos é melhor (e que, muito frequentemente, menos é mais).*
🍂 *Lá fora domina a ideia de que o maior esforço deve (ou deveria) ser recompensado.*
🍂 *Aqui nossa visão é de que a maior parte do esforço é desperdiçada. A maior parte dos grandes resultados deriva de pequenas proporções de fatores.*

Não construa catedrais, construa redes abertas com retornos crescentes

🍂 *Lá fora existe a visão de que as corporações devem possuir seus próprios ativos estratégicos e que os altos lucros exigem controle extensivo.*
🍂 *Aqui consideramos que as corporações devem possuir e controlar menos e influenciar mais.*
🍂 *Lá fora domina a visão de que as potenciais aquisições devem estar em alta na agenda dos administradores.*
🍂 *Aqui temos a visão de que as alianças formais e informais entre empresas custam muito menos do que as aquisições e, apesar disso, podem entregar quase o mesmo benefício ou até mais.*
🍂 *Lá fora está a lei dos retornos decrescentes.*
🍂 *Aqui temos a lei dos retornos crescentes. O melhor exemplo de retorno crescente é a informação em si mesma: boa informação sempre tem retornos crescentes e margem infinita. A informação não se desgasta ou se degrada quando é usada; em vez disso, amplia o alcance, a profundidade e o valor. A informação vendida uma vez pode ser vendida de novo indefinidamente. Se o número de usuários da informação aumentar para sempre, seu custo cairá para sempre.*
🍂 *Lá fora está a visão de que as corporações e os mercadores devem lembrar catedrais ou fortes.*

- *Aqui vemos os mercados como bazares abertos a quem quiser entrar, e as corporações como comerciantes nesses bazares.*
- *Lá fora existe a ideia de que os segredos corporativos devem ser mantidos.*
- *Aqui consideramos que os segredos que não forem utilizados fora da corporação logo deixarão de ser úteis.*
- *Lá fora circula a visão de que as corporações devem evitar o vazamento de seu know-how.*
- *Aqui nossa visão é de que o vazamento é desejável, que a saída de um know-how requer a entrada de outro, o que é inestimável.*
- *Lá fora está a visão de que as corporações devem criar e defender seus próprios sistemas proprietários de negócios.*
- *Aqui nossa visão é que as corporações devem cooperar com outras e também com os usuários para criar redes abertas em comum.*

Use as duas: *razão* e *paixão*

- *Lá fora há a ideia de que os negócios são em grande parte uma questão de cálculo racional.*
- *Aqui consideramos que os negócios são, ao mesmo tempo, cálculo racional e uma questão de paixão irracional. Achamos que a criatividade é simultaneamente um processo racional e irracional. Além disso, que o contexto do negócio é linear e não linear em proporções praticamente iguais.*
- *Lá fora está a visão de que existe sempre uma rota dominante para o sucesso.*
- *Aqui temos a visão de que sempre existem múltiplas rotas para o sucesso.*
- *Lá fora domina a ideia de que os negócios são sempre branco, preto ou cinza.*
- *Aqui vemos os negócios sempre multicoloridos e também vemos que, ao mesmo tempo, as empresas podem ser preto e branco. O oposto de uma grande verdade nos negócios não é uma falácia. O oposto de uma grande verdade nos negócios é outra grande verdade nos negócios.*

Apoie fortemente o favorito e ligeiramente alguns estranhos

- *Lá fora está a visão de que os negócios são uma máquina de fazer dinheiro.*

- *Aqui dentro nossa visão é de que os negócios são um livro de apostas.*
- *Lá fora a visão é que a empresa deve fazer diversas apostas grandes. Também se considera que devemos apostar a companhia em uma única proposição.*
- *Aqui a ideia é de que a empresa deve ter uma aposta principal, mas também um bom número de pequenas apostas com chances de longo prazo.*

Para ter sucesso sustentável, dê e ganhe lealdade — e se mantenha em melhoria contínua

- *Lá fora está a visão de que nada dá tão certo quanto o sucesso.*
- *Aqui a visão é que nada fracassa tanto quanto o sucesso; o enriquecimento, a entropia e as consequências não intencionais são endêmicos e a cada dia trazem uma luta renovada para criar novo valor e, consequentemente, perpetuar o sucesso.*
- *Lá fora está a ideia de que a competição em uma série de transações isoladas reside no coração da economia de mercado e que o aprendizado de como competir com eficácia é uma das missões mais importantes das corporações e dos executivos.*
- *Aqui a visão é que a competição é vital para a economia, mas que ela em grande parte cuida de si mesma; que o negócio é uma série de transações relacionadas, ligadas pela cooperação, lealdade, redes, reciprocidade periódica e reputações; e, além disso, que o aprendizado de como cooperar com os melhores cooperadores é a única e mais importante competência dos indivíduos e das corporações.*

O EVANGELHO SEGUNDO AS LEIS PODEROSAS

No início, era a informação. Cada dia que surge traz consigo mais e melhores informações. Tudo nos negócios envolve informação — a coleta, criação, refinamento, combinação, processamento e entrega de informação. A informação está dentro dos produtos e serviços. Mas a informação não é consumida; em vez disso, nova informação é criada. Ela é retida e aprimorada, mantém-se viva e fervilhante no cérebro das pessoas de negócios e nas redes e nos veículos instalados para produzir bens e serviços.

O universo é incansável, dinâmico, sempre mutante e em expansão. A informação gera informação — mais informação, melhor informação,

informação mais diversificada, mais especializada e mais acurada. O universo é infinitamente criativo, infinitamente destrutivo. Comete erros, corrige os erros e, em seguida, corrige as correções que contêm novos erros, que vão requerer mais correções... É um ciclo interminável que sempre aumenta a riqueza, mas nunca chega à perfeição. A informação talvez nunca seja completa, nunca seja consistente e nunca seja absolutamente verdadeira.

Os negócios existem para satisfazer e criar necessidades e desejos humanos que elevam as condições da vida civilizada. Os negócios prosperam quando conseguem fazer isso bem e de modo diferenciado. Mas, felizmente, jamais conseguirão fazer isso perfeitamente. Dessa maneira, o universo dos negócios pode se expandir para sempre, porque sempre haverá espaço para algo a mais e para algo melhor.

Todo progresso requer melhoria: um novo produto ou serviço ou a entrega daqueles já existentes de uma forma mais barata, melhor ou mais conveniente. As melhorias exigem experimentação, variação e exposição ao mercado.

Os negócios realmente bem-sucedidos atendem a três condições. São diferentes de todos os outros. Fazem melhor uso das ideias e dos recursos. Estão em melhoria contínua; fazem uma grande quantidade de experimentos para se assegurar de que continuam diferentes dos outros negócios. Você não consegue pegar um alvo móvel que está continuamente criando seu próprio espaço novo.

A maioria das experiências falha. E é melhor deixá-las para lá. Devemos concentrar nossa energia naqueles poucos empreendimentos bem-sucedidos. Devemos fazer novas experiências nesses empreendimentos bem-sucedidos, assim sempre haverá novas variações deles. Para o sucesso contínuo, esse processo nunca deve perder o ímpeto.

Os negócios são estimulantes e desafiadores porque novas e melhores informações estão sempre disponíveis. Novas ideias, novas maneiras de produzir, novos parceiros potenciais, novos consumidores e novas demandas de clientes já existentes, tudo isso cria um caleidoscópio de mudanças e melhorias potenciais.

A mudança tecnológica direciona o crescimento. E ela não está apenas nas invenções e na aplicação da ciência sofisticada, mas também no uso de todo tipo de conhecimento para fazer algo melhor e mais barato. Cada pessoa de negócio bem-sucedida é um tecnólogo, que usa e cria conhecimento que, em seguida, outros irão usar e transformar em novos aprimoramentos.

As mudanças tecnológicas podem ser detectadas quando estão acelerando em sua trajetória, antes de decolar. Os inovadores devem ter olhos perspicazes e ser velozes nos patins; mas não há necessidade de que comecem ricos.

A mudança é bloqueada por três fatores: a falha em reconhecer, coletar e usar informações; a inata relutância humana de assumir riscos; e a tendência de construir fortalezas corporativas que são maiores, mais diversificadas e mais isoladas do que deveriam ser. Todos esses três obstáculos são grandes oportunidades para os empreendedores.

Um cenário menor geralmente é melhor do que um muito amplo. No entanto, quanto mais estreito for o foco, mais ampla deve ser a janela aberta para desenvolvimentos em outros lugares e para os elos fracos da rede. O ideal? Ter foco, mas não erguer paredes muito altas. Especialização sem inflexibilidade. Diferenciação sem arrogância. Uma única banca no bazar, não uma catedral no alto da montanha.

A assimetria dos lucros é abundante nos negócios. Uma pequena minoria de esforços produz uma ampla maioria de valor. Algumas coisas são muito mais lucrativas do que outras. É muito mais valioso ou econômico produzir de um jeito do que de outro. É muito mais produtivo trabalhar com alguns indivíduos, algumas equipes e algumas redes do que com outras. Os recursos mais produtivos são característicos e estão comprometidos com a mudança e a melhoria contínuas.

Essas são as regras dos negócios reveladas pelas leis poderosas. Elas são a sua rota para o sucesso. Mostram que há bonanças empresariais que permanecem sempre inexploradas. Existem novas combinações de ideias, tecnologias, companheiros de viagem, fornecedores, distribuidores, consumidores e parceiros que podem ser usadas para criar um sistema de negócios superior. Sempre há maneiras para fazer tudo melhor e de encontrar algo melhor para fazer.

Agora tudo que você tem a fazer é fazer isso!

AGRADECIMENTOS

Eu me diverti muito escrevendo este livro, principalmente porque isso me apresentou a um novo mundo: o das ciências físicas. Embora eu já me interessasse por biologia, não tinha ideia de como poderia ser instigante o encontro entre as ciências dos séculos XVII e XX: não só pelas ideias em si, que nos contam como o universo é governado, mas também pela forma com que as descobertas ocorrem, causando consternação aos cientistas e, frequentemente, sendo recebidas com descrença pelo público culto. Sendo assim, minha primeira dívida de gratidão é para com todos os cientistas e escritores de cujas ideias me apropriei e, em especial, às fontes citadas nas referências.

Entre os contemporâneos, meus maiores débitos são devidos a Richard Dawkins, um cientista brilhante que combina Darwin e a genética moderna em uma maravilha inesquecível e que, além disso, escreve como um anjo; e a Matt Ridley, o cientista-escritor que consegue colocar mais abordagens e analogias excitantes por página do que qualquer outro que eu conheça. As ideias dos dois me ajudaram imensuravelmente no desenvolvimento da minha teoria genética dos negócios — uma subespécie particular dos memes criados por Dawkins — e eu só espero que eles não considerem minha elaboração de seus conceitos indigna ou trivial.

Já bem no final da redação deste trabalho, recebi de Jane Jacobs uma prova de impressão do seu excelente pequeno livro *The Nature of Economies*, que considerei muito congruente com a minha própria argumentação e, por isso, muito útil para refinar alguns dos temas tratados por mim.

Eu também gostaria de agradecer a todos os meus amigos que contribuíram com comentários em vários manuscritos extensos, especialmente a Mark Allin, dr. Richard Burton, Robin Field, Anthony Hewat, dr. Peter Johnson, Clive Richardson e Patrick Weaver, que foram extremamente generosos com seu tempo, somando muitas ideias, além de — não menos importante — subtrair muitas daquelas que não estavam suficientemente fundamentadas nas leis poderosas. O dr. Marcus Alexander, do Ashridge Strategic Management Centre, fez uma revisão rigorosa e me deu acesso à sua excitante pesquisa sobre "fronteiras". Em uma categoria à parte está o dr. Chris Eyles, um veterinário que se tornou estrategista em internet, que me encorajou e também me atormentou ao longo do processo, acrescentando sua própria contribuição de sabedoria e conhecimento. Chris forneceu ainda a estrutura do livro, quando essa questão estava me enlouquecendo — obrigado, Chris, agora vamos continuar a provar que a internet realmente gera receita.

Dois parceiros absolutamente cruciais nessa empreitada foram o meu pesquisador Andrej Machacek, do Balliol College (Oxford) e Nicholas Brealey, meu editor. Andrej realizou toda a pesquisa inicial mais difícil, me orientando sobre o que eu deveria ler, vasculhando monografias obscuras sobre temas importantes e resumindo centenas de leis poderosas com espantosa rapidez e acurácia. Foi também um parceiro valioso e adorável quando debatíamos as ideias do livro, além de fazer a revisão de seis rascunhos do livro, fazendo comentários inteligentes, alguns dos quais incluí no texto. Quem precisar de um pesquisador fantástico deve entrar em contato com Andrej.

Nicholas Brealey é uma anomalia: ele realmente cuida apaixonadamente das ideias que publica e, além de contribuir com sugestões originais, faz comentários devastadores sobre o texto. Também foi Nicholas quem sugeriu o tema deste livro, na esteira do sucesso de O *Princípio 80/20*, indicando que havia ali uma lei poderosa e que existiam diversas outras leis governando o universo. Nicholas é fenomenal e é uma maravilha trabalhar com ele. Sally Lansdell e Sue Coll também deram grandes contribuições à estrutura do livro para torná-lo mais fácil de ser usado. Eileen Fallon, da agência literária Fallon em Nova York, ofereceu uma crítica valiosa no penúltimo rascunho do livro. Muito obrigado, Eileen.

Eu sou ainda extremamente grato a meu assistente, Aaron Calder, que conseguiu agilizar grandemente o processo de produção. Devo admitir que, antes de Aaron se unir ao trabalho, estava usando uma versão antiga de Word Perfect em DOS, enquanto, sob a tutela dele, tornei-me proficiente no uso do Microsoft Word e do Windows, verdadeiras maravilhas do século XX. Aaron também desempenhou funções editoriais ocultas, que estão muito além do meu conhecimento, assim como me manteve distraído e me divertiu naqueles dias escuros, quando imaginava se um livro coerente conseguiria emergir do meu texto (pode até ser que não tenha emergido, mas, no mínimo, passou pelo crivo de Nicholas).

Finalmente, meu profundo agradecimento a Lee Dempsey, minha parceira, por seu amor e apoio diários.

LEIA TAMBÉM

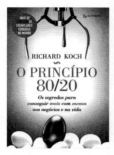

O princípio 80/20

Os segredos para conseguir mais com menos nos negócios e na vida

Richard Koch

No século XIX, o economista italiano Vilfredo Pareto descobriu que havia um padrão na distribuição da riqueza mundial: 20% das pessoas tinham 80% do dinheiro, e vice-versa, o que ficou conhecido como Lei de Pareto. No fim do século XX, o autor Richard Koch viu em suas pesquisas que o Princípio 80/20 podia ser encontrado em quase todos os aspectos da vida moderna: em geral, 20% do que se faz produz 80% do resultado total (e 80% do que é feito pode não gerar tanto resultado). Neste clássico livro, lançado agora pela Gutenberg em nova edição ampliada e atualizada, Koch ajuda a identificar quais são os 20% essenciais que vão criar os resultados significativos para você obter mais de seu negócio e de sua própria vida, utilizando menos tempo, dinheiro, recursos e energia, e conseguindo muito mais.

A revolução 80/20

O poder da escolha

Richard Koch

80% de tudo o que você quer é resultado de apenas 20% de suas ações. Então por que continuar perdendo tempo com tarefas e atividades que demandam muito esforço e te dão pouco retorno? Nesse livro altamente prático e proveitoso, Richard Koch nos mostra como identificar e focar nos nossos 20% mais produtivos e descartar os 80% improdutivos. Você será capaz de conquistar o que há de melhor em todas as áreas da vida, pois esse livro vai te mostrar como escapar das armadilhas que desviam o seu foco e te impedem de alcançar o que é verdadeiramente importante para você. Naturalmente, você deve estar se perguntando: mas qual é o melhor momento para dar uma guinada na minha vida? A resposta é simples: agora!

Este livro foi composto com tipografia Bembo Std e impresso em papel Offset 70 g/m² na Assahi